한국사로드 1

한국사로드 1
: 선사시대부터 남북국시대까지

1판 1쇄 발행 | 2022년 10월 9일

지 은 이 | 김종훈

펴 낸 이 | 김무영
편집팀장 | 황혜민
책임편집 | 김무영
담당편집 | 조한나
마 케 팅 | 주민서
디 자 인 | 김다은
일러스트 | 민화웍스 (표지)
독자편집 | 강남욱, 강대웅, 강승희, 김다영, 김선기, 김수빈, 김옥선, 김용연, 김현석, 박우섭, 박하정, 손준수, 오종익, 이우동, 이지희, 정병문, 진시인, 최재호
인 쇄 | ㈜민언프린텍
종 이 | ㈜지우페이퍼

펴 낸 곳 | 텍스트CUBE
출판등록 | 2019년 9월 30일 제2019-000116호
주 소 | (03190) 서울시 종로구 종로 80-2 삼양빌딩 311호
전자우편 | textcubebooks@naver.com
전 화 | 02 739-6638
팩 스 | 02 739-6639

ISBN 979-11-91811-12-4 (04910)

세상에서 가장 즐거운 읽기,
텍스트CUBE는 독자 여러분께 좋은 책과 더 좋은 책 경험을 드리고자
언제나 최선을 다하겠습니다.

선사시대
부터

남북국시대
까지

한국사 로드

김종훈 지음

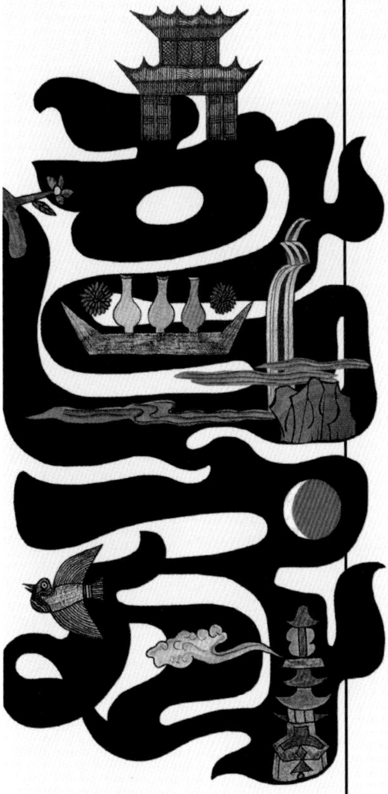

텍스트CUBE

<한국사로드> 200% 활용법
: 공부와 여행, 두 마리 토끼 동시에 잡기

솔직히 말하면, 지금까지 심화 등급으로 시험한국사능력검정시험을 네 번 치르면서 단 한 번도 만점을 받아본 적이 없다. 2021년 4월에 본 첫 시험에서 간신히 1급80점에 턱걸이를 했고, 2021년 6월과 10월에 치른 시험에서 정말로 아깝게다시 생각해도 아깝다. 1개씩 틀렸다. 마지막이다 생각하고 본 2022년 6월 시험에서도 만점은 받지 못했다. 그럼에도 545군데를 직접 답사하고 한능검 공부를 병행하면서 무려 세 권짜리 분량의 <한국사로드>라는 '한국사여행 스터디 가이드북'을 썼다. 왜 그랬을까?

결론은 재밌고 뿌듯해서다. 돌아보면 모두 코로나19 시기의 일이다. 모든 것이 막혀버린 일상에서 내 삶을 충만케 할 요소가 부족했다. 십수 년 동안 언제나 사람들과 함께 생산적인 일을 추구했던 나로서는 심적으로 매우 곤란한 상황이 이어졌다. 특히 <임정로드>와 <약산로드>, <현충원 한바퀴> 등의 책을 쓰면서 여러 시민과 함께 수년 동안 국내외 탐방을, 기자라는 생업을 병행하며 이어왔던 터라 날이 갈수록 무력감만 걷잡을 수 없이 커져갔다.

참을 수 없는 역사 공부의 즐거움

우연히 '한능검'이라는 단어를 보았다. 그 순간 온몸을 관통하는 운명 같은 짜릿함을 느꼈다.

> 학교 교육에서 한국사의 위상은 날로 추락하고 있는데, 주변 국가들은 역사교과서를 왜곡하고 심지어 역사 전쟁을 도발하고 있습니다. 한국사의 위상을 바르게 확립하는 것이 무엇보다 시급한 실정입니다.

눈이 번쩍 뜨였다. 십여 년 넘게 현업 기자로 살면서도 역사 관련 취재를 놓치지 않았던 나였다. 일종의 사명인데, 애국지사 한 분이라도 더 알리고, 친일파 한 명이라도 더 밝혀서 세상이 진보하는 데 조금이나마 보탬이 되고 싶었다. 당장 시험 준비에 들어갔다.

혼자 누리기에는 너무 좋아서

당연히 쉽지 않았다. 일단 기자라는 직업 자체가 정말로 바쁘다. 한능검에서 몇 번이고 1등급을 맞아도, 심지어 만점을 받을지라도, 어디에 제출하거나 공식적으로 사용할 일도 없다. 딱 한 번 시험에서 99점 맞은 것이 기뻐서 개인 SNS에 자랑 아닌 자랑을 한 적은 있지만 그뿐이었다. 여러 선후배들이 "진심으로 궁금해서 그러는데 그 시험을 왜 보는 거야?"라고 궁서체로 물은 이유이기도 하다. 그때마다 "좋아서요"라고 말하긴 했지만.

한능검에서 소개하는 시험의 목적은 "▲우리 역사에 대한 관심을 확산·심화시키는 계기를 마련하고 ▲균형잡힌 역사의

식을 갖도록 하며 ▲역사교육의 올바른 방향을 제시하고 ▲고차원적 사고력과 문제해결 능력을 육성한다"라고 강조한다. 그러면서 한능검의 특징으로 "한국사 학습능력을 측정할 수 있는 대표적 시험으로 역사 지식의 이해, 연대기의 파악, 역사상황 및 쟁점의 인식, 역사 자료의 분석 및 해석, 역사 탐구의 설계 및 수행 등의 출제 유형을 갖는다"라고 소개한다.

직접 시험을 치러보니 맞는 말이었다. 시험을 치를수록 역사에 대한 관심이 더 짙어졌고, 나만의 역사의식과 주관이 완성됐다. 무엇보다 시험을 통해 내 삶의 만족감이 엄청나게 커졌다. 그러니 알려야겠다는 생각을 하게 된 거다. '이 좋은 걸 어찌 나 혼자만 알 수 있나'라는 생각과 함께.

참고로 한능검은 평가내용이 심화와 기본으로 나뉜다. 말 그대로 심화가 훨씬 깊고 어렵다. 심화는 80점 이상이 1급, 70점에서 79점이 2급, 60점에서 69점을 받으면 3급이다. 반면 기본은 심화와 같은 점수를 받을 경우 4급, 5급, 6급 순으로 인증 등급을 받는다. 심화와 기본 모두 100점 만점에 문항별로 1점에서 3점까지 차등배점 된다. 문제를 풀 때 시간이 부족한 적은 한 번도 없었다. 다른 수험생들도 대부분 종료시간 이전에 문제를 다 풀고 현장을 떠난다.

시험 문제에 나온 역사유적지에 가보자

재밌는 사실은 문제를 풀면서 멘붕이 오는 순간에도, 이를 테면 구석기 문제를 풀며 '경기도 연천 전곡리유적은 실제로 어떤 곳일까?'하는 호기심이 일었다는 것. 그래서 떠났던 거다. 평일은 직장에 얽매인 탓에 어디 갈 수 없으니 주말을 이용해 가까운 곳부터 하나둘 시험에 나오는 답사지를 찾아다녔다. 회사 근처 경복궁과 창덕궁, 역사박물관을 시작으로 구석기시대 대표 유적지인 경기도 연천 전곡리, 단양 금굴, 암사동 유적지 등을 살폈다. 신나게 다니다보니, 어느새 코로나 기간 동안 전국 500여 곳을 훌쩍 넘게 다니게 됐다. 물론 현장을 더욱 즐겁게 살피기 위해 답사 때마다 공부를 병행했다.

시험을 치르며 여행을 했고, 여행을 다니며 글을 썼다. 그리고 만점은 아니지만 스스로에게 부끄럼 없는 점수를 얻게 됐다. 그 순간 책을 써야겠다고 생각했다. 이 좋은 경험을 나눌 수 있겠다는 최소한의 자격을 얻은 것 같았다. <한국사로드>가 탄생하게 된 배경이다.

책의 구성은 독자들의 편의를 위해 최대한 한국사검정능력시험에 출제되는 시대순으로, 우리가 공부해야 할 순서에 맞춰서 정리했다.

1) 스토리

2) 가이드

3) 따라잡기 한능검

4) 투어

<한국사로드>는 각 부가 시대 순으로, 각 장이 지역별로 되어 있다. 각 장은 네 가지 요소로 뻗어간다. 먼저 누구나 즐길 수 있는 여행지로서 역사 유적지와 답사지를 다룬 '스토리'가 있다. 역사에 관심이 없어도 '스토리'를 통해 역사 여행의 즐거움을 맛볼 수 있을 것이다.

특히 해당 지역에서 집중적으로 살펴야 할 부분은 '가이드'로 더 자세히 소개했다. 한편 '한능검 따라잡기'에서는 해당 지역의 역사가 실제 한능검 시험에 어떻게 나왔는지 문제 유형과 내용, 경향을 짚어본다.

'투어'는 실제 저자의 답사를 바탕으로 독자 여러분이 풍성한 여행을 즐길 수 있도록 함께 봐야 하는 귀한 장소와 동선을 정리한 것이다. 여러분이 있는 곳 어디서든 바로 떠나는 여행서가 되기도 하고, 역사 공부와 한능검을 위한 간편한 도구로 쓸 수 있다.

어떻게 하면 독자 여러분이 한국사의 재미를 느끼며 여행과 공부를 통해 즐거운 추억과 유익을 쌓을 수 있을지 고심했다.

상황에 따라 '스토리'에 더 힘을 주거나 한능검에서 자주 다루거나 중시하는 내용이 있는 경우 '가이드'와 '한능검 따라잡기'에 공력을 쏟아 붓기도 했다. 영주 부석사 같은 경우에는 미치도록 좋은 이 장소를 알리고 싶은 마음에 내가 만들 수 있는 가장 고운 단어만 선별해 문장을 이어갔다. 다만 처음부터 끝까지 우리의 삶을 변화시킬 수 있는 추억을 쌓기 위한 방법에 좀 더 집중했다는 점. <한국사로드> 활용법의 진짜 목적이다.

다시 강조하지만 이 책은 한국사 해설서도 한국사 전문서도 아니다. 한국사 공부와 여행을 통해 '우리의 일상을 조금 더 충만하게 바꿔보자'는 뜻으로 쓴 한국사여행 스터디 가이드북이다. 독자들에게 이 책이 그리 기억됐으면 하는 바람이다. 언젠가 기회가 닿았을 때 함께 여정을 떠나보자. 모든 분들께 고맙다.

목차

2부 고구려가 삼국을 통일했다면 달라졌을까?

3부 아, 백제!

4부 신라, 최후의 승자?

5부 남북국시대, 두 나라가 공존했다

프롤로그

우리네 일상이 더욱 풍요로워지기를!

"<한국사로드>는 <임정로드>와 <약산로드>, <현충원 한 바퀴>를 통해 우리 역사의 발자취와 의미를 소개한 김종훈 기자가 한국사능력검정시험한능검을 계기로 직접 눈으로 보고 발로 걸어서 만든 새로운 한국사여행 스터디 가이드북이다."

2021년 12월, <한국사로드> 출간계약서에 적힌 기획 의도이다. 직접 편집을 담당해준 출판사 대표가 쓴 문구를 보면서 나는 '더 이상의 적확한 표현은 없다'고 생각했다.

사실이다. 이 책은 한국사를 익히고 공부하며 느꼈던, 한국사 문화유적을 답사하며 쌓은 기록과 기억을, 더 많은 청년과 시민들에게 공유하고 알려야 한다는 지극히 개인적인 열망으로 쓴 책이다. 그런데 <한국사로드>를 쓴다 했을 때 가장 많이 들었던 소리가 있다.

"가능하겠냐?"

바로 이 한 마디였다. 한국사 전공자도 아닌, 그냥 역사에 관심 좀 있다는 이유로 현장 좀 다녔다는 기자 하나가 구석기부터 신석기, 고조선, 삼국, 남북국, 고려, 조선, 대한제국, 일제강점기를 거쳐 현대사까지 한국사 전체를 관통하는 책을 내겠다고 한 거다. 그러니 다들 우려의 시선부터 건넨 것. 솔직히 나부터도 '말도 안 되는 일'이라고 생각했다. 직접 책을 쓰면서도, 특히 스터디카페 구석에 앉아 머리를 감싼 채 문장을 쥐어짤 때면 '이건 정말 말도 안 되는 일'이라고 수없이 생각하고 또 생각했다.

그럼에도 포기하지 않았다. 한국사를 공부하고 전국 여러 곳을 여행하며 느꼈던 감정을, 무엇보다 평범한 일상이 역사를 공부하고 떠나면 다르게 보인다는 사실을 어떻게든 책으로 정리해 알리고 싶었다. 무리한 바람인 것을 알지만, 우리 모두의 삶이 <한국사로드>를 통해 조금은 더 풍요로워졌으면 좋겠다고 바랐다.

<한국사로드>는 우리네 삶을 조금 더 풍요롭게 만드는 구체적인 실천을 전하는 책이다. 1권은 선사시대부터 남북국시대다. 아마도 한능검이 아니었다면 나 역시 현장까지 직접 찾아가보지 못했을 텐데 생각지도 못했던 귀한 보물을 많이 얻었다. <한국사로드> 세

권 중에서도 진짜 즐겁게 누비고 황홀해했던, 알면 알수록 소중한 우리 역사의 보배로운 시기다. 유물 하나, 글자 하나 덕분에 내가 사는 세상이 새롭게 보이는 경험을 맛봤다.

역덕 기자 김종훈이 먼저 경험하고 미치도록 재미있어서 더 널리 알리고 싶은 책이다. 그러니 <한국사로드>를 들고 함께 이야기하고, 같이 공부하고, 즐겁게 떠나보자.

역사가 얼마나 삶을 풍성하게 채워주는지 모두 경험할 수 있을 것이다. 함께 한국사를 통해 우리네 일상을 조금 더 풍요롭게 만들자. 꼭 그리 했으면 좋겠다. 함께 걷자!

대한민국 104년2022년 가을,

김종훈

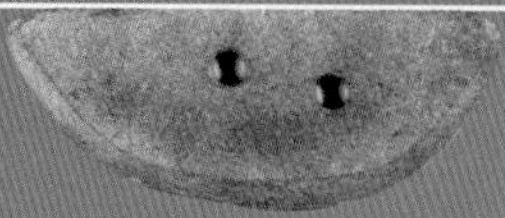

1부

아는 만큼 빠져든다
선사시대와
첫 나라 고조선

01

역사가 된 한탄강 데이트

: 연천 전곡리 선사유적지

만약에 말이다. 1978년 4월의 그 날, 주한미군 그렉 보웬Greg L. Bowen이 경기도 연천 한탄강 주변에서 한국인 여자친구 이상미와 데이트를 하다가 '양쪽 면이 뾰족한 날카로운 돌'을 발견하지 못했다면 어떻게 되었을까? 우리나라 구석기 역사가 지금과 다르게 기록되지 않았을까?

아마도 한국을 포함한 동아시아 구석기 문화는 서구 중심의 '모비우스 학설'에 종속돼 소개되고 있을 것 같다. 실제 국립중앙박물관 설명에도 '그렉 보웬의 발견 전까지 우리의 구석기 문화는 모비우스의 찍개 문화권 개념 속에 평가받았다'라고 기록되어 있다. 그렉 보웬과 이상미의 데이트가 역사적으로 얼마나 큰 계기가 되었는지 가늠해볼 수 있다.

스토리

그렉 보웬

1950년 미국 출생으로 대학에서 고고학을 전공했다. 1974년, 만 스물넷 나이에 학비를 벌려고 주한미군에 입대했다. 이후 동두천 일대에서 근무했는데, 부대 주변 한탄강을 거닐다 깨진 항아리를 발견했다. 이를 계기로 보웬은 여자친구 이상미와 주말마다 한탄강변을 거닐며 유물을 찾아다녔다고 한다. 그리고 마침내 1978년 4월, 양면이 잘 다듬어진 날카로운 돌을 발견했다. 소위 아슐리안 문화권의 상징으로 불린 주먹도끼였다. 아슐리안형 주먹도끼라는 이름은 19세기 프랑스 아미엥 생아슐St. Acheul유적지에서 대량으로 발견된 유적을 말한다.

역사가 된 전곡리 데이트의 주인공, 그렉 보웬

놓치지 말아야 할 것은 그렉 보웬이 고고학 전공자가 아니었다면, 주말마다 데이트를 빙자한 한탄강 유물 찾기를 지속하지 않았다면, 무엇보다 이러한 발견을 프랑스에 있는 고고학 전문가 프랑수와 보르도 교수에게 의뢰하지 않았다면 결코 '현실'이 되지 않았을 것이라는 점이다.

역사의 진전이 참으로 우연하고 유쾌하지 않은가? 역시 아는 만큼 보인다. 수십만 년 동안 '날카로운 돌덩이'에 불과했던 것이, 고고학을 전공한 청년이었던 보웬의 두 가지 목적데이트와 유물 수집 덕분에 '아슐리안형 주먹도끼'로 바뀌어 버렸다.

당시만 해도 모비우스 학설이 학계의 정론이었다. 1940대 후반 미국 하버드대 교수인 모비우스가 제기한 '모비우스 학설'은 주먹도끼가 유럽과 아프리카에서만 발견된 것에 착안해 초기 구석기문화를 주먹도끼 문화권Hand Axe Culture과 동아시아 및 남부아시아의 찍개 문화권Chopper-Chopping Tool Culture으로 구분했다. 이는 곧 '문화적 수준차'를 의미한다.

서양은 분명한 목적을 갖고 제작된, 돌의 양쪽 면을 쳐서 만든 뗀석기 도구인 주먹도끼를 사용해 소위 '고급' 선사시대 인류의 문화적 가치를 향유했고, 인도 우측 아시아는 한쪽면만 깨뜨려 날을 만든, 원시적인 형태의 찍개 정도만 사용했다고 본 거다. 그런데 이 모든 학설이 그렉 보웬이 데이트 도중에 발견한, 양면이 잘 다듬어진 날카로운 돌 하나로 바뀌었다.

그렉 보웬과 이상미의 발견 후 대한민국 학계는 경기도 연천 전곡리 일대에서 본격적인 발굴 작업에 들어간다. 이듬해인 1979년 전곡리 일대 유적지는 국가 사적 268호로 지정된다. 전곡리 일대에서는 주먹도끼를 포함해 6000여 점의 유물이 발견된다. 전곡선사박물관이 2011년 4월 이래 현재까지 경기도 연천군 전곡리 일대에 자리한 주된 이유다.

주먹도끼

경기도 연천 전곡리 구석기 유적을 발견한 그렉 보웬은 1978년 군을 제대한 뒤 미국으로 돌아가 애리조나 주립대학에서 고고학 공부를 계속해 1981년 석사학위를 받았다. 이후엔 1998년 악성 관절염에 걸려 현장을 떠날 때까지 미국 곳곳에 흩어진 발굴 현장에서 일했다고 한다. 주먹도끼 발견 데이트를 함께했던 여자친구 이상미는 보웬의 아내가 돼 미국에 정착했다.

2005년, 27년 만에 한국을 다시 찾은 보웬은 "한국은 내 인생에서 가장 큰 선물 두 가지를 줬다"면서 "그것은 전곡리 구석기 유적과 나의 아내"라고 말했다. 그러나 역사가 된 주먹도끼 데이트의 주인공 보웬은 2008년 만 58세의 나이에 지병으로 세상을 떠난다. 이 글을 통해서나마 보웬에게 심심한 위로와 고마움을 전한다.

편히 잠들길. R.I.P. Bowen.

가이드

솔직한 박물관의 매력

2011년에 개장한 전곡선사박물관, 우주선을 옮겨놓은 듯한 모양으로 만들어진 박물관은 그 자체로 의미 깊은 공간이다. 전곡리 일대에서 발견된 주먹도끼뿐 아니라 구석기시대의 생활상을 입체적으로 표현해 놨다. 그런데 개인적으로 가장 좋았던 부분은 전시물 곳곳에서 느껴진 박물관의 '솔직함'이었다.

전곡리박물관 입구에는 그라피티 작가 레오다브의 작품이 바닥에 새겨져 있다. 기념사진을 찍자. 기억이 추억이 된다.

박물관 스스로 유물이 '돌'밖에 없음을 인정한 뒤 다양한 문화유산을 박물관에 비치하기 위해 어떤 노력을 했고 어떠한 결과물을 이끌어냈는지 안내하고 있다. 한마디로 '척'하지 않는 박물관이라는 것. 전국 어디를 가도 '척'하는 박물관만 보아온 터라 솔직하게 자신들이 갖고 있는 것만 밝히고 더 발전하기 위해 노력하는 모습이, 그 자체로 새로웠다.

박물관 정문 앞 대로에 펼쳐진, 대한민국 최고 그라피티 작가 중 하나인 레오다브의 작품 또한 전곡리 유적지를 방문하게 만드는 매우 중요한 요소다. 동굴 벽화의 '최종병기' 같은 느낌의 그라피티가 입구에 주르륵 펼쳐져 있다. 작품을 따져가며 입구로 향하는 것 또한 전곡선사박물관에서만 느낄 수 있는 남다른 재미 요소다.

전곡리 유적의 백미는 박물관 뒤쪽에 펼쳐진 푸른 공원이다. 하루 종일 아이들과 뛰어놀아도 부족함 하나 없을 정도로 훌륭하다. 청명한 날 돗자리 준비해 피크닉 가는 기분으로 방문하면 더 좋다. 모형으로 꾸며놓은 매머드와 구석기시대 인간들, 선사체험마을, 토층전시관, 김원용 선생 추모비, 야생화단지 등 사진을 찍고 휴식을 취하기에도 좋은 장소가 지천이다. 전곡리 유적을 관리하고 운영하는 경기관광공사 소개글에도 "넓은 공원에 포장도로가 잘 나 있어 관광약자에게 친화적인 관광지로 대중교통 이용이 제한적이지만 승용차를 이용해 가볼 만하다"라고 적혔다.

그렇다고 100% 완벽하진 않다. 개인적으로 그렉 보웬과 상미의 스토리가 궁금해 전곡리 유적지를 찾았지만 넓디넓은 유적지에서 그들의 흔적을 찾기란 쉬운 일이 아니다. 오히려 그렉 보웬 이후 발굴조사에 참여한 이들의 이야기가 잘 정리됐다.

아쉬운 마음에 방문자센터에 들러 '그렉 보웬이 최초로 찾은 주먹도끼가 어디에 있는지'를 물었다. 관계자는 국립중앙박물관을 언급했다. 솔직히 이 순간만큼은 실망과 배신감이 들었다. '어떻게 그렉 보웬과 상미의 이야기를 강조하지 않을 수 있나. 그 자체로 어필할 것이 너무 많은 포인트인데…….'

헛헛한 마음이 일었기에, 그렉 보웬이 주먹도끼를 발견했다는 한탄강으로 걸음을 돌렸다. 다행히 전곡리 유적지 정문 바로 건너편에 한탄강이 흐른다. 시간을 내서라도 꼭 가보자. 그곳에 가면 주먹도끼와 똑같이 생긴 수 만 개 돌을 직접 만지고 느껴볼 수 있다. 물론 유물은 아니지만, 극강의 난이도로 찾는 것이니만큼 그렉 보웬과 상미가 얼마나 대단한 발견을 한 것인지 깨달을 수 있다. 솔직히 모두 주먹도끼처럼 보인다. 끝으로 한마디 더하면 한탄강이 갖는 매력 또한 크다. 작은 의자 하나 준비해 강을 멍하니 바라보는 것 또한 한 주의 스트레스를 날리는 큰 자양분이 된다. '강멍' 하자.

전곡리 유적지 정문 건너편에 한탄강이 흐른다. 그곳에 가면 '주먹도끼 아닐까' 의심되는 돌이 지천에 있다. '강멍'도 하고 주먹도끼도 찾아보자. 사람 일 모른다. 혹시 내가 역사의 주인공이 될지.

*코로나19 기간 전국선사박물관은 사전예약제를 시행했다. 2022년 현재도 상황이 유동적인 만큼 홈페이지 등을 통해 미리 확인 후 방문하자. 박물관의 관람 여부에 따라 관람 순서와 코스도 달라진다. 대표전화 031-830-5600

따라잡기 한능검

선사시대의 특색 찾기 - "주로 동굴이나 강가 막집에 살았다"

한능검에서는 보통 1번 문제에 보기 자료를 제시한 뒤 해당 시대와 동일한 특징을 갖는 시대적 특색을 찾으라는 형태로 출제된다. 예를 들어 전곡리 유적지 모습이 보기 사진으로 제시되면 문항에서 구석기시대 특징을 찾으면 된다. "주로 동굴이나 강가 막집에 살았다"는 문장이 답일 가능성이 매우 높다. 농담이 아니라 정말로 다수의 문제에서 위 문장이 그대로 답을 찾는 항목에 자리해 있다. 그만큼 구석기시대의 특징이 단순하다는 뜻. 물론 전곡리 선사유적지 현장을 직접 봤다면 절대 틀릴 수도 없고, 틀려서도 안 되는 문제다. 전곡리 유적지 바로 앞에 한탄강이 흐르는 이유를 생각해보자.

구석기시대는 인류가 도구를 처음으로 쓰기 시작한 250만 년 전부터 마지막 간빙기가 시작되는 1만 년 전까지를 일컫는다. 보통 석기를 다듬는 수법에 따라 전기250만~10만 년 전와 중기10만~4만 년 전, 후기4만~1만 년 전로 나뉘지만 시험에는 이러한 구분보다 앞서 강조한 대로 보기에서 사진을 제시한 뒤 해당 시대의 특징을 문항에서 찾으라는 형태로 나온다. "주로 동굴이나 강가 막집에 살았다"는 문장을 기억하자.

구석기시대는 주먹도끼를 비롯해 후기 구석기를 대표하는 슴베찌르개 등이 대표적인 유물이다. 사냥과 채집을 했고, 동물 가죽을 이용해 옷도 만들었다. 가족단위로 이동생활을 하며 평등생활을 했다. 전곡리 유적을 비롯해 충남 공주 석장리 유적, 단양금굴, '흥수아이' 유골이 발견된 청원 두루봉 동굴 등이 구석기시대 대표 유적지다. 흥수아이는 청주 충북대학교박물관이 소장 중이다.

투어

우리가 잘 몰랐던 연천의 진짜 매력

서울 홍대에서 자차로 출발할 경우 연천 전곡리 선사유적지까지 넉넉하게 1시간 30분이면 도착한다. 주말 아침에 출발하면 하루를 여유 있고 의미 깊게 보낼 수 있다. 다만 연천 전곡리 선사유적지의 어마어마한! 규모를 잊어선 안 된다. 운동화를 신고 편한 복장으로 산책하듯 다닌다 생각하고 걸음을 이어야 한다. 구두는 여행을 망치는 지름길!

서울 출발 기준 당일치기(작가가 실제 탐방한 코스)

전곡리 유적지 - 세계유산 한탄강 및 재인폭포 - 망향비빔국수 본점 or 궁평국수 - 호로고루(인싸의 성지) - 경순왕릉 - 복귀

떠나기 전까지 연천은 큰 기대는 하지 않은 답사지였다. 하지만 연천을 다녀온 뒤엔 스스로 '연천전도사'가 됐다 자부한다. 정확히

는 재인폭포와 호로고루, 경순왕릉 그리고 연천에 위치한 국숫집 때문이다.

강과 폭포가 어우러진 비경

세계유산 한탄강과 재인폭포, 너무나도 훌륭해 전곡리유적 자체를 잊게 만드는 공간이다. 한탄강과 재인폭포가 어우러져 만드는 비경이 잊지 못할 인생의 추억을 건넨다. 주차장부터 재인폭포까지 20분 정도를 걸어야 하는데, 데크로 꾸며놓은 길에 들어서는 순간부터 탄성을 자아낼 수밖에 없다. 재인폭포 일대 한탄강변이 2020년 7월 유네스코 세계지질공원으로 등재된 직접적인 이유다.

연천의 보석, 재인폭포. 직접 가서 보자. 탄성이 절로 날 거다.

약 27만 년 전 분출된 용암이 식으면서 만들어 놓은 풍경은 달리 표현할 길이 없다. 재인폭포가 가장 좋았던 점은, 일반적인 관광지의 폭포와 달리 맑디맑은 폭포수에 손과 발을 직접 담가볼 수 있다는 것. 한여름 뙤약볕 아래 전해졌던 재인폭포의 서늘함이, 해가 바뀌어 다시 글을 쓰는 이 순간에도 생생하다.

재인폭포와 관련된 두 가지 전설이 전해지는데, '광대 재인'에 대한 설명은 현장에서 직접 가서 살피길 부탁드린다. 데크 끝자락에 자리한 다리에서 폭포에 얽힌 사연을 확인할 수 있다.

끝으로 연천에는 영화에도 수차례 등장한 '망향비빔국수' 본점이 자리해 있다. 이곳뿐 아니라 '궁평국수'라는 상호를 지닌 국숫집도 있다. 개인적으로는 궁평국수가 내 입맛에 더 잘 맞았는데 꼭 가보길 추천한다. 착한가격과 깊은 맛이, 여행의 즐거움을 배가 시킨다. 주말에 늦게 가면 재료가 소진돼 맛볼 기회를 잃는다.

인스타 성지 '호로고루'와 신라의 마침표를 자신의 손으로 직접 찍은 경순왕의 무덤은 각각 고구려p.113와 신라<한국사로드> 2권에서 다룰 예정이다. 연천, 꼭 가야만 한다. 한마디로 강추다.

02

최고의 스릴을 맛보고 싶다면

: 단양금굴

스토리

난이도 극상, 그래도 추천

"객관적으로 말씀드리면 학자이거나 탐험가 기질이 없으면 굳이 단양의 무수한 유명 관광지를 두고 꼭 찾을 필요는 없습니다."

2018년 7월 단양에 사는 한 시민이 '단양금굴'을 다녀온 뒤 자신의 블로그에 쓴 글이다. 결론부터 말하면 99% 맞는 말이라고 생각한다. 난이도만 따지면 내가 다닌 500여 곳의 국내 답사지 중 극상이다. 국외까지 확장하면 약산 김원봉과 의열단 단원들이 난징 외곽에 세운 조선혁명군사정치학교 터를 찾아가는 수준에 육박한다.

일단 찾아가는 길부터 만만치 않다. 심지어 내비게이션에도 정확한 위치가 특정되지 않는다. 그도 그럴 것이 단양금굴은 남한강을 바라보는 절벽 바로 아래에 위치해 있기 때문이다.

내비게이션에 '단양금굴'로 검색하면 단양 삼봉대교 가운데로 표시하거나 삼봉대교와 도담터널 우측에 위치한 야산 한가운데로 안내한다. 직접 찾아갔을 때도 다르지 않았다. 위치가 정확하게 나오지 않아 몇몇 블로거가 쓴 안내 글을 보고 이동해야만 했다. 가는 내내 불안한 마음이 커졌던 건 당연했다. '이 길이 정말 맞을까?'

핵심만 설명하면, 단양 시내에서 출발해 삼봉대교를 지나 도담터널 진입 직전, 우측으로 난 '단양금굴 구석기 유적지' 표지판을 따라서 올라가면 된다. 소로를 따라서 계속 가면 작은 공터가 나온다. 그곳에 차를 댄 뒤 안내판에 적힌 대로 비탈길을 따라 5분 정도 내려가면 동굴 입구가 보인다. 바로 구석기 유적지 단양금굴이다.

찾아가기 어렵다는 글을 워낙 많이 본 터라 현장에 도착하기 전까지 걱정을 많이 했던 게 사실인데, 직접 현장을 방문해 보니 걱정했던 것보다 훨씬 수월했다. 생각보다 안내판이 잘 되어 있어서 안내판만 놓치지 않는다면 큰 어려움은 없다.

문제는 현장에 도착한 다음에 발생했다. 사방이 비탈과 진흙이었다. 주차하고 금굴 입구까지는 5분도 안 되는 짧은 거리지만 운동화를 신고 이동하다가 미끄러져 넘어지고 일어서기를 반복했다. 동굴 내부는 이끼가 있어서 미끄러움이 한층 더 심하다. 긴 바지와 등산화를 반드시! 준비해야 하는 이유다. 특히 단양금굴 안쪽까지 들어갈 생각이라면 성능 좋은 랜턴도 꼭 챙겨가자. 휴대폰 손전등 기능만으로는 부족하다.

마치 지옥의 출입문 같은, 실제로 안쪽까지 쭉 들어갈수록 점점 더 지옥문 같은 느낌이 세지는 거대한 출입구를 통과해, 계속 들어가서 20m쯤 지났을 때, 오른쪽 코너에서 갑자기 어둠이 찾아온다. 여기가 선택의 기로다. 더 들어갈 것인가, 여기서 멈출 것인가?

'지옥의 출입문'처럼 생긴 단양금굴 입구 모습

절대 다수는 여기서 더 들어가기를 멈춘다. 휴대폰 손전등으로는 도저히 더 들어갈 엄두가 나지 않기 때문이다. 바닥은 미끄럽고, 안에서는 박쥐 우는 소리마저 울려온다. 입구에선 벌도 날아다닌다.

나는 어떤 선택을 했을까? 그래도 독자들을 위해 더 들어가보자고 마음먹었다. 용기를 내 발걸음을 뗐다. 채 1분도 지나지 않아 깨달음이 왔다. 바보 같은 생각이었음을.

짙고 짙은 어둠 속으로 걸음을 떼는 순간, 미끄러운 바닥과 깊은 동굴 안쪽에서 밀려오는 스산함을 못 이기고 바로 넘어졌다. 유일한 빛이었던 휴대폰 역시 손에서 놓쳐버렸다. 그 순간 나는 단양금굴에게 졌다. 생각할 겨를도 없이 마구 소리를 지르며 뛰쳐나왔다.

밖에 나와서 보니 꼴이 말이 아니었다. 충고 한 마디 보태자. 제발 더 깊은 안쪽으로 들어가고자 한다면 반드시 랜턴을 준비하고 비상상황에 대비해 동료와 함께 가자. 그렇게만 해도 최고의 스릴을 맛볼 것이다.

2020년 8월이었다. 위와 같은 위험을 무릅쓰면서 나는 왜 단양금굴에 힘겹게 들어갔을까? 앞서 밝힌 대로 여러 사람들에게 생생함을 전하기 위함이지만, 보다 근본적인 이유는 한능검에 나오는 단골 문제를 몸으로 직접 경험해보고 싶었기 때문이다.

실제로 시험에 단양금굴 입구 사진을 제시한 당시 시대적 특징을 고르라는 문제가 나온다. 직접 가서 본 사람의 입장에서 '과연 안쪽까지 들어가 제대로 사진을 찍었을까'라는 생각이 일긴 하지만, 그래서 입구 사진만 제시되는 건 아닐까 하는 의심도 살짝 들지만 한국학중앙연구원이 밝힌 내용에 따르면 단양금굴은 분명 충청북도 단양군 가곡면에 위치한 구석기시대 사람이 살았던 문화유적지다.

단양금굴, 충청북도 기념물 제103호로 우리나라에서 가장 이른 시기부터 3000년 전까지 사람이 살았던 흔적을 발견했다고 한다. 그러니까 약 수십만 년 전의 흔적이 발견됐다는 뜻이다. 금굴 길이는 85m, 넓이 7~10m라고 한다. 입구에서부터 코너까지 약 20m 정도 되니 안쪽으로 65~70m 정도 더 뻗어 있다는 말이다.

학계는 1983년부터 1985년까지 세 차례에 걸쳐 금굴 유적을 발굴했다. 그 결과 모두 14개의 자연 지층이 밝혀졌고, 그중 7개의 문화층을 찾았다고 한다. 7개 문화층이 의미하는 것은 분명하다. 선사시대를 구분하는 곧선사람Homo erectus, 슬기사람Homo sapiens, 슬기슬기사람Homo sapiens sapiens 등이 모두 역사의 흐름에 따라 여기에 살았다는 뜻이다. 이를 증명하듯 단양금굴에서는 찍개를 비롯해 주먹도끼, 긁개, 주먹자르개, 주먹대패, 뗀석기, 마름질한 석기, 각종 동물 화석과 토기 등이 발견됐다고 한다.

가이드

선사시대 사람들과 통하다

삼봉대교 건너기 전에, 도로에서 강 건너를 바라보면 널찍하게 뻗어 있는 단양금굴 입구를 확인할 수 있다. 물론 직접 동굴까지 가보는 편이 더 좋다. 동굴 안에 발을 걸쳐보는 것만으로도 선사시대 인류의 감정을 느껴볼 수 있다. 우리나라 어디에서 가장 오래된 구석기 문화 유적을 직접 걸었다는 경험을 어디서 쉽게 할 수 있겠나. 등산화를 신고 라이트를 켠 다음 안으로 들어가자.

문화재청 소개에도 '선사시대 문화층이 차례로 모두 나타나는 드문 예의 동굴로서, 당시 사람들이 여러 시기에 걸쳐 고루 살았던 흔적이 잘 나타나고 있는 유적'이라고 써있다. 충분히 방문해볼 가치가 있다. 물론 당시 사람들이 사용했던 문화유적이 그대로 남아있거나 한 것은 아니다. 단양군에서 세워놓은 오래된 안내판이 입구에 자리했을 뿐이다. 그마저도 사람들 손길이 닿지 않아 낡디 낡았다. 동굴 입구 주변 강가에는 동네 주민들이 텃밭 등을 꾸며 놨다.

따라잡기 한능검

우리나라 대표 구석기 유적

단양금굴은 앞서 본 연천 전곡리 유적과 더불어 '흥수아이' 유골이 발견된 청원 두루봉 동굴과 함께 우리나라 대표 구석기 유적지로 평가받는다. 단양금굴이 전곡리 선사유적과 함께 구석기와 신석기, 청동기의 특징을 구분하라는 형태로 시험에 자주 출제된다는 뜻이다.

구석기는 뗀석기와 슴베찌르개 등을 활용해 물고기를 잡고 사냥과 채집을 하며 식량을 마련했다. 금굴 바로 앞에 있는 남한강, 한탄강변에 위치한 전곡리 유적지 역시 마찬가지다.

다만 신석기시대는 더 진일보했다. 돌을 갈아 사용했다. 돌을 깨거나 떼서 사용했던 구석기와는 확실히 다르다. 무엇보다 신석기는 농경과 목축을 시작했기에 움집 등을 이용해 정착생활을 했다. 원시 신앙도 발생해 부족의 기원을 특정 동물과 연결 짓는 토테미즘이 나타났다. 뒤에서 다룰 서울 암사동 유적지가 대표적이다.

참고로 어린아이를 매장한 흔적인 청원 두루봉 동굴 유적 '흥수아이'는 현재 충북 청주시 충북대박물관에서 보관 중이다. 1982년 당시 청원 두루봉에서 석회석 광산을 운영하던 최초발견자 김흥수의 이름을 따 '흥수아이'라고 부른다. 약 4만 년 전에 청원 두루봉에 살았던 4~6살 아이로 추정하고 있다. 흥수아이는 우리나라에서 사람 이름을 유적 이름에 명명한 첫 사례다.

충북대박물관에 전시된 흥수아이 실제 모습. 1층 전시관 입구에 자리해 있다.

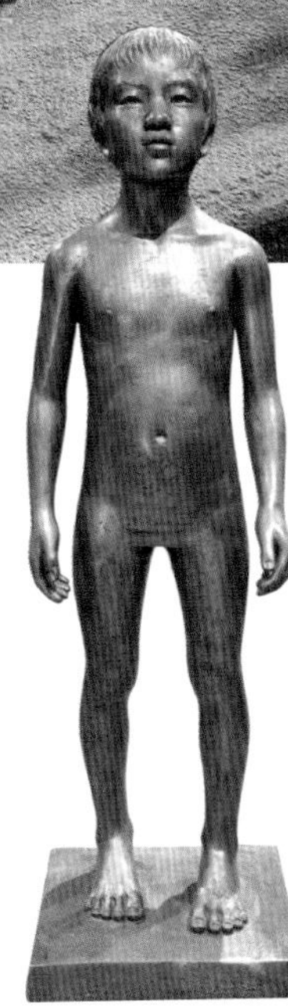

충북대박물관이 더욱 뜻깊은 이유는 자신들이 잘하는 것에만 더욱 집중해 강조했기 때문이다. 충북대박물관은 박물관 개관 이래 50년이 넘는 시간 동안 충북 지역의 발굴을 선도했다. 이를 바탕으로 발굴에 관한 기록과 그곳에서 발굴한 유적을 중심으로 박물관 콘텐츠를 집중해 전시했다. 대표적인 것이 구석기시대 사람인 흥수아이다. 일각에서 연도를 놓고 문제를 제기하고 있지만 충북대박물관에 직접 가서 흥수아이가 발견된 표층을 살핀다면 그 의미를 함부로 재단할 수 없다. 직접 가서 보자. 수십 년 동안 지역의 발굴을 이끌어온 충북대만의 힘을 느껴볼 수 있다.

투어

자연과 역사가 어우러진 꽉 찬 여행

1일 차 충북 제천 박달재, 배론성지(2권, 황사영 백서사건 참조), 의림지 및 의림지역사박물관, 장락동칠층모전석탑, 제천 순국선열묘역, 강원도 영월 한반도지형과 영월 장릉, 청령포, 단양금굴 구석기 유적지

2일 차 적성산성 및 신라적성비, 단양향교, 사인암, 경북 영주 대한광복단기념관, 소수서원 및 소수박물관, 선비촌, 금성대군신단, 순흥향교, 부석사

3일 차 봉화 북지리 마애여래좌상, 가흥리 마애삼존불상, 흑석사 마애삼존불상, 안동 이동

충북 제천과 강원도 영월, 경상북도 영주를 맞닿은 충북 단양은 소백산 자락 따라 굽이치는 남한강을 품고 있다. 깊은 골짜기와 물줄기가 어우러졌으니 그 자체로 아름다운 장소다. 단양 시내 어디를 가도 옥빛 가득한 남한강의 비경을 감상할 수 있다. 개인적으로 충

북 제천을 시작으로 단양, 강원도 영월, 경북 영주, 예천, 안동을 꽉 채운 일주일 코스로 다녔다. 자연과 역사가 어우러진 최고의 한국사 투어 코스 중 하나다. 자차 이용 서울 출발 기준, 직접 만든 초반 3일 코스를 공유한다. 봉화 안동 코스는 2권과 3권에서 다시 정리

'영월을 먹여 살린다'고 평가받는 한반도 지형 모습. 역사와 자연이 주는 힘이 얼마나 매력적인지 그대로 보여주는 공간이다. 다만 저 모습을 온전히 보기 위해선 정상까지 20분 이상 산길을 올라야 한다.

03

지하철 타고 가는 선사시대 여행

: 서울 암사동 선사유적지

스토리

소중한 만큼 더 뜨거워지길

서울 암사동 유적지, 솔직히 기대가 매우 컸다. 과한 기대는 언제나 큰 실망을 동반하는 법. 때마침 현장을 답사한 날, 아침부터 굵은 빗줄기가 쏟아져 답사를 가냐 마냐를 두고 망설였다. 코로나19로 인해 사전 예약을 해놓은 상황이었는데, 어쨌든 미룰 수 없어 빗속을 뚫고 서울 암사동으로 향했다. 뒤에서 언급하겠지만 암사동 코스는 한성백제 코스p.160와 함께 살필 것을 추천한다. 그래야 더 알찬 하루 답사 코스를 완성할 수 있다.

다시 돌아와 암사동 유적지, 들어가는 입구에서부터 '서울 암사동 유적 세계유산 등재 기원'이라는 현수막을 만나게 된다. 서울 암사동 유적 홈페이지에서도 '범국민 서명 온라인 캠페인을 2015년 9월부터 이어오고 있다'고 강조됐다.

> "빗살무늬토기의 예술혼이 살아있는 곳. 그 소중한 유산 가치를 온 국민과 함께, 세계인과 함께 보존해가고자 세계유산 등재를 추진하고 있습니다. 세계유산 등재에는 여러분의 관심이 큰 힘을 발휘합니다. 서울 암사동 유적에 여러분의 관심과 사랑을 표현해주세요."

'세계유산 등재 기원'이라는 뜨거운 문구와 달리 현장은 너무나도 고요하기만 하다. 마치 오래도록 발길이 끊긴 놀이동산에 방문한 느낌이었다. 한강변에 위치한 최초의 대규모 정주생활을 보여주는 유적지임에도, 한반도에서 가장 오래된 빗살무늬토기 유적지임에도, 신석기시대 인간의 생활군상을 보여주는 유적지임에도, 무엇보다 여전히 유의미한 유물이 계속 출토되고 있음에도, 말로 표현하기 어려운 아슬아슬함이 배어있었다.

개인적으로 암사동 유적지를 다녀오기 직전 연천 전곡리 유적지를 다녀온 터라 암사동 유적지의 적막한 고요함이 더욱 대비됐다. 주전시관인 박물관부터 선사시대 움집, 체험마을, 체험교실 등이 전체적으로 낡았다. 당연히 1988년 8월 30일에 개관한 암사동 유적지와 2010년대에 우주선 모형으로 개관한 전곡리 유적지를 단순 비교하는 건 무리한 일이나 세계유산 등재를 목표로 한다는 문구와 현실에서 보이는 괴리감이 암사동 유적지에서 나오는 마지막 걸음을 떼는 순간까지 계속됐다.

야외전시장에 마련된 <시간의 길>이 특히 심한데, 작품을 아무리 애써서 좋게 바라보고 체험해도 '과연 이 작품의 의도가 무엇일까'라는 생각이 떠나질 않는다. 세계유산을 입구에서부터 강조한 탓에 이미 세계유산에 등재된 석굴암과 불국사, 창덕궁, 수원 화성, 강화도 고인돌 유적, 경주역사유적지구, 조선왕릉 등과 비교하면 규모와 다양성 면에서 암사동 유적지의 아쉬움이 더욱 도드라진다.

7000년 전 삶의 자취를 마주하다

그럼에도 암사동 유적지를 비중 있게 다루는 이유는, 시설의 낡음 여부를 떠나 암사동 유적이 갖는 암사동 유적지만의 역사성과 특징 때문이다.

바로 우리나라에서 신석기시대 대표 유적 빗살무늬토기를 가장 온전히 만나볼 수 있는 장소라는 점 때문이다. 상설전시관 입구에서부터 암사동 유적지에서 발굴한 7000년 전 토기가 단아한 자태를 뽐낸다.

또 상설전시관 중간에 마련된 '암사동 신석기 마을로의 초대'는 실제 움집터를 관람할 수 있도록 보존처리한 공간이다. 그 공간 위에 파노라마 영상과 증강현실 태블릿을 두어 당시 신석기시대 사람들의 생활 모습을 바로 옆에서 느낄 수 있도록 해놨다. 이 두 가지만으로도 암사동 유적지가 갖는 의미는 특별하다고 생각된다.

지금 선 이 땅에 7000년 전 인류가, 빗살무늬토기를 사용했던 한반도의 선사시대 인간들이 뿌리를 내리고 산 현장인 것을 알면 어찌 웅장해지지 않을 수 있나.

야외전시장에 마련된 복원 움집 모습. 내부에 들어가면 선사시대 사람들이 어떤 삶을 영위했는지 직관적으로 알 수 있다.

전시관을 나와 마주하는 야외전시 복원움집과 체험움집도, 그 안에 발을 디디는 것만으로도 선사시대 인류가 어떤 삶을 영위했는지 온 몸으로 느끼게 한다. 아이들 체험으로 결코 나쁘지 않은 공간이다. 실제 고개를 숙이고 움집 내부에 들어가면 화덕에 생선과 고기를 구워 먹고 있는 가족들을 만난다. 한쪽에는 빗살무늬토기에 도토리가 담겨있다. 가족들은 가죽으로 만든 옷을 입고 갈판과 갈돌을 이용해서 요리를 하고 창을 손질한다. 고개를 들면 화덕 연기가 빠져나가게 천장에 구멍도 나 있다. 이렇게 복원된 움집이 9기다. 모두 발굴조사 현장에서 2m가량 흙을 덮어 복원해 만들었다고 한다. 선사인들이 살았던 현장이다.

박물관을 기준으로 뒤쪽에는 선사체험마을이 있다. 물고기를 잡는 어부, 물장구치는 아이들, 사슴과 멧돼지를 잡는 사냥꾼이 조형물로 전시되어 있다. 아쉬운 점은 조형물임에도 눈으로만 살펴야 한다는 것. 전곡리 유적은 더 넓은 개활지에 직접 만지고 함께 사진을 찍을 수 있도록 돼 있다. 가족들이 주말에 방문해 휴식을 즐길 수 있도록 배치됐다. 암사동 유적지가 더 활기를 띄고자 한다면 이런 부분에 대한 고민이 필요하다. 암사동 유적지는 서울시 강동구에서 관리하고 있다.

가이드

농경과 목축을 시작하다

그럼에도 불구하고 암사동 유적지는 우리나라에서 신석기시대의 대표적 유적인 빗살무늬토기의 매력을 가장 온전히 느낄 수 있는 공간이다. 상설전시관 입구부터 암사동에서 출토된 빗살무늬토기가 복원돼 있다. 빗살무늬토기를 통해 구석기시대와 구분되는, 농경과 목축을 시작한 신석기시대의 특징을 엿볼 수 있다.

빗살무늬토기

상설전시관 후반부에는 암사동에서 출토된 다양한 형태의 빗살무늬토기와 이를 발굴하는 과정 역시 한눈에 확인 가능하다.

참고로 신석기시대 토기는 점토가 불에 구워지면 단단하게 된다는 사실을 우연히 발견하게 되면서 사용하게 됐다. 토기가 구워지기 전에는 동물의 가죽이나 식물 줄기를 사용해 음식을 저장하거나 물건을 옮길 때 사용했다. 이로 인해 한반도에 사는 인류는 자연스레 정착에 대해 눈을 뜨게 됐다.

따라잡기 한능검

농경과 가락바퀴를 기억하자

누차 강조했듯 한능검 1번 문제는 구석기와 신석기, 청동기, 철기 등을 묶어 보기 자료와 일치하는 항목을 찾는 형태로 출제된다. 암사동 유적지 움집과 빗살무늬토기 등이 보기 사진으로 제시되면, 빗살무늬토기에 식량을 저장했다거나 농경과 목축을 시작했다는 내용, 혹은 낚시 바늘과 그물을 이용해 물고기를 잡고 가락바퀴를 이용해 실을 뽑았다는 설명 등을 선택해야 한다.

신석기시대의 특징으로 가락바퀴가 특히 시험에 잘 나오는데, 여러 책과 자료에서는 사용법이 간단해 선사시대부터 사용했다고 나오지만 개인적으로는 사용법을 아무리 읽고 또 읽어도 직접 해보지 않았기에 이해가 안 됐다. 그나마 유튜브에 올라온 사용방법 영상을 몇 개 보고서야 '아 이렇구나' 유추했을 뿐. 그런데 자료를 다시 정리하며 생각해보니 관련 내용이 암사동 유적지에도 자세히 설명됐다. 가락바퀴에 대한 쉬운 이해를 위해서라도 암사동 선사유적지에 직접 가야 할 이유가 하나 더 생겼다.

끝으로 이것 하나는 놓치지 말자. 신석기는 구석기와 비교해 '인류가 농경을 시작했다'는 사실이 가장 중요하다. 계급이 없는 평등한 공동체 사회가 구석기와 신석기 모두 동일한 특징이지만 농경으로 인한 거대한 변화가 두 시대를 가르는 기준이다. 시험도 관련 내용을 묻는 문제가 주로 출제된다. 또 신석기시대는 바닷가에 패총이 발달했는데, 조개껍질 등을 모아놓은 일종의 쓰레기장이다. 암사동 유적지 초반부에 관련 전시물을 확인할 수 있다.

투어

지하철 8호선으로 잇는 신석기-한성백제 투어

서울 암사동 유적만을 목적으로 투어를 진행하면 2시간이면 충분하다. 하지만 보다 풍성한 하루를 만들고자 한다면 서울지하철 8호선 라인을 중심으로 형성된 종일 답사 코스를 추천한다. 암사역 인근 암사동 유적지를 시작으로 천호역 인근 풍납토성 유적지, 몽촌토성역 인근 올림픽공원 일대 한성백제박물관을 포함하는 하루 코스다. 알차고 바쁜 하루가 될 거다.

대중교통 이용 기준 당일투어

암사동 선사유적지(암사역 1번 출구에서 마을버스 강동02번 탑승 후 5분) - 천호역 10번 출구 풍납토성 입구 - 도보로 풍납마을 마당공원까지 이동(중간 휴식 포함 2시간 이상 소요) - 올림픽공원 내 몽촌토성 - 한성백제박물관 - 잠실역 석촌호수 인근 삼전도비 - 석촌역 7번 출구 석촌동 고분

유념할 것은 천호역 인근 풍납토성을 비롯해 올림픽공원 몽촌토성과 한성백제박물관을 온전히 둘러보는 동선의 특성상 제법 많이 걸을 수밖에 없다는 점이다. 중간에 점심까지 해결할 생각으로 넉넉하게 시간을 잡고 다니는 것이 좋다. 오전 10시부터 위에서 말한 코스를 시작해 투어를 마치니 오후 6시가 됐다. 25,000 걸음 이상 걸은 하루였다. 선사시대와 한성백제, 조선시대 호란까지 아우르는 귀한 코스다.

04

강화에서 만나는 마스터피스

: 세계문화유산 강화 고인돌

스토리

전세계 40% 이상, 수천 년의 세월 간직한 3만 5천개 고인돌

주차장에 내리는 순간부터 아이들 웃음소리가 지천에서 들린다. 그만큼 가족단위로 강화 부근리 지석묘고인돌를 찾는 사람들이 많다는 뜻. 실제 현장은 고인돌을 중심으로 푸른 잔디가 넓게 펼쳐져 있다. 주차장 바로 옆에는 아이들이 뛰어놀게끔 널찍한 공간도 조성됐다. 고인돌로 향하는 길목에는 강화역사박물관과 강화자연사박물관도 있다. 가족 단위 탐방객이 많을 수밖에.

강화 고인돌 유적지, 고창과 화순에 자리한 고인돌과 함께 2000년 세계문화유산으로 지정됐다. 1995년 불국사와 석굴암, 해인사 팔만대장경, 1997년 훈민정음, 수원화성, 창덕궁에 이은 쾌거였는데, 당

'마스터피스'로 칭할 수밖에 없었던 강화도 고인돌. 수십 톤에 달하는 돌을 구해 오직 인간의 힘으로 끌고 와 세웠다.

시 많은 이들이 전혀 예상을 하지 못해 더욱 놀라운 사건이 됐다.

하지만 전 세계 40% 이상, 수천 년 된 3만 5천여 기의 고인돌이 한반도에 분포돼 있는 것을 고려하면 우리나라 고인돌의 세계문화유산 등재는 시간의 문제였지 어찌 보면 당연한 일이었다. 고인돌이라 하면 우리가 흔히들 떠올리는 탁자 모양의 북방계 고인돌무덤을 포함해 영국의 스톤헨지, 프랑스 카르낙, 칠레 모아이 석상을 말한다.

강화 고인돌의 경우 우리나라 최대 규모의 탁자식 고인돌인 부근리 고인돌을 비롯해 삼거리, 오상리, 고려산 기슭 따라 자리한 150여 기의 고인돌을 뜻한다. 부장품으로 화살촉과 반달돌칼, 팽이형토기편이 출토됐다.

고창 고인돌 유적은 전북 고창군 죽림리와 도산리 일대에 440여 기 정도 분포해 있다. 10t짜리부터 300t에 이르는 다양한 크기의 고인돌이 탁자식, 바둑판식, 지상석곽식 등 형태도 여러 가지다.

화순 고인돌 유적의 경우 전남 화순군 도곡면 효산리와 춘양면 대신리 일대 계곡을 따라 약 5km에 걸쳐 보존 상태가 좋은 590여 기의 고인돌이 군집을 이루고 있다. 바꿔 이야기하면 구획을 나눠 다양한 형태의 고인돌을 볼 수 있게 꾸며놨다는 뜻이다. 특히 100여t에 이르는 고인돌이 누구를 위해 만들어진 것인지 꼭 기억하자. 흔히 지배층인 군장의 무덤으로 알려졌다. 맞다. 최소 500명에서 1000명 정도의 인원을 동원해야 무덤을 세울 수 있었던 걸 고려하면 신석기까지는 존재하지 않았던 계급의 가장 윗줄인 '군장'의 무덤이 맞다.

그런데 말이다. 전남 화순군이 발표한 고인돌 분포 통계표를 보면 다소 의아함이 생긴다. 공식적으로 북한 4217기, 강원 412기, 경기도 957기, 충북 218기, 충남 743기, 전북 1969기, 전남 22,560기, 경북 3125기, 경남 1660기, 제주 105기 등 약 36,000여 기의 고인돌이 한반도에 자리해 있다. 그렇다면 고대 한반도에는 최소 36,000여 명의 군장이 존재했다는 뜻일까? 그것도 유독 전남에만 몰려 있었다는?

개인적으로는 '아니'라고 생각된다. 전남 등지에서 집중적으로 발견된 중소 규모의 고인돌은 지배층인 군장뿐 아니라 평민들의 무덤으로도 추정 가능하다는 뜻으로 해석해야 한다. 실제 부장품이 없는 작은 고인돌이 다수를 차지하고 있다. 이 고인돌은 십수 명의 인원만 동원되면 돌을 옮기고 세울 수 있다. 공동생활을 하는 부락에서 충분히 마을 사람들을 동원해 시신을 매장하는 방법으로 고인돌 무덤을 이용했음을 추측할 수 있는 부분이다. 조금 더 확대하면 청동기시대를 상징하는 부족장의 무덤으로 알려진 고인돌이, 실제로는 청동기를 대표하는 일반적 형태의 무덤일 가능성이 높다는 의미다. 물론 계급에 따라 크기의 차이가 났음은 부인할 수 없는 사실이다.

발견된 모든 고인돌을 교과서 설명대로 군장급 지도자 계층을 위한 무덤으로 봐야 할까? 십수 명의 인원을 동원해 세울 수 있는 아담한 고인돌을 보고 있으면 크기와 규모에 따라 다양한 계층의 무덤으로 활용됐음을 유추할 수 있다.

가이드

고인돌, 어떻게 만들었을까?

고인돌을 앞에 두고 사람들이 가장 많이 나누는 이야기가 무엇일까? 열에 아홉은 '이 큰 돌을 어떻게 사람이 옮겼을까'라는 주제의 대화일 거다. 나 역시 강화도 부근리 고인돌 앞에 섰을 때 함께 간 이와 꽤 오랜 시간 고인돌의 축조 과정에 대해 진지한 이야기를 나눴다.

그럴 수밖에 없는 것이, 현장에 가서 고인돌을 마주하면 '거대하고 묵직한 저 바위를 어떻게 옮겼을까'라는 생각이 자연스레 밀려온다.

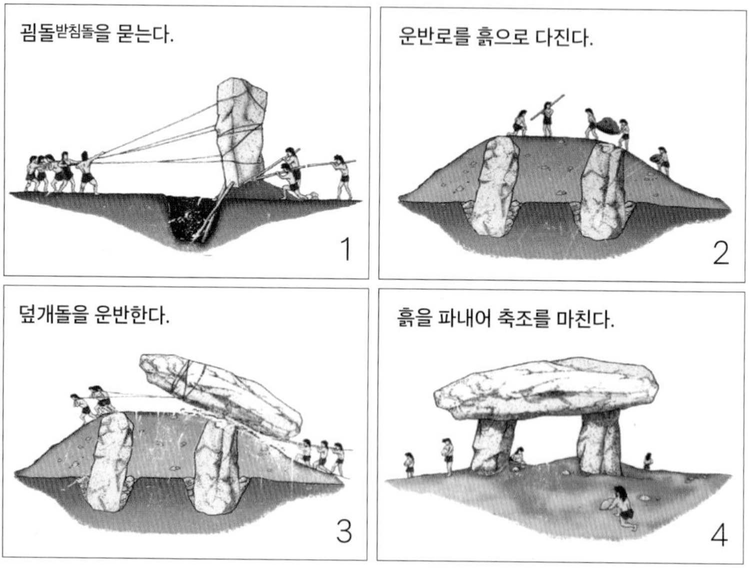

고인돌의 축조 과정 강화 부근리 지석묘 안내판 촬영

강화군청이 만든 자료집을 보면 강화 부근리 고인돌의 무게는 덮개돌과 받침돌은 각각 53t과 75t으로 추정된다고 기록됐다. 문화재청 설명에도 "강화도 부근리 고인돌은 규모가 가장 큰 탁자식 고인돌로 전체 높이 2.6m, 덮개돌 길이 6.5m, 너비 5.2m, 두께 1.2m의 화강암으로 되어 있다"라고 강조됐다. 아무런 도구와 장비 없이 인간의 힘으로만 들 수 없는 크기와 무게다. 하지만 고인돌 앞에 설명

자료만 보면 매우 간단하고 쉬운 것처럼 묘사했다.

우선 두 개의 받침돌을 세우고 그 사이를 흙으로 채운 다음 덮개돌을 옮겨 올렸다는 말이다. 문제는 돌의 총합이 100t은 가볍게 넘긴다는 점이다. 보통 성인 남성 열 명이 줄을 걸고 힘을 나눠야 겨우 겨우 1t의 무게를 끌고 옮길 수 있다. 이 말은 받침돌과 덮개돌을 각각 옮기기 위해 최소 500명에서 1000명에 달하는 인력이 동원돼 작업을 했다는 뜻이다.

어디 이뿐일까. 일단 고인돌로 적합한 거대한 바위도 구해야 한다. 바위를 크기에 맞게 자르고 옮기는 과정도 필요하다. 고인돌을 보면 가장자리에 구멍 흔적이 있다. 이유가 무엇일까. 바위를 자른 뒤 옮겼다는 증거다. 당시 작업자들은 바위에 구멍을 뚫고 나무를 쐐기처럼 박아 물을 부어 팽창시킨 다음 돌을 잘라 옮겼다.

그 다음 자른 돌을 지름이 10cm 정도인 통나무를 철도 레일처럼 깔아 놓은 뒤 줄로 묶어 끌었다. 바닥에 깔린 통나무들이 일종에 바퀴 역할을 하며 바위가 보다 쉽게 움직이도록 한 것인데, 평탄화 역시 작업 과정에서 매우 중요한 조건이다. 받침돌을 옮기고 나면 알맞게 세우는 작업을 하고 땅을 깊게 판 뒤 그 안에 받침돌을 넣고 다졌다. 두 개의 받침돌이 세워진 뒤에는 받침돌 사이를 흙으로 채운 뒤 마찬가지로 레일 같은 나무를 깔아놓고 덮개돌을 옮겨 받침돌 위에 올렸다. 마지막은 모두가 아는 대로 받침돌과 덮개돌 사이에 채워진 흙을 제거한다. 이제야 온전한 형태의 고인돌무덤이 완성된다. 설명이야 돌 구해 땅 파고 심었다는 내용이지만 과정 하나하나를 현실로 떠올려보면 실로 고단하고 고단했던 작업이었음을 알 수 있다.

강화도 부근리 고인돌 역시 덮개돌과 받침돌을 옮기는데도 최소 1000명의 젊은 남성들이 동원됐을 것으로 추정된다. 바꿔 말하면 기원전 10세기 청동기시대에 강화도 부근리 인근에는 1000명 정도의 젊은 남성들이 동원될 정도의 군락이 형성됐다는 뜻이다.

젊은 남성 한 명이 속한 가족 하나를 5명으로 보면 최소 2500명에서 5000명 수준의 주민들이 고인돌을 가질 정도의 권력을 지닌 한 사람에게 종속됐다는 거다. 권력자 한 명을 위해 만들어진 고인돌이 청동기시대에 만들어질 수 있는 가장 위대한 작품, '마스터피스'로 평가할 수밖에 없는 이유다.

실제 강화도 지석리 고인돌 앞에 서서 가만히 바라보면 좋은 미술관에 와서 걸작을 마주하는 느낌이 든다. 오래도록 천천히 다른 각도에서 마주해보기를 바란다. 물론 바로 옆에서는 조용한 미술관과는 달리 아이들이 아주 신나게 뛰어다닐 거다. 이 또한 강화도 지석리 고인돌만이 갖는 매력이다.

따라잡기 한능검

청동기시대의 특징

고인돌은 청동기시대를 대표하는 문화유산이다. 고인돌 관련 문제도 구석기와 신석기 문제와 비슷한 유형이다. 강화도와 고창, 화순 지역의 고인돌 사진보통은 탁자식 고인돌을 제시한 뒤 "이 시대의 대표적인 특징을 문항에서 선택하라"라고 요구한다. 문항에는 구석기와 신석기, 청동기, 철기시대의 특징이 혼재돼 있다.

고인돌로 대표되는 청동기시대는 고조선 시대의 특징과 유사하다 생각하면 된다. 고조선을 대표하는 문화유산은 비파형 동검. 거푸집을 이용해 비파형 동검과 청동 방울, 거친무늬 거울 등이 제작됐다. 농기구는 여전히 돌을 이용했다. 어렵지 않은 문제다.

투어

청동기 고인돌부터 1876 강화도조약까지

1일 차 강화대교 출입 전 김포 문수산성 - 정묘호란 강화조약 체결 장소 연미정 - 강화돌 고인돌 유적(강화역사박물관, 자연사박물관 포함) - 연개소문유적비 - 하점면 석조여래입상 - 강화 장정리 오층석탑(봉은사지 오층석탑) - 백련사 - 적석사(비탈길이 아찔하지만 최고의 낙조를 볼 수 있다)

2일 차 마니산 참성단 - 중식 및 휴식 - 연무당 터 - 강화산성 - 용흥궁 - 대한성공회강화성당 - 3.1독립만세기념비 - 고려궁지 - 외규장각(용흥궁부터 고려궁지, 외규장각은 강화 읍내에 위치해 있음. 도보 이동 가능) - 강화 외포리 삼별초 항쟁비

3일 차 철종외가 - 삼람성 전등사 - 정족산사고지 및 정족산성진지 - 양헌수 승전비 - 정족산성 둘레길 - 초지진 - 광성보 - 덕진진 - 흥선대원군 경고비 - 복귀

강화군은 '고인돌 탐방길'을 따로 만들어 안내하고 있다. 강화도 북쪽에 자리한 부근리 고인돌군을 시작으로 점골고인돌, 삼거리 고인돌군, 고천리 고인돌군, 오상리 고인돌군까지 이어지는 코스다. 과정에서 고려산 낙조대와 적석사도 추가했다.

개인적으로 강화도를 너무너무 귀하게 여기기에 십수 차례 방문했다. <한국사로드> 답사를 목적으로 갔을 때는 '독자와 함께 투어를 한다'는 생각으로 3일짜리 강화도 루트를 따로 만들어 움직였다. 청동기시대 마스터피스 고인돌을 시작으로 고려와 조선을 거쳐 1876년 강화도조약까지 이어지는 코스다.

여유가 된다면 강화 교동도를 추가했으면 하는 바람이다. 위 일정에는 넣지 못했지만 개인적으로 교동도만 둘러보는 2일 투어를 진행한 적 있다. 우리나라 최초 향교인 교동향교를 비롯해 삼도수군통어영의 본진이었던 교동읍성, 맑은 날 북한땅 연백평야가 보이는 실향민의 한이 서린 망향대도 있다. 무엇보다 연산군이 중종반정 후 폐위돼 생의 마지막을 보낸 연산군 유배지가 있다. 강화도 본섬에서 교동도로 교동대교가 이어져 있어 오고가는 길이 어렵지 않다. 오가는 도중 해병대 검문은 어쩔 수 없다.

05

한민족 첫 나라 고조선

: 강화도 마니산

스토리

우연의 일치, 의미의 일치

결코 의도한 건 아니었다. 바쁜 일상에서 최적의 날짜를 찾다 보니 10월이 됐고, 빨간날을 붙여 휴가를 내다보니 나도 모르게 개천절에 마니산을 오르게 됐다. 너무 붐비고 복잡해서 등산하는 내내 '왜 하필 내가 개천절에 여기를 올라갈까' 하는 후회를 수십 번도 더했다.

그대라면, 개천절에 마니산에 오를 것인가?

내심 서두른다고 10월 3일 오전 8시께 마니산 국민관광지 입구에 도착했다. 하지만 이미 주차장은 진입불가 상황, 뒤늦게 '개천절이라 그런가 보다' 하고 인근 공터에 마련된 임시주차장에 차를 댔다. 그런데 입장권을 끊기 위해 걸음을 옮기는 순간 본래 주차장이 있어야 할 자리에 거대한 헬기 한 대가 서 있는 걸 발견했다.

그랬다. 헬기는 '제4353주년 개천대제 봉행'과 '제102회 전국체육대회 성화 채화식' 행사를 위해 준비됐던 것. 당일 오전 10시 행사에 맞춰 인원과 장비를 실어 나르기 위해 이른 아침부터 주차장을 차지하고 대기하고 있었던 거다.

문제는 입장권을 끊고 걸음을 옮긴 지 5분도 안 돼 발생했다. 이때부터 개천대제 행사 직전까지 거대한 헬기가 쉴 새 없이 하늘 위를 오갔다. 이 말은 곧 마니산 참성단으로 향하는 두 시간 내내 헬기가 만들어내는 거대한 소음을 BGM 삼아 걸어 올라갔다는 뜻이다. 걸음을 옮기다 만난 한 시민은 강화군청에 "정말 너무한 거 아니냐"며 항의 전화를 하는 모습까지 보였다. 가파른 산행보다 소음이 더 고역이었다.

막상 정상에 올라가 보니 1년에 딱 한 번 참성단이 열리는 날이 바로 개천대제가 봉행되는 개천절이라는 사실을 알았다. 안타깝게도 2021년 10월 3일은 코로나19로 인해 참성단을 완전개방을 하지 않아 바로 옆에서 개천대제를 살필 수 없었지만, 인근 헬기장에서 참성단 행사를 바라보는 것만으로도 묘한 감동이 느껴졌다. 사람의 마음이 얼마나 갈대 같던지 분노와 불만이 환희와 감동으로 바뀌는 게 한순간이더라.

한 걸음 더 나아가 '1년에 딱 한 번 마니산을 오를 기회가 있다면 나는 어느 날 오를까?'라는 질문이 떠올랐다. 그 순간 정말로 그토록 불만을 쏟아냈던 '개천절 아침 8시 산행'을 딱 맞춰 다시 할 것 같다고 생각했다. 그만큼 참성단에서 행해지는 개천대제가 갖는 매력이 독특하고 컸다는 사실. 물론 헬기가 내뿜는 굉음을 받아들일 수 있다는 건 아니다. 정말로 끔찍하다. 그럼에도 1년에 한 번뿐인 행사를 내 두 눈으로 마주하는 쾌감은 직접 봐야만 느낄 수 있다.

개천절, 본래는 '하늘 문이 열렸다'는 뜻의 날이지만 기원전 2333년 음력 10월 3일 단군왕검이 나라고조선를 세운 것을 기념하기 위해 만들어진 국가기념일이다. 겨레의 생일을 기리기 위해 우리 정부는 1949년 양력 10월 3일을 개천절로 제정해 기념해 오고 있다. 안타까운 것은 개천절을 국가기념일로 제정하며 기존의 음력 10월 3일이었던 것을 '환산하기 어렵다'는 이유로 양력 10월 3일로 임의대로 바꿔 기념하고 있다는 사실이다. 행정 편의를 위해 최초 정해진 날을 마음대로 바꿔버린 것인데, 오히려 본래의 의미가 퇴색해버린 것 아닌지 의문이다.

개천대제와 같은 나라 전체의 제천행사는 고조선 이래 줄곧 모든 나라에서 지속돼 왔다. 부여의 '영고'가 있고, 고구려에 '동맹'이 있으며, 동예에 '무천'이 있다. 신라와 고려는 팔관회 등 제천행사를 열었다. 수천 년 동안 나라의 길일에 맞춰 제천행사를 행해 온 거다. 음력 10월 3일 개천절 역시 1909년 나철이 대종교를 창시하면서부터 개천절이라는 이름으로 경축해 온 거다. 이런 행사를, 행정 편의를 이유로 음력에서 양력으로 날짜를 임의대로 바꿔 기념하고 있다.

이럴 거면 설날과 추석은 왜 양력으로 셈하지 않고 음력으로 따지는 것인지 여러 번 생각해도 알 수 없는 일이다.

음력 10월 3일이 개천절인 이유는, 문헌상으로 재야 사서인 '단군세기'에 "개천 1565년 상월 3일에 신인 왕검이 오가의 우두머리로서 800인의 무리를 이끌고 와서 단목의 터에 자리 잡았다"라는 기록 때문이다. 우리 민족은 10월을 상달上月로 부르며 한 해 농사를 추수한 후 햇곡식으로 제상을 차려 제천행사를 행해 왔다. 숫자 3 역시 길한 숫자로 여겨 귀하게 생각했다. 그 행사가 마니산 참성단에서 1년에 딱 한 번 10월 3일에 열리고 있다. 물론 처음은 음력, 지금은 편의성을 이유로 양력 10월 3일이다.

끝으로 마니산은 해발 472m의 그리 높지 않은 산임에도 불구하고 생각보다 가파르다. 빠른 길을 택한다고 계단코스를 오르는 순간, '헬게이트지옥문'가 열린다. 부디 돌아가더라도 오를 때는 완만한 코스를 택하자. 운동과 체력단련이 목적이라면 계단코스를 이용해도 괜찮지만, 나라면 수백 번을 선택해도 마니산 국민관광지 출발 기준 완만한 코스를 이용해 오른 뒤 계단코스로 내려오는 걸 택할 거다. 이렇게 올라야 마니산 능선 따라 이어지는 절경을 제대로 담을 수 있고, 하산할 때 집중해 빠르게 내려올 수 있다.

재밌는 점은 마니산은 우리나라 제1의 생기처生氣處로도 평가받고 있다는 사실이다. 좋은 기가 나온다는 말인데, 실제로 기를 측정하는 방식인 엘로드법L-ROD으로 확인한 결과 마니산이 전국 최고

마니산 정상으로 향하는 계단 코스. 분명 빠른 길이지만 오를 때는 웬만하면 이용하지 않았으면 하는 바람이다. 힘들고 재미가 없다. 무엇보다 마니산이 선사하는 산천의 매력을 결코 느낄 수 없는 코스다.

수치를 보였다. 엘로드법은 보통 땅에서 나오는 전자에너지에 의해 두 개의 금속 측정 막대기가 교차, 회전하는 원리를 이용해 측정하는 방식을 말한다. 이 수치가 마니산 정상 부근은 65회전, 중턱은 60회전, 입구 쪽은 46회전 정도 나온다고 한다. 자료마다 차이는 있지만 나름 기가 센 곳으로 유명하다는 해인사 독성각 주변이 46회전, 대구 팔공산 갓바위가 16회전, 경북 청도 운문사 죽림현이 20회전

마니산을 오르다 보면 결코 높지 않은 이 산이 왜 명산인지, 전국에서 가장 높은 수치의 생기처인지 간접적으로 느낄 수 있다. 산과 바다, 하늘이 하나를 이룬다. 두발로 직접 걸어보자.

정도 나온다고 알려졌다.

그만큼 마니산에서 내뿜는 기가 세다는 뜻. 이로 인해 생기를 찾아 기와 풍수전문가들이 오늘도 마니산으로 걸음을 잇고 있다. 생기처가 강한 곳은 걷는 것만으로도 마음이 저절로 편안해지고 건강해진다 하니 심신을 수련하기 위한 최적의 장소라는 것. 물론 생기를 받을 수 있는지는 알 수 없다. 다만 마니산에 오르면 몸과 마음이 건강해지는 건 분명한 사실 같다. 일단 오르고 나서 느껴보자.

갯벌을 안은 너른 바다와 능선을 품은 푸른 하늘이 최고다.

가이드

‘참성단’, 가장 오래된 단군유적

마니산 참성단을 봐야 한다. 참성단은 남과 북을 통틀어 가장 오래된 단군유적이다. 2000년대 초반 북한은 평양 부근 화성동에서 참성단과 유사한 외관의 제단을 발굴했다며 단군유적이라고 주장하고 있지만 고려와 조선시대 남겨진 기록을 따져보면 명실공히 가장 오래된 단군 관련 유적은 마니산 참성단이다. 그러니 강화도에 가면, 마니산에 올라 참성단을 살펴야 한다.

마니산 참성단, 사적 136호다. 여러 학교와 국가기관 등에서 마니산 참성단에 대해 나름의 설명하고 있지만 강화군청이 자신들의 홈페이지에 올린 설명 자료가 흥미롭다. “참성단이 과연 단군의 제천단인지는 단정할 수 없으나”로 이어지는 솔직 담백한 문장이다.

“참성단은 마니산 정상에 있으며 단군이 하늘에 제사를 올린 제단이라고 전해온다. 여러 번 고쳐서 쌓았기 때문에 최초의 모습은 찾아보기는 어렵다. 제단은 자연석으로 둥글게 쌓은 하단과 네모반듯하게 쌓은 상단으로 구성되어 있는데, 둥근 하단은 하늘, 네모난 상단은 땅을 상징한다고 한다. 이런 모습은 경주의 첨성대와 비슷하다. 고려와 조선왕조는 때때로 이곳에서 도교식 제사를 거행하기도 했다. 지금도 해마다 개천절에 제천행사가 거행되며, 전국체전의 성화는 이곳에서 태양열을 이용하여 붙이고 있다. 참성단이 과연 단군의 제천단인지는 단정할 수 없으나, 고려시대에 국가제사를 지내는 곳이었던 만큼 제전祭田이 지급된 것은 물론이다."

고조선과 관련된 유적지나 유물을 온전히 확인하기 어려운 상황에서 개인적으로 살필 수 있는 곳이 국립중앙박물관과 마니산 참성단 정도였다. 그만큼 고조선에 대한 연구 자체가 제대로 이뤄지지 않아서인데, 이로 인해 일반에게 알려진 고조선의 이미지는 단군할아버지와 호랑이, 곰, 마늘, 쑥 등의 전설 속 이야기 캐릭터 정도로만 치부되고 있다. 2010년대 들어 일부 대학을 중심으로 고조선에 대한 연구가 진행되고 있지만 여전히 잰걸음 수준이다. 일각에서 마니산 참성단의 세계문화유산 등재를 촉구하는 이유인데, 이를 통해서라도 더 큰 관심을 이끌어 내야 한다는 복안이다. 과연 신화처럼 전해온 고조선이 실증적인 역사가 돼 우리 앞에 현실로 다가올까.

분명한 점은 역사에 대한 일반인들의 관심과 걸음이 이어지면 신화로 치부됐던 이야기도 고증을 거친 역사가 된다는 사실이다. 다시 강조하지만 강화도에 가면 고조선 관련 유적지 마니산 참성단을 직접 마주해보자.

끝으로 참성단 제단 바로 앞쪽에 위치한 소나무 한그루가 있다. 한눈에 봐도 단정하고 균형 잡혀 있어 고조선을 대표하는 유적지 참성단과 매우 조화롭다. 이런 이유로 2008년 우리 정부는 참성단 소사나무를 천연기념물로 지정해 보호하고 있다. 강화군청 설명자료에는 높이가 약 4.8m, 뿌리 부근 둘레가 2.8m라고 한다. 수령은 150

년으로 추정하고 있다. 참성단과 소사나무, 자연까지도 하나의 역사가 되고 있다.

마니산 국민관광지 입구 쪽에는 참성단 모형이 전시돼 있다. 1년에 한 번만 개방하는 참성단을 시민들이 보다 쉬이 접근해 관람할 수 있도록 만들어 놨다. 물론 마니산 정상에서 참성단을 마주하는 것이 훨씬 큰 감동을 전한다.

따라잡기 한능검

강화도, 촘촘하게 새겨진 역사의 땅

솔직히 책을 쓰는 내내 강화도 지역사만 따로 떼어내 별책부록으로 만들어야 하는 것 아닌가를 두고 고민했다. 그만큼 강화도가 갖는 역사가 중요하다는 뜻이다. 고조선 역사를 품은 마니산 참성단을 필두로 고구려와 고려, 조선, 근현대의 역사가 촘촘하게 새겨진 곳이 바로 강화도다.

이 말은 한능검에서 보기 자료에 강화도 문화유적 사진 한 장 띄어놓고 강화도와 관련된 문화유적을 문항에서 찾으라는 문제로도 낼 수 있다는 의미다. 실제 한능검에는 '역사의 섬, 강화'라는 보기 자료를 제시한 뒤 강화도에서 발생하지 않은 일을 찾으라는 문제가 나왔다.

> ① 신미양요와 어재연의 분전 ② 조일 수호 조규의 체결 과정 ③ 단군과 참성단의 제천 의례 ④ 영국의 불법 점령과 포대 설치 ⑤ 조선왕조실록의 보존과 사고

해당 문항의 정답은 4번이다. 영국의 불법 점령과 포대 설치는 1885년 남해안 거문도에서 이뤄졌다. 한능검에서 마니산 참성단 사진을 띄어놓고 해당 유적지에 대한 설명을 묻는 문제가 출제되기도 했다. 당시 정답은 "단군이 하늘에 제사를 지내기 위해 쌓은 단"이었

다. 물론 강화군청은 스스로 '단군이 쌓은 제단인지 단정할 수 없다'고 설명해놓긴 했지만.

투어

즐겨보자, 강화도의 맛

앞서 강조한대로 강화도는 한민족의 역사를 온전히 품었다 보면 된다. 수천 년의 역사적 순간을 부대낄 만큼 먹거리 역시 풍부했다. 실제로 강화섬쌀과 강화순무, 속노랑고구마, 강화인삼, 강화약쑥, 강화화문석 등이다.

4월이면 고려산에서 진달래축제가 열리고 10월이면 강화새우젓축제와 고려인삼축제가 열린다. 개인적으로는 5월과 6월 암게 산란기와 가을 수게 제철에 맞춰 강화 외포리 일대 꽃게마을에 들러 게장과 꽃게탕을 꼭 먹는다. 별미 중 별미인데, 물론 다른 시기에 가도 즐기고 먹을 것이 풍부한 곳이 강화다. 여정을 이어가며 강화 특산물도 함께 맛볼 것을 추천한다. 강화도가 더욱 좋아질 거다. 강화도 코스는 p.53을 참조

06

최고다 '국박'

: 서울시 용산구 국립중앙박물관 일대

스토리

엄지척 할 만 하다

"국박 최고"

서울 이촌동 국립중앙박물관을 다녀온 뒤 SNS에 올린 짧은 문장 하나. 그랬더니 십 수 명의 페친이 저마다 '국박 최고'를 연호하며 마치 인터넷 밈 같은 현상을 보였다. 왜 그랬을까? 흔히들 국립중앙박물관을 '국박'으로 줄여서 부른다.

단언컨대 우리나라 박물관 중 내실과 재미 면에서 최고의 모습을 보여줬기 때문이라 생각된다. 실제로 이 글을 쓰기 위해 수주 연속 국박을 방문했다. 때마다 반나절 이상 머물 수밖에 없었다. 그만

큼 볼 것이 많고 유익하다는 뜻. 다시 한 번 '국박 최고'

정말로 시간이 없다면 일단 국박부터 가자

한능검 시험은 다가오는데 현장을 둘러볼 시간은 없고 그렇다고 시험에 나오는 문화유적을 담지 못해 너무나 아쉽다면, 일단 국박부터 가자. 대신 열심히 기초를 쌓고 가야 더 즐겁다. 그래야만 국박의 매력을 온전히 느낄 수 있다. 이른 아침에 가서 오후 늦게 나온다는 생각으로 든든하게 먹고 운동화를 신고 가자. 천천히 하나하나 살피다 보면 어느새 '국박 최고'를 읊조리는 스스로를 발견하게 된다. 무엇보다 시험에 나오는 다수의 문화유산을 시대순으로 한 번에 직접 확인할 수 있는 유일무이한 공간이다. 아는 것을 만나는 즐거움, 어마어마하게 큰 감동이 돼 돌아온다.

정문 통과 직후 1번 전시실부터 구석기와 신석기 유물이 쏟아진다. 그렉 보웬이 발견한 주먹도끼를 필두로 가로날도끼, 여러면석

'뒤지개'로 불리는 신석기시대 농기구다. 나무자루를 달아 잡초를 캐내고 땅을 고를 때 사용했다. 현재로 치면 삽이나 괭이 등의 역할을 수행했다.

기, 긁개 등이 매우 상세히 전시돼 있다. 자연스레 2번 전시실에 신석기시대 유물이 자리했음을 알 수 있다. 암사동 유적지에서 발굴된 빗살무늬토기를 비롯해 돌화살촉, 갈판, 가락바퀴, 덧무늬 토기, 조개팔찌도 확인 가능하다. 이렇게 되면 3관이 무엇일지 예상이 가능하다. 맞다. 청동기 고조선 유물관이다. 4관은 부여와 삼한 유적을 전시하고 있다. 청동기와 고조선 시대를 국박만큼 체계적으로 정리해놓은 곳은 찾기 어렵다. 무엇보다 국박에는 시험에 나오는 보물 1823호 '농경문 청동기'가 있다.

농경문 청동기, 폭이 12.8cm밖에 안 되는 작은 청동 유물이다. 아쉽게도 아래쪽이 파손됐지만 몸체는 온전한 모습이다. 가장 위쪽에 작은 구멍 여섯 개를 놓쳐선 안 되는데 국박에 전시된 모습처럼 끈을 이용해 매달아 사용한 주술적 의미의 제수용기로 추정된다. 구멍 아래로 정교하게 세공된 빗금과 선이 띠가 되어 새겨져 있다. 띠 안쪽 양쪽면 모두 마찬가지인데 단순하지만 분명한 메시지를 담은 내용의 그림이 새겨져 있다.

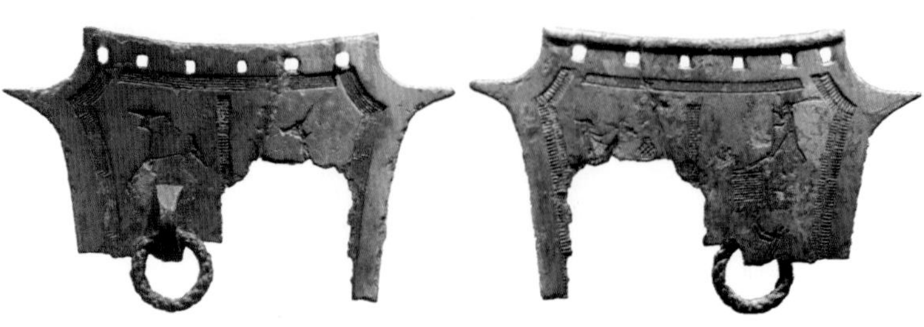

농경문 청동기의 앞, 뒤면

우선 앞면에는 곡식을 물고 있는 새가 나뭇가지 끝에 앉아 있는 모습으로 묘사돼 있다. 그 아래쪽으로 둥근 고리가 끼워진 부분이 한 개 달려있다. 아마도 바라보는 기준 오른쪽 역시 다르지 않았을 텐데, 새 한 마리가 올려진 모습이다. 이 모습을 통해 삼한의 유물인 솟대가 떠오른다는 건 더욱 의미 깊은 일. 반대쪽 역시 마찬가지다. 머리 위에 긴 깃털 같은 것을 꽂고 벌거벗은 채 따비로 밭을 일구는 남자와 괭이를 치켜든 인물과 항아리에 무언가를 담고 있는 인물이 새겨져 있다. 이에 대해 국박은 "봄에 밭을 갈고 흙덩이를 부수는 장면과 가을에 수확한 곡물을 항아리에 담는 과정을 보여주고 있는 것"이라고 설명했다.

바꿔 말하면 청동기시대, 얼마나 농경을 중요시했는지 알 수 있는 부분이다. 이 지점에서 놓쳐선 안 되는 사실은 청동기시대로 접어들었지만 청동기를 소유할 수 있었던 건 지배층뿐이었다는 것. 농사는 절대적으로 석기, 그중에서도 반달돌칼 등을 이용했다.

역시 국박은 농경을 중시한 청동기시대의 흐름을 온전히 확인할 수 있는 가장 체계적인 공간이다.

가이드

'시대별 핵심 유물'을 살피자

앞서 강조했듯 국박에 가면 지금까지 공부한 한능검이 체계적으로 정리되는 기분을 느낄 수 있다. 시대순으로 핵심적인 전시물들이 마련됐기 때문이다. 각 전시관을 자세히 살피자.

1) 3전시관 청동기 / 기원전 2000년 ~ 기원전 4세기

'농경문청동'을 필두로 당시 농사에 사용됐던 각종 석기 유산을 확인할 수 있다. 돌도끼와 돌화살촉, 청동기를 대표하는 반달돌칼, 돌낫도 확인 가능하다. 재차 강조하지만 청동기 전시관임에도 석기가 많은 이유, 주된 생활 도구의 절대 다수가 정밀하게 다듬은 돌을 이용했기 때문이다. 21세기 현재 금과 다이아몬드가 아무리 보편성을 띤다 한들 금도끼와 금칼, 다이아몬드낫을 이용해 농사를 짓지 않는 것과 같은 이치다. 생활 속에 깊이 스며든 것은 여전히 돌이다.

그럼에도 불구하고 국박 청동기 전시관의 메인은 역시나 두 가지 종류의 동검이다. 바로 비파형동검과 세형동검. 비파처럼 아래쪽이 둥글둥글하게 생긴 동검이 바로 청동기를 대표하는 비파형동검이고, 날렵하게 잘 빠진 것이 바로 철기시대를 대표하는 한국식 동검인 세형동검이다. 시험에는 두 검의 사진을 놓고 그 시대의 특성을 찾으라는 문제가 나온다. 잊지 말자. 비파형 동검이 바로 청동기 시대의 대표적인 유물이고, 세형동검은 철기시대다.

청동기시대는 이전 시대와 달리 지배층 계급이 생겼다. 잉여물자가 사유재산을 만들었고, 이렇게 축적된 사유재산은 인간의 욕망을 세분화시켜 계급을 탄생시켰다. 이 말은 곧 각 집단을 이끄는, 불평등한 구조의 군장과 족장이 출현했음을 의미하는 것. 이들은 권위를 보이기 위해 자신들의 무덤을 고인돌로 만들었다. 길이 7m, 높이 2.6m, 넓이 5.5m의 거대한 돌을 이용해 무덤을 만든 것인데, 수백의 장정이 맨손으로 100t에 달하는 돌을 옮긴 무덤을 만들었다. 청동기

시대에 발생한 권력자의 권위가 얼마나 대단했는지 유추할 수 있는 부분이다. 그런데 청동기시대의 주된 생활 도구 역시 청동이 아닌 돌과 흙이었다. 청동이 일반적이지 않기 때문이다.

앞서 살핀대로 농사 등 일상에선 여전히 반달형 돌칼이 이용됐다. 시대를 대표하는 유물 역시 '미송리식 토기'라 불리는 민무늬토기다. 그만큼 청동이 권력자들을 위해 제작되고 사용됐다는 뜻인데, 미송리식 토기는 밑이 납작한 항아리 양쪽 옆으로 손잡이가 하나씩 달리고 목이 넓은 것이 특징이다. 1959년에 평안북도 의주군 미송리에서 처음 발견돼 그 지역의 이름을 따 미송리식 토기라 부르게 되었다.

청동기시대 대표적 농기구로 사용된 반달돌칼 국립중앙박물관

무엇보다 고조선의 문화 범위와 매우 밀접하다. 청동기의 발전과 함께 태동하는 것이 우리 역사 최초의 국가 고조선이다. 고인돌과 비파형동검, 미송리식 토기 등이 출토된 지역을 고조선 문화 영역으로 봐야하는 이유다. 충남 부여 송국리를 비롯해 경기 여주 흔암리, 울산 울주 반구대, 경북 고령 장기리 등이 청동기 유적지다. 권력이 생기니 알리고자 했고 이를 암벽 등에 새겨 기록했다. 죽어선 고인돌로, 생전엔 암벽 기록으로 남긴 거다.

2) 3전시관 철기시대, 한국식동검세형동검의 등장 / 기원전 5세기부터

3전시관 후반부에 세형동검이 전시됐다. 기원전 5세기경 등장한 철기시대에 등장한 동검인데, 흔히들 한국식 동검이라 부른다. 철기시대와 청동기시대와 구분 짓는 가장 큰 이유가 있다.

바로 철제 농기구의 사용이다. 청동기시대가 열렸지만 이전까진 농사를 지음에 있어 반달돌칼이 사용됐다. 하지만 철기시대엔 쟁기와 쇠스랑 등 철제 농기구가 사용됐다.

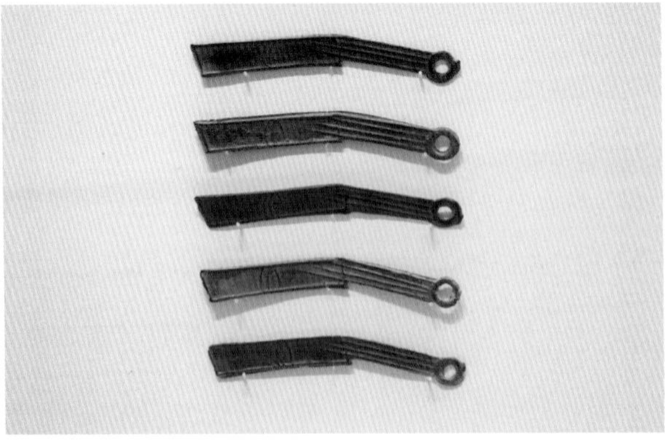

학생들이 면도칼을 닮았다 말한 철제 화폐 명도전. 실제 중국 연나라에서 만든 칼 모양의 화폐로 전국시대 말기부터 진나라 때에 걸쳐 사용되었다고 전해진다.

철기시대는 중국과의 교역이 이뤄졌음을 증명하는 중국 화폐인 명도전과 오수전가운데 사각형 구멍이 뚫린 동전. '상평오수常平五銖'라는 글자가 새겨짐 등이 대거 출토됐다. 유심히 금속 화폐를 살피던 중 본의아니게 옆에서 함께 명도전을 보던 청소년들의 대화를 듣게 됐다.

"옛날에는 교역이 어려웠겠네. 면도칼을 넣고 다녔으니 찔리면 얼마나 아파겠어."

명도전이 그만큼 앙증맞다. 바꿔 생각하면 철이 화폐로 대체될 만큼 귀했다는 것. 국박에 있으니 반가운 마음으로 살펴보자. 명도전 바로 옆에는 중국과의 교류를 보여주는 붓도 전시돼 있다. 중국으로부터 한자가 전래돼 사용됐음을 알 수 있는 부분이다.

널무덤과 독무덤이 나타나기 시작한 것도 이 시기다. 널무덤은 구덩이를 파고 나무널을 넣은 것으로, 우리가 알고 있는 일반적인 무덤형태로 보면 된다. 한반도 서북 지역에서 먼저 만들어지다가 남부 지역으로 퍼져 나갔는데, 특히 낙동강 유역에서 많이 발견되고 있다. 독무덤은 말 그대로 크고 작은 항아리독를 연결해 관으로 쓰는 무덤형태다. 국박에 가면 항아리를 연결한 실물을 볼 수 있다. 매우 특이하다.

3) 4전시관 - 부여와 삼한, 낙랑과 대방

4전시관에서 가장 놀랐던 유물이 있었다. 청동으로 만든 허리띠

장식이었다. 특히 호랑이 모양의 푸른색 허리띠가 매우 인상적인데, 디자인 감각만 있다면 '블루타이거blue tiger'로 브랜딩해 널리 알리고 싶다는 생각까지 했다. 그만큼 아름다웠다는 말. 도대체 이 아름다운 모형의 청동을 어찌 허리에 달고 다닐 수 있었던 것인지. 고대인들의 예술적 감각에 그저 경의를 표한다.

언뜻 봐서는 허리띠인지 도통 알 수가 없다. 한쪽에 완연히 남은 갈고리 모양의 걸쇠와 다른 한쪽에 원형의 고리를 보고 나서야 허리띠 부속임을 인지한다. 2000년 시간의 흐름만큼 띠고리 이외에 가죽이나 천으로 된 띠는 존재하지 않는다고 한다.

호랑이모양 띠고리

보통 말모양 띠고리와 호랑이모양 띠고리가 전해지고 있다. 개인적으로 호랑이모양 띠고리가 특히 인상 깊었다. 사냥을 준비하듯 잔뜩 웅크린 자세와 크게 벌린 입, 날카로운 이빨 등을 보노라면 블루타이거 한 마리가 눈앞에서 살아 움직이는 듯한 모습이다. 쭉 뻗은 앞발을 연결고리로 이용했는데 디자인을 활용한 실용성에 그저 감탄만 했다. 블루타이거 허리띠고리 앞에서 얼마나 오래 서있었던 것인지 기억이 나지 않을 정도다. 그저 훌륭하다.

국박 설명에 따르면 '호랑이모양 띠고리는 말모양 띠고리에 비해 제한적으로 사용됐다'면서 현재까지 출토된 수가 많지 않고 주로 영남지방을 중심으로 확인되고 있다고 한다. 실제로 삼한지역 유물로 소개됐다.

4전시관에서 놓쳐선 안 되는 또 하나의 유물이 있다. 낙랑의 대표 무덤으로 명명된 석암리 9호에서 출토된 '청동박산로'다. 4전시관 중앙에 당시 출토된 여러 유물이 전시됐는데 그 가운데 투박하지만 범상치 않은 자태의 청동박산로도 있다. 산 모양의 뚜껑을 가진 것을 박산로라 하는데 전한 시대기원전 206년~기원후 8년 청동으로 만든 향로가 크게 유행했다고 한다. 이를 대표하는 것이 바로 국박 4전시관에 자리한 청동박산로다.

익히 알고 있듯 낙랑은 한나라의 무제가 위만조선을 점령하고 세운 한사군 중 하나다. 현도군과 함께 최후까지 남은 변군으로 대략 한반도 북부를 관할했다. 한나라가 멸망한 후에도 중국의 변군으로 존속하였으며 고구려 미천왕에 의해 축출될 때까지 약 420년에 걸쳐 한반도 및 만주 일대의 민족들과 대립하고 교류하면서 많은 영향을 끼쳤다.

여기서 잠깐, 고구려 15대 미천왕재위 300년~331년에 대해 살피고 넘어가자. 아름다울미美와 내천川을 사용하지만 출신이 미천해 본디 뜻과는 달리 불리는 이름에서 나는 소리대로 기억하는 사람이 많다. 실제로 아버지가 백부인 봉상왕에게 반역으로 몰려 죽임을 당한 뒤 미천왕은 신분을 속이고 노비와 소금장수로 지내며 살았다.

어렵게 왕위에 오른 뒤에는 한반도에 남은 중국의 군현과 치열하게 싸웠다. 현도군을 공격했고, 서안평을 점령한 뒤 이를 바탕으로 지금의 평안도 일대에 자리한 낙랑군과 지금의 황해도 일대에 위치한 대방군을 각각 점령했다. 참고로 최근 한능검 시험에는 미천왕의 업적을 보기에 제시한 뒤 같은 시대의 특색을 맞추라는 문제도 자주 등장한다.

다시 돌아와 박산로를 살피면, 국박은 청동박산로에 대해 제일 아래쪽 받침대를 시작으로 기둥, 제일 위쪽 향로 세 부분으로 구성되어 있다고 설명했다.

향로 부분은 뒤쪽에 튀어나온 지도리[손잡이]로 향로의 몸체와 뚜껑을 연결해 쉽게 여닫을 수 있게 만들어졌다. 지도리 위쪽 뚜껑에는 여러 겹의 산봉우리들과 산 정상이 표현되어 있다. 산 아래에는 열쇠 구멍 모양과 둥근 모양의 구멍 9개가 있고, 산봉우리 뒤쪽으로도 얇고 긴 구멍 6개를 내어 산봉우리 사이로 안개처럼 향 연기가 올라갈 수 있도록 고안했다. 향로를 받치고 있는 기둥은 날개와 꼬리를 쭉 뻗고 고개를 곧추세운 봉황의 형태로 만들었다는 점이 특징이다. 봉황 아래에는 이 모두를 받치고 있는 거북이와 바다를 상징하는 둥근 접시 모양의 받침이 있다. 솔직히 말하면 이 설명을 읽고 나서야 청동박산로가 온전히 보였다. 그전까지는 박산로의 의미조차 온전히 몰랐다. 역시 알아야 보인다.

청동박산로

따라잡기 한능검

“이 나라를 찾으시오”

한능검 시험에서는 고조선과 연맹 체제의 부여와 고구려, 군장 국가인 동예, 옥저, 삼한 등의 특징을 보기로 제시한 뒤 보통 ‘이 나라’와 같은 특징을 찾으라는 문제로 출제된다. 각 나라의 특징을 알면 어렵지 않다.

개인적으로 한반도와 만주 지도를 펼쳐놓고 각 나라의 위치를 적은 다음 그에 맞게 특징들을 나열해 머릿속에 정리했다. 이를 바탕으로 국박에 가서 해당 국가의 문화유산을 비교하며 체계화했다. 각 나라의 특징은 아래와 같다. 한능검을 치를 생각이 있다면 상세히 읽고 각 나라의 특징을 잊지 말자. 어마어마하게 출제된다.

1) 최초의 한민족 국가 고조선 기원전 2333년 ~ 기원전 108년

우리의 뿌리가 고조선임에는 분명하나 국박에서조차 청동기시대와 고조선을 하나의 전시관으로 묶어 안내하고 있다. 그만큼 시대를 대표하는 적확한 유물들이 많지 않다는 의미다. 바로 고려 충렬왕 때 승려인 일연의 <삼국유사>를 자세히 살펴야 하는 이유인데, <삼국유사>는 우리 역사에서 처음으로 고조선을 다룬 역사서다. 실제로 책에는 고조선왕검조선과 위만조선의 건국과 실패 과정이 오롯이 담겼다자세한 내용은 2권 고려시대 인각사 일연편 참조.

고조선은 ‘널리 인간을 이롭게 한다’는 홍익인간의 이념 아래 중국 요서와 요동부터 한반도 북부까지 넓게 영역을 유지했던 나라다. 우리가 단군할아버지라 불렀던 '단군왕검'이 제사와 정치를 일원화해 통치했다. 사회질서를 유지하기 위해 '범금 8조'가 시행됐다. 중국의 역사 기록인 <한서> <지리지>편에 나오는 내용으로 고조선판 '눈눈이이'라고 보면 된다. 시험에 고조선의 특징을 묻는 문제로 나오고 또 나오고 또 나오는 항목이다. 그만큼 중요하기 때문인데, 사람을 죽인 자는 즉시 죽이고, 남에게 상처를 입힌 자는 곡식으로 갚게 했다. 도둑질을 한 자는 노비로 삼고, 용서받고자 한다면 한 사람마다 50만 전을 내도록 했다. 이를 통해 노동력을 중시하는 농경사회에서 사유재산과 노비라는 신분이 존재했고, 화폐를 사용하며 형벌까지 존재했음을 유추할 수 있다. 물론 50만 전이 지금 기준으로 어느 정도 가치인지는 정확하게 파악되지 않는다.

고조선은 기원전 4세기경 중국의 연과 대적할 만큼 성장했지만 기원전 3세기 연의 장수 진개의 공격을 받아 왕검성으로 수도를 옮겨야만 했다. 왕위 세습을 한 부왕 같은 인물도 등장했고 왕 아래 상, 대부, 장군 등의 관직도 두었다고조선 관직체계 역시 시험에 상당히 자주 나온다. 기원전 2세기경 중국 진과 한의 교체기에 위만이 1000여 명의 무리와 함께 이주한다. 이후 준왕을 몰아내고 왕이 되니 이를 '위만조선'이라 불렀다. 본격적으로 철기를 수용하고 중계무역으로 성장했지만 기원전 108년 중국 한무제의 침입으로 멸망한다. 마지막 왕은 우거였다.

고조선을 무너뜨린 한은 낙랑, 진번, 임둔, 현도 등 4개의 군을 설치했다. 한사군은 고구려 미천왕에게 점령당할 때까지 약 400년

가량 존속했다.

2) 부여와 연맹국가 고구려

중앙집권적인 형태의 고대국가를 완성하기 전 뿌리가 같은 부여와 고구려는 매우 유사한 형태의 5부족 연맹국가 형태를 취했다.

부여는 이를 '사출도'라 불렀다. 왕을 중심으로 마가, 우가, 저가, 구가 등의 대가들이 다스리던 독립적 행정구역이다. 마는 말부족, 우는 소부족, 저는 돼지부족, 구는 개부족이다. 한반도 북부에 자리 잡은 부여가 목축을 얼마나 중시했는지 알 수 있는 부분이다. 사출도를 제시한 뒤 부여의 특징을 찾으라는 문제도 1만% 시험에 나오는 항목이다.

또 부여는 '영고'라는 축제가 발달했고 형이 죽으면 형수를 취하는 '형사취수제'와 지금 생각하면 지극히 비인간적인 제도지만 '순장제' 등이 풍속으로 이어졌다. 이 역시도 부여의 특징을 찾으라는 단골 출제 문항이다.

부여 출신 주몽에 의해 건국된 고구려 역시 부여의 특징을 따랐다. 왕 아래 상가와 고추가 등 대가큰 씨족 가문가 존재했다. 이들이 모여 '제가회의'를 통해 국가의 중대사를 결정했다. 또 사자·조의·선인이라는 전문적인 행정 실무직이 왕이나 대가 밑에 설치됐다. 부여에 '영고'가 있다면 고구려는 '동맹'이라는 제천행사가 존재했다. 각 집마다 '부경'이라 불린 창고도 있었다. 고구려는 기본적으로 타국을 약탈해 경제를 유지했는데, 동맹과 부경 등이 모두 강력한 군사제도를 기반으로 성장한 연맹국가 고구려의 사회적 특징이다. 또 '서옥제'라 하여 데릴사위 제도를 유지했다. 한자 그대로 서옥壻屋, 사위의 집이다. 흔히 '장가간다'라는 말이 이곳에서 유래했다. 그만큼 남녀를 가리지 않고 한 인간의 노동력 자체를 귀하게 여겼다는 뜻이다.

놓쳐선 안 되는 특징 하나는 초기 고구려와 부여 모두 '1책 12법'을 유지했다는 점이다. 도둑질하면 12배를 배상한다는 건데 엄격한 법률체계가 존재했음을 알 수 있는 부분이다. 고조선의 범금 8조와 비교해서 알아둬야 한다. 그런데 막상 시험장에 들어가면 고조선의 범금8조와 부여와 고구려의 1책 12법이 상당히 헷갈린다. 팁 하나 주면 고조선은 먼저 출발한 나라다. 상대적으로 숫자가 작은 8금이 12법 보다 어울린다. 그래서 고조선은 8, 부여는 12다. 다만 1책 12법은 모두 부여와 고구려의 특징으로 배우지만 시험에는 부여의 특징으로만 선별해서 보는 것이 낫다. 고구려는 초기 연맹국가의 형태를 넘어서 중기와 후반기로 갈수록 강력한 중앙집권체제를 바탕으로 동북아 최강국의 면모를 만방에 떨쳤다. 과정에서 고구려만의 율령법과 제도이 만들어지는 것은 당연했던 일.

3) 옥저 및 동예

옥저와 동예, 각각 지금의 함경도와 강원도 지역에 자리했던 고대국가다. 기록이 많지 않다. 중앙집권 국가로 발전하지 못한 탓에 인접국가인 고구려에 의해 모두 정복됐다. 읍군과 삼로라는 군장이 통치했다※ 삼한 지역 신지, 읍차와 구별해야 한다.

옥저는 고구려의 서옥제와 달리 '민며느리제'를 유지했다. 열 살 정도의 어린 며느리를 데려다 키운 것인데, 성인이 되면 친정으로 되돌려 보낸 다음 돈을 지불하고 다시 여자를 맞아들여 혼인하는 형태다. 민며느리는 '민'은 비녀를 꽂지 않은 머리를 뜻하는 민머리로 어린 여자아이를 말한다. 지리적 특성으로 소금과 해산물이 풍부했다고 한다. 또 옥저만의 특징으로 '골장제'라 불리는 가족공동무덤이 있다.

동예는 10월경 열리는 '무천'이라는 제천행사를 가진 나라로 단궁박달나무로 만든 활과 과하마크기가 작은 조랑말, 반어피바다표범 등이 특산물로 유명해 중국과의 교역에도 이용됐다고 전해진다. '책화'라는 폐쇄적인 풍습이 있어 씨족사회의 생활권을 매우 중시했다. 다른 씨족의 영역을 넘으면 노예와 소·말로 배상하게 했다. 여呂자형과 철凸자형을 가진 집터를 유지했다. 옥저와 동예가 위치를 비롯해 사회적 특징이 상당히 헷갈리는데 위치에 대해서만 첨언하면 동예의 경우 현재의 '동해'를 떠올리면 쉽다. 강원도하면 동해바다다. 그 강원도에 위치한 나라가 바로 동예였던 것.

4) 삼한마한, 진한, 변한

한강 이남 한반도 지역에 출현했던 소국들의 연합이다. 왕이 없이 신지와 읍차라는 군장들이 통치했다. 제정이 분리돼 제사장인 천군이 신성 지역인 소도를 다스렸다. 지금은 문화예술품으로 평가받는 솟대가 소도에서 유래한 것으로 전해진다. 주로 긴 장대에 나무로 만든 오리나 기러기 등의 조각을 올려놓은 모습이다. 솟대의 새들이 신과 인간을 연결해주는 일종의 전령조였다는 설이 있다.

벼농사를 주로 지었고 공동노동 조직인 '두레'가 발달했다. 마한이 백제로 흡수됐고 진한이 신라로, 변한이 가야로 흡수 발전됐다. 변한의 경우 좋은 철이 생산된 탓에 덩이쇠를 만들어 낙랑과 왜 등에 수출했다. 국박에 가면 당시의 유물을 직접 살필 수 있다. 옥으로 만든 진한의 파란 호랑이 모양의 혁대가 기가 막힌다. 시험에는 동예, 옥저, 삼한을 비교하는 형태로 출제된다.

특히 고대사 초기 부분은 각 나라의 특징을 비교하는 문제가 매회 출제된다. 부여, 고구려, 동예, 옥저, 삼한의 위치를 머릿속에 새긴 뒤 각 나라의 특징을 체계화해 시험에 대비해야 한다. 앞서 말한 것처럼 하얀 종이 위에 한반도와 만주를 대략 그린 다음, 각 나라의 위치를 새기고 그 위에 특징들을 직접 나열해 볼 것을 추천한다. 시험에는 각 나라의 풍습과 경제, 제천행사 등을 혼재해 보여준 다음 보기와 문항이 같은 것을 고르라는 형태로 나온다.

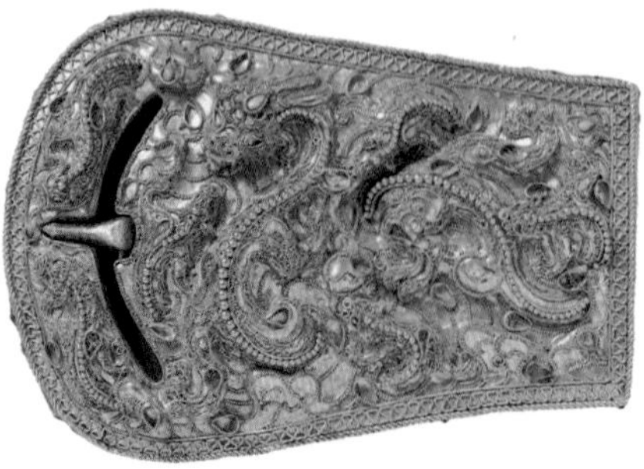

금제 띠고리 장식, 2000년 전 인간의 기술력이 어디까지 도달했는지 보여주는 단적인 예

낙랑과 대방 등 한사군과 관련된 문제는 자주 출제되는 건 아니지만 국박에는 석암리 9호 등의 영향으로 상당히 중요하게 전시돼 있다. 특히 1910년대 일제강점기 당시 첫 발굴 이후 국내 출토 금공예품 가운데 완성도가 가장 뛰어난 유물로 평가받는 일곱 마리 용 문양의 금제 띠고리 장식이 그렇다. 국박에 가서 오래도록 바라봤으면 좋겠다. 무려 2000년 전 인간의 기술력이 어디까지 도달했는지 이 유물 한 점으로 추정 가능하다.

삼한시대 비밀의 나라 의성 '조문국'

2021년 10월 경북 의성문화원의 초대를 받아 강연을 한 적 있다. 그곳에서 시험에 나오지는 않지만 삼한시대, 지금의 경북 의성 지역에 존재했던 '조문국'이라는 걸 처음 알게 됐다. 결론부터 말하면 의성 마늘의 알싸함 만큼 훌륭했다. 잘 알려지지 않은 탓에 여러 유적지를 찾을 때마다 특유의 고즈넉함과 유구함이 어우러져 전국 어디에서도 볼 수 없는 독특한 분위기를 만들어냈다. 최고의 장소는 이른 아침 물안개 가득 핀 숲에서 마주한 의성빙산사지오층석탑과 빙혈, 바로 인근에 빙계서원이다. 지금도 눈앞에 선명히 아른거릴 만큼 색감이 뚜렷하다. 그중에서도 빙혈은 우리네 자연과 너무나 조화롭게 어우러졌다. 한여름에도 한기가 유지된다고 알려진 장소다. 물론 빙혈 자체는 입구에서 보인 어마어마한 풍광에 비해 모자람이 있지만 빙혈 앞쪽부터 빙산서원까지 쭉 이어진 빙계계곡의 옥빛은 대한민국 어디에서도 쉬이 보기 어려운 모습을 전한다. 이러한 계곡이 여름이면 지역주민들이 애정 하는 물놀이터가 된다

의성빙산사지오층석탑

빙계계곡

고 하니 기회가 닿으면 계절을 달리해 가고 싶은 마음 간절하다.

탐방의 백미는 역시 삼한시대 경북 의성에 존재했던 조문국이 남긴 흔적들이다. 너른 개활지에 자리한 조문국 경덕왕릉과 의성금성산고분군, 의성조문국박물관 등이 매우 잘 정돈된 채 옛 조문국의 영광을 온전히 드러내고 있다. 그럴 것이 수십 기의 고분들이 마치 공원의 조형물처럼 조화롭게 자리해 있다. 그 사이로 길이 있어 고분 사이를 걷는 것만으로도 2000년 전 존재한 조문국의 향수를 떠올리게 한다.

반드시 가야 할 곳은 경덕왕릉 바로 옆에 자리한 '고분전시관'이다. 봉분 모양인 전시관은 멀리서 보면 우주선을 옮겨놓은 모습과 다르지 않은데 2009년 발굴한 대리리 2호분의 내부 모습이 매우 세세하게 재현돼 있다. 특히 의성지역에 존재했던 순장문화에 대해서 그 어디에서도 쉽게 접할 수 없는 디테일로 수준 높은 전시를 선보이고 있다. 특히 가족으로 추정되는 인골 4구가 다량의 토기와 함께 누워있는 모습과 피장자와 순장자가 서로 반대로 하여 누웠거나 나란히 누워있는 모습은 직접 봐야만 그 서늘함을 느낄 수 있다.

<삼국사기>에 따르면 신라 지증왕 3년502년에 왕이 순장을 금지하는 영을 내린 것으로 전해지고 있다. 조문국은 신라의 전신인 사로국에 의해 벌휴왕 2년185년에 정벌당해 역사에서 지워졌다. 당시 조문국이 위치한 금성면 일대는 신라가 영남 일원에서 북쪽으로 진출하는 중요한 교통로였다.

의성 고분전시관 내 '순장' 전시 모습

투어

놓쳐서는 안 되는 국립박물관의 비경

국립중앙박물관의 장점은 누가 뭐래도 '최고'라는 말이 자연스레 나올 정도의 멋진 유물들이지만 입장 전후로 살펴볼 수 있는 야외 전경 또한 어디서도 빠지지 않는 자랑거리다. 특히 전시동 앞쪽 마당과 정자, 곳곳에 자리한 연못은 굳이 국박을 관람하지 않더라도, 산책을 목적으로 방문해도 충분한 공간이다. 특히 추천하고 싶은 장소가 하나 있다.

상설전시관과 교육관 사이에 자리한 계단 끝자락에 자리한 너른 공간. 길게 뻗은 계단을 따라 올라가야만 확인할 수 있는 곳인데, 국박만 보여줄 수 있는 비경이 펼쳐진다. 실제로 계단에 서면 양옆으로 자연스레 사진을 찍는 수많은 인파를 보게 된다. 그만큼 이국적인 풍광을 자아내는 곳이다. 눈앞에 펼쳐진 용산 기지와 국방부, 그 너머에 자리한 남산이 서울 어디에서도 접하기 힘든 분위기를 만들기 때문이다. 다만 하나 놓치지 말아야할 사실은 2022년 5월 윤석열 정부 탄생 이후 용산 삼각지 일대에 자리한 국방부 건물을 변경해 대통령실로 사용하고 있다는 점이다. '청와대를 국민 품으로 돌려준다'는 것이 윤석열 정부가 밝힌 집무실 이전의 주된 이유지만 국방부 이전에 따른 안보 공백 발생과 풍수지리, 점괘 논란 등 윤석열 정부의 첫 걸음부터 설왕설래가 끊이질 않는 직접적인 계기가 됐다. 이유야 어쨌든 대통령실 이전으로 국박 계단에 서면 아주 쉬이 대통령의 집무실을 자세히 살필 수 있게 됐다.

그런데 용산 일대에 어디서도 쉬이 볼 수 없는 이국적인 풍경이 생긴 데는 우리가 몰랐던 비밀 하나가 있다. 바로 백 년이 넘도록 서울의 최대 요충지 용산을 우리 힘으로 지켜내지 못했다는 역사적 아픔이다. 그 굴곡진 역사로 인해 지금의 풍경이 생겨났다.

국박에서 걸어서 10분 거리, 서빙고역 바로 앞에 '용산공원'이라는 이름으로 지난 2020년에 부분 개방한 용산미군장교숙소 역시 다르지 않다. 국박 관람 전후로 함께 살피면 더 좋은 곳인데, 이곳 역시 우리나라에서 접하기 힘든 이국적인 풍광을 전한다는 이유로 최근에 청년층에게 크게 인기몰이를 하고 있는 장소다. 실제 친구와 함께 관람을 위해 주말에 찾아갔다가 힙한 청년들 사이에 기가 죽어

아예 들어갈 엄두조차 내지 못했다. 그만큼 대기하는 힙한 청년들이 어마어마하게 많았다는 것. 심지어 'US MILITARY FACILITIES'라고 적힌 회백색 담장 앞에서도 이국적이라는 이유로 셔터를 누르는 청년들이 적지 않았다. 그런데 이곳 역시 감추고 싶은 우리의 과거 역사가 만들어 놓은 장소다.

온전히 걷고 싶은 용산

용산, 한강을 품은 서울의 중심이지만 1882년 임오군란 이후 숱한 외국군대의 전용지가 돼 우리 국민들이 온전히 걸을 수 없는 금단의 땅이 됐다. 임오군란 당시 민씨 정권에 의해 출병한 청나라군대를 처음으로, 이후 1884년 갑신정변과 1904년 러일전쟁을 거치며 1945년 해방 전까지 일본군의 땅이었다. 일제는 이곳을 한반도 식민통치의 무력 근거지이자 대륙 침략의 전초기지로 활용했다. 용산기지의 조선군 사령관이었던 미나미 지로南次郎와 고이소 구니아키小磯 國昭가 각각 7, 8대 조선총독이 돼 일제의 무단통치 선봉장 역할을 했다. 1940년대 일제의 침략전쟁과 태평양전쟁이 가속화되자 일제는 우리 청년들을 전장으로 보내 총알받이로 역할케 했고 그 출발점이 용산기지였다.

해방 후엔 점령군이었던 미군 7사단 병력이 용산을 점유했다. 3년 간의 미군정이 종료된 뒤인 1948년부터 한국전쟁 직후까지 용산기지는 한국군의 둥지로 활용되기도 했다. 실제로 용산기지 육군본부 지하벙커에서는 한국전쟁 당시 전쟁지휘소의 역할을 했다. 하지만 우리군의 장교들은 북한군이 기습 남침을 하기 전날에도 용산기지 육군본부 장교클럽 개관파티를 벌였고, 북한군의 강공이 막을 수 없는 수준이 되자 '한강대교 폭파' 결정을 내리기도 한 수치와 비극의 현장이 바로 용산기지다. 그러나 너무나도 중요한 땅이기에 한국전쟁 기간 내내 북한군과 우리군, 중국군, 미군이 일시 점령하고 되찾기를 반복했다.

1953년 7월 정전협정 후 용산기지는 미8군사령부의 전유물이 됐다. 1957년에는 정전협정의 당사자인 유엔군사령부도 일본 도쿄에서 용산기지로 이전했다. 그렇게 한 세기 넘도록 외세에 점유됐던 땅이 최근에야 우리에게 돌아오게 됐다. 국박 너머에 펼쳐진 이국적인 비경이 우리 민족이 힘이 없어 발생한 결과로 만들어진 슬픈 현실인 거다.

그나마 다행인 점은 이러한 용산기지가 점차 시민들을 위한 공간으로 탈바꿈되고 있다는 사실. 정부 역시 "민족성 및 역사, 문화성을 갖춘 자연생태 및 국민 휴식공간으로 공원을 조성한다"라고 발표한 상태다. 과연 어찌 변할지. 분명한 사실은 시민들의 참여와 관심이 커질 때만이 용산기지가 정부가 발표한 민족성과 역사, 문화성을 가진 국가공원의 형태를 갖출 것이라는 점이다. 관심을 갖고 지켜보자.

2부

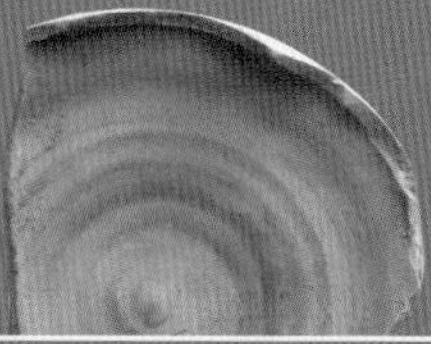

고구려가
삼국을 통일했다면
달라졌을까?

01

천하의 중심을 뽐내다

: 충주고구려비

스토리

역덕으로 살아간다는 것

역덕, 흔히 말해 역사를 너무나도 좋아해 덕질을 하는 이들을 뜻하는 속어다. 물론 나 역시 역덕 중 하나다. 우리 역덕의 특징 중 하나가 있다. 삼국시대를 이야기할 때 언제나 '만약 고구려가 삼국을 통일했다면 우리 역사가 어떻게 바뀌었을까'를 틈만 나면 주억거린다는 사실이다. 굳이 역덕이 아니더라도, 한 번쯤은 생각해봤을 상상이다.

그럴 것이 지금 우리가 사는 대한민국은 반도의 반쪽짜리 땅에 자리해 있다. 마음 같아서는 고구려 선조들처럼 드넓은 만주를 호령하는 대한국인의 기상을 분연히 떨치고 싶지만 미국과 중국, 러시아, 일본이라는 초강대국 사이에 끼인 현실을 누구보다 잘 안다. 그래서 더 우리 역사상 가장 넓은 영토를 차지했던 고구려가 자부심이자 아쉬움으로 기억된다.

대한민국에 남은 유일무이 고구려비의 깊은 뜻

충주고구려비는 고구려가 21세기 대한민국이라는 한반도의 반쪽짜리 땅에 살아가는 우리 시대에 남긴 최고의 유산 중 하나다. 익히 알려진 대로 우리나라 대한민국에 남은 유일한 고구려 관련 비석이기도 하다. 한국사를 배우고 한능검을 준비하며 고구려의 기상을 마음속에 한 번이라도 품어본 이들이라면 자연스레 충주에 직접 가서 고구려비를 직접 눈으로 담고 싶어지는 것 당연한 일. 다만 시간을 신경써서 맞춰야 한다.

충주 입석마을 입구에서 발견돼 야외에 계속 보관됐던 충주고구려비가 2010년대에 들어 현재의 충주고구려비 전시관으로 옮겨졌다. 관람에 시간제한이 생겼다는 뜻이다. 실제 매주 월요일과 1월 1일, 설날 추석날은 휴관으로 관람이 제한된다. 평일과 주말에도 오전 9시부터 오후 6시까지 시간을 맞춰야 한다.

전시관 한편에 충주고구려비를 야외에서 전시관으로 옮긴 이유에 대해 나와 있다.

"2004년 10월 고구려비를 방문한 당시 유홍준 문화재

청장이 고구려비 보존의 문제점과 환경오염 등을 제기하며 종합정비계획을 지시함으로써 고구려비 보존에 새로운 국면 전환이 이루어졌다."

한마디로 유홍준 전 청장의 권유에 따라 옮겼다는 말, 그런데 유 전 청장은 <여행자를 위한 나의문화유산답사기>에서 이것과 결이 다른 답을 적어놓았다.

"내가 2008년 청장을 떠난 뒤 공개 입찰을 해 2010년에 착공된 것이 이 전시관이다. 승효상 안을 실시 설계한 것이 아니고 전시관의 외부 형태만 커닝해 자기들 맘대로 바꾼 것이다. 승효상의 유리 보호각은 없어지고 전시실 안으로 들어가 버린 것이었다."

유 전 청장은 "시정해줄 것을 현직 청장에게 간곡히 부탁했다"면서 "전화위복의 계기가 되기를 바라는 마음"이라고 적었다. 그러나 애석하게도 2021년 현장에 가서 보니 유 전 청장이 지적했을 때와 사정이 달라지지 않았다. 컨테이너 박스 같은 전시관 마지막 전시실에 조명을 받은 충주고구려비가 덩그러니 서있다. 고구려비를 중심으로 사신도까지 그려져 있어, 마치 충주고구려비가 처음부터 고구려 고분 속에 있었던 건가 하는 착각마저 불러일으킨다. 1500년의 시간을 버티고 버텨온 충주고구려비의 상징성을 고려하면 충주시의 좀 더 면밀한 고민이 필요한 부분으로 보인다.

충주고구려비 전시관 외관 모습. 전시관이 전체적으로 컨테이너박스 형태로 구성됐다.

아쉬움은 전시관 외부에도 있다. 입석마을 입구에 세워진 고구려비를 전시관으로 옮기며 주변 정비도 함께 진행했다. 대표적인 것이 전시관 입구에 만들어진 '700년 기상 고구려'. 고구려 역사를 한눈에 보여준다는 생각으로 타일을 이용해서 만들었다. 전시물 바로 뒤쪽에 삼족오를 표현해 놓은 조형물까지 있어 나름대로 다채롭게 꾸며놨다. 하지만 내가 방문했던 2021년 8월에는 해당 전시물이 전혀 관리되지 않고 있었다.

동명성왕부터 유리왕, 대무신왕 등으로 이어지는 길은 부서진 파편과 쓰레기로 인해 관광객으로 하여금 '과연 이걸 보라고 만들어 놓은 것인가' 하는 생각이 들게 한다. 더욱 아쉬운 점은 구성과 내용면에서 결코 나쁘지 않은데, 왜 관리를 제대로 하지 않아 활용을 못 하고 있는지 여부다. 국민의 세금이 들어가는 만큼 충주시의 보다 체계적인 관리와 관심이 필요해 보이는 지점이다.

몇 가지 아쉬움에도 불구하고 충주고구려비는 반드시 직접 가서 봐야 할 너무나도 소중한 우리의 문화유산이다. 글머리에서 언급했듯 우리 역사에서 가장 용맹했던, 스스로를 천하의 중심으로 생각했던 고구려의 기상이 충주고구려비에 온전히 새겨져 있다.

'천하의 중심이 고구려'임을 증명하는 충주고구려비 현재 모습

대표적인 것이 비문에 새겨진 신라가 동이東夷라는 말이다. 동이, 중국에서 흔히 우리를 칭할 때 쓰던 단어다. 중국이 천하의 중심이기에 동쪽에 있던 우리를 동쪽 오랑캐라는 뜻의 동이라 불렀다. 중국은 서쪽은 서융, 남쪽은 남만, 북쪽은 북적이라 칭했다. 그런데 고구려는 신라를 동이라 불렀다. 이 말은 곧 천하의 중심이 고구려임을, 중국과 견주어 전혀 손색이 없음을 스스로 드러낸 거다.

고려와 조선을 거쳐서 현재를 살아가는 우리에겐 감히 상상도 못할 천하관이다. 당시 고구려의 영토와 영향력을 고려하면, 무엇보다 충주고구려비가 고구려 최대 전성기였던 5세기 광개토태왕과 장수왕 시절에 세워진 것을 고려하면 당연히 나올 수밖에 없는 이야기다.

비문에는 매금寐錦이라는 말도 있다. 신라의 임금을 가리키는 말이다. 원래라면 거서간, 차차웅, 이사금, 마립간 등이 신라의 왕을 칭하는 토착어다. 그런데 고구려는 신라왕을 매금이라 칭했다. 이를 두고 한국학중앙연구원은 "매금이라는 용어가 주로 5세기 경우의 고구려 금석문 자료에 집중적으로 나타나는 것으로 보아 당시 동북아시아의 강자로서의 지위를 확보한 고구려가 고구려에 의존적이던 신라왕을 낮추어 부른 것으로 짐작된다"라고 평가했다. 마립간에서 왕으로 칭호를 바꾼 지증왕도 정식으로 왕호를 사용하기 직전인 503년께 매금왕이라는 표현을 사용했다고 한다.

또 비문에는 여형여제如兄如弟와 신라토내당주新羅土內幢主라는 말도 나온다. 여형여제란 형제관계를 뜻하지만 명백하게 형과 동생, 즉 상하관계를 이르는 말이다. 동생 신라가 하나의 국가로 발전됨에 있어 형인 고구려의 보호를 받고 성장했음을 보여주는 대목이다. 비문에는 이를 뒷받침하는, 고구려왕이 신라왕에게 의복을 하사하거나 명을 내렸다는 내용이 반복적으로 등장한다.

'신라토내당주'는 글자 그대로 신라의 영토 안에 있는 당주, 곧 고구려의 사령관을 뜻한다. 당시 신라 영토에 고구려의 군대가 주둔해 있음을 알 수 있는 부분이다. 비문에 새겨진 원문은 아래와 같다. '高麗大王○○○○新羅寐錦世世爲願如兄如弟'. 즉 "고려대왕은 신라매금왕과 오래도록 형제와 같은 관계를 맺는다"라는 내용이다.

실제로 김부식이 쓴 <삼국사기>에는 381년고구려 소수림왕·신라 자비왕에 이미 친선주종관계를 맺고 있었다고 기록됐다. 광개토태왕 2년내물왕 37년·392년에는 신라 왕족 실성훗날 실성왕으로 등극이 고구려 인질로 떠났다는 내용도 있다. 401년 귀국한 뒤 내물왕의 후계자가 된 신라 실성왕은 412년 내물왕의 아들 복호를 인질로 보낸다. 또 광개토태왕의 비문에도 광개토태왕 10년400년 신라가 왜구의 침입을 받자 고구려는 5만 보병과 기병을 파견, 왜병을 쫓아냈다는 기록이 있다. 이러한 종속적인 관계는 신라와 백제가 고구려에 맞서 433년에 나제동맹을 맺는 시기까지 계속된다.

충주고구려비 발견과 관련해 우리가 잊어서는 안 되는 인물들이 있다. 바로 1978년 발족한 예성동호회라는 향토문화연구회 사람들이다. 지금은 예성문화연구회라 불리고 있다.

이들은 동호회 발족에 앞서 1978년 1월 단양 적성면에서 발견된 신라 진흥왕의 '적성비'를 주목했다. 단양과 충주가 근접한 만큼, 무엇보다 통일신라에서 중원경이라 불릴 만큼 중요하게 여겨졌던 충주의 지리적 특성상 단양적성비와 같은 비석이 있을 것이라 추론했다. 이를 바탕으로 문화유산을 찾아 나섰던 것. 1979년 2월 충주 중앙탑 인근을 답사한 뒤, 인근 입석마을에 비석이 세워져 있다는 이야기를 듣고 조사를 결정했다. 문제는 입석마을 입구에 세워진 돌

기둥 형태의 입석에 이끼 등이 두텁게 덮여 있었던 것. 그럼에도 불구하고 이들은 입석을 자세히 살피며 비석에 새겨진 국토國土와 토내土內, 안성安城과 같은 글자를 발견한다.

고구려비가 최초로 발견된 장소

1979년 4월, 서울에서 전문가들이 내려와 충주고구려비 탁본을 놓고 해석을 하기 시작한다. 그리곤 비문에 새겨진 高麗大王고려대왕을 확인한다. 국내 유일의 고구려비가 확인되는 순간이었다.

놀라운 것은 예성동호회가 예사모임이 아니었다는 점이다. 이들은 충주고구려비 발견에 앞서 훗날 보물 1401호가 되는 봉황리 마애불상군을 직접 찾아냈다. 고려 4대 임금인 광종이 954년광종 5년 어머니 신명순성왕후를 위해 세운 숭선사사적 445호의 위치를 알려주는 명문기와도 확인했다. 충주라는 땅이 고구려와 백제, 신라가 미치도록 갖고 싶었던 격전지였음을 주목했던 거다. 이 사실을 바탕으로 지역에서 사람들과 함께 공부하고 직접 걸으며 현장을 확인한 뒤 역사를 만들어 냈다. 이 얼마나 역덕스러운 발견이란 말인가. 역덕의 한 사람으로서 존경을 표한다. Respect!

가이드

고구려의 근간, 개마무사

명칭은 '충주고구려비전시관'이지만 충주고구려비가 마지막 전시관에 위치한 탓에 그에 앞서 안악3호분 벽화와 고구려 개마무사부터 먼저 만나보게 된다. 조형물이지만 고구려라는 나라가 갖는 특징을 제대로 표현해 놨다.

안악고분은 북한 안악 지역에서 발견된 고구려 고분으로 357년에 제작됐다. 지름 33m 규모로 총 4개의 방을 갖춘, 지금까지 발견된 고분 중 최대라고 한다. 고구려비전시관에도 안악고분에 새겨진 벽화들이 내벽마다 그려졌는데, 자세히 보면 고구려인이 어떻게 생활했는지를 엿볼 수 있다. 특히 디딜방아로 방아를 찧는 하녀, 말과 소를 매어둔 마구간과 외양간, 우물에서 물을 긷는 하녀, 부엌에서 요리하는 사람들, 고깃간 심지어 차고도 있다. 그래도 가장 눈에 띄는 것은 묘 주인공의 모습. 붉은 톤 옷을 입고 평상 위에 정좌한 모습으로 검은색 모자를 쓰고 있다. 좌우로 길게 뻗은 눈썹과 눈매가 인상적이다. 넉넉한 풍채가 강조돼 바로 옆에 그려진 시종과 대비되는 모습이다. 안악3호 무덤의 주인공이 누구인지는 여전히 정확하게 밝혀지지 않았다. 앞서 살핀 미천왕 혹은 뒤를 이은 고국원왕이라는 말도 있지만 정확하진 않다.

충주고구려비전시관에 마련된 안악3호분 벽화 모습. 좌우로 길게 뻗은 눈썹과 눈매가 인상적인 인물이 벽화의 주인공이다.

안악3호분 벽화를 지나면 전시관 한쪽에 서 있는 말 탄 무사를 만나게 된다. 세계 최초의 철갑전사인 고구려 개마무사다. 개마무사鎧馬武士란 한자 뜻 그대로 갑옷을 입힌 말을 탄 무사를 뜻한다. 공격 시 적진을 돌파하는 돌격대 역할을 했고 방어 시에는 상대의 공격을 막는 방호벽 역할을 했다.

산악지대에 위치한 탓에 농사보다는 정복활동, 다른 말로 약탈을 통한 경제활동을 주로 행해왔던 고구려답게 개마무사의 발전은 너무나 당연했던 일이다. 전시관의 개마무사는 비록 마네킹에 불과하지만 그 위용만큼은 1600년 전 대륙을 달린 그 위용이 고스란히 느껴진다.

전시관이 강조한 설명을 보면 “개마무사는 서양보다 천년 앞선 철갑전사로, 당시 고구려의 철 제련 기술도 얼마나 탁월했는지를 보여준다”라고 강조됐다. 그러니 5세기 고구려 최전성기 시절 고구려의 확장을 두려워한 신라와 백제가 혼인동맹까지 맺고 살아남기 위해 발버둥을 쳤을 수밖에.

‘천하의 중심 고구려’를 이끈 고구려 개마무사 모형

따라잡기 한능검

고구려의 흐름을 잡자

각 시대별 왕이 가진 업적을 중심으로 나온다. 항상 강조하지만 흐름을 잡고 임해야 한다. 삼국 중 가장 강했던 고구려가 어찌 쇠락해 패망하는지 알면 지금의 현실이 다르게 보인다.

고구려는 주몽에 의해 기원전 37년 졸본에서 나라가 세워진 뒤 6대 태조왕에 의해 연맹체제를 벗어나 계루부 고씨의 왕위독점 체제를 확립한다. 태조왕이 중요한데, 임기 초반 당시에 옥저를 병합했고, 요동을 침략해 영토를 확장하기도 했다. 그런데 서기 47년생인 태조왕의 놀라운 점은 여섯 살인 53년에 왕위에 올라 146년까지 무려 93년 동안 왕의 자리를 지켜냈다는 사실. 우리나라 역대 군주 중 가장 오랜 시간 군림한 군주다. 장수왕은 78년 재위

2세기 말 9대 왕인 고국천왕에 이르러 왕위 부자 상속 체계를 완성됐다. 이를 바탕으로 고국천왕은 왕권강화 차원에서 5부 체제를 완성했다. 또 빈민을 구제하기 위해 봄에 미곡을 빌려주고 가을 추수 후 회수하는, 일종의 사회보장제도인 '진대법'을 실시했다. 각 시대별로 백성을 구휼하는 제도를 비교하는 식으로 시험에 매우 잘 나온다.

4세기 시작인 300년 고구려 15대 왕이 된 미천왕은 비로소 고조선 패망 후 한이 남긴 군현이었던 낙랑군과 대방군을 축출한다. 서안평을 점령하여 낙랑군평안도 일대과 대방군황해도 일대의 보급로를 끊은 것이 결정적 이유가 됐다. 서안평의 위치를 놓고 학계에서는 의

견이 갈리는데 낙랑군과 대방군의 위치를 고려하면 현재의 단둥시 인근으로 추정된다. 하지만 애석하게도 미천왕의 아들인 16대 고국원왕이 아버지만큼의 업적을 쌓기 위해 369년 한성지역 백제를 공략하려다 패하였고 371년 2차 공략에서 오히려 기습을 당해 평양성에서 전사한다. 상대방은 당시 백제의 최전성기를 이끈 근초고왕이었다. 고국원왕과 근초고왕이 함께 나오는 이유다.

위기가 있으면 곧 기회도 오는 법, 고국원왕이 '고통스럽게 백제를 원망'하며 떠났지만 장남인 소수림왕과 차남인 고국양왕을 거치며 마침내 고구려 최대 전성기인 광개토태왕과 장수왕의 시대가 열린다.

어느 시대나 그렇듯 미리 기틀을 닦았으니 가능했던 것인데, 소수림왕은 혼란 속에서도 전진과의 평화적 관계 속에 불교를 수용했고 왕권 강화를 위해 유학 교육기관인 태학을 설립했다. 또 율령을 반포해 국가통치와 사회질서를 위한 규범도 갖췄다.

그리고 마침내 등장한 담덕, 우리가 광개토태왕으로 알고 있는 고담덕은 391년 불과 17살 나이로 고구려의 19대 왕에 오른다. 영락永樂이라는 독자적인 연호를 사용하며 왕위에 오름과 동시에 백제를 향한 복수의 칼날을 겨누고 실천에 옮겼다. 조부인 고국원왕이 근초고왕에 의해 사망했고 큰아버지 소수림왕과 아버지 고국양왕도 백제와 계속 갈등을 이어왔기 때문이다. 결과적으로 엄청난 대성공을 거둔다.

우선 백제의 최고 요충지인 관미성정확한 위치는 불명을 비롯한 한강 북단을 점령했다. 싸움 도중 백제 진사왕이 내부 혼란으로 사망했고, 뒤를 이은 아신왕에게서 '영원한 노객奴客이 되겠다'라는 말을 들으며 항복을 받아냈다. 노객이라는 말은 고구려 당시 신하가 임금을 상대하여 자신을 낮추어 이르던 일인칭 대명사다.

백제와의 갈등이 정리되자 광개토태왕은 북쪽으로 눈을 돌려 거란을 정벌했다. 4세기 말의 일이다. 고구려의 감시망이 덜해진 틈을 타 백제는 고구려의 직접적인 압박에서 벗어나기 위해 왜와 동맹을 맺는다. 이후 상대적으로 소국이었던 신라를 왜와 함께 공략하기도 한다. 신라가 살아남기 위해 고구려에 도움을 청할 수밖에 없는 상황. 구원요청을 받은 광개토태왕은 5세기 시작인 400년에 5만 대군을 파견해 왜를 물리쳤다. 이때 금관가야김해까지 들어가 왜를 격퇴함으로써 가야의 맹주국이 금관가야에서 대가야로 바뀌는데 결정적 역할을 했다. 이후 고구려군은 신라 땅에 머물며 약 100년 동안 영향력을 행사했다. 신라는 고구려에게 조공하는 보호국이 된다.

광개토태왕은 남쪽을 안정시킨 후 쉬지도 않고 당시 대륙의 최대 강국 중 하나인 후연과 요동을 놓고 패권경쟁을 벌여서 승리한다. 410년경에는 동부여까지 공격해 굴복시켰다. 412년, 마흔이 채 되지 않은 나이에 위대한 왕은 허망하게 떠난다. 아들 장수왕이 그의 업적을 국내성 인근중국 집안에 광개토태왕릉비로 남겼다. 세상에는 1880년에야 그 비가 광개토태왕릉비임이 알려졌다. 일생 동안 64개 성과 1400촌을 공취했다고 전하고 있다. 복제비가 경기도 구리시와 천안 독립기념관, 경기도 연천 호로고루 등에 마련됐다. 높이 6.39m, 너비 1.35~2m의 크기를 가지고 있다.

광개토태왕에 이어 즉위한 20대 장수왕은 시호처럼 491년 사망할 때까지 당시로서는 매우 드물게 98세까지 생존했다. 아버지 광개토태왕의 업적을 기리는 '광개토태왕릉비'를 세웠고 한반도에서 발견된 유일한 고구려 비석인 '충주고구려비'를 세웠다. 고구려가 한강 이남 충주까지 세력을 확장했음을 드러내는 부분이다.

장수왕은 왕권을 강화하고 국내성 귀족세력을 약화시키기 위해 427년에 평양성으로 천도했다. 동시에 중국에 등장한 여러 왕조들과 화친을 맺으며 대외정세를 안정시켰다. 이를 바탕으로 백제를 정벌하는 남진 정책을 추진했다. 고구려가 남쪽으로 내려오자 다시금 위협을 느낀 백제는 고구려의 속박에서 벗어나려한 신라와 동맹을 맺어 대항한다. 433년의 일로 백제 비유왕과 신라 눌지왕 때다.

문제는 당시가 고구려의 최전성기였라는 사실, 475년 백제는 고구려군의 공격을 받아 개로왕이 전사하고 수도 한성이 자리했던 풍납토성과 몽촌토성이 함락되고 만다자세한 이야기는 p.159 한성백제편에서. 결과적으로 백제와 신라는 매우 오래 살았던 장수왕이 사망한 후에야 고구려의 남진정책을 막을 수 있게 된다. 이미 백제는 수도를 웅진공주으로 옮긴 상태였다. 장수왕 사후 문자왕이 부여를 복속하고 최대 영토를 유지했지만 커다란 영락은 없었다.

이후에는 고구려 역시 망국을 향한 고난의 연속이었다. 중국을 통일한 수나라 양제가 113만의 병력을 이끌고 고구려를 침공했다. 지금의 청천강으로 추정되는 살수에서 을지문덕이 수나라의 공세를 막아 대승을 거뒀지만 고구려 역시 나라의 근간이 흔들리는 큰 피해를 당했다. 당시 고구려가 중국의 공격에 대항한 기본 전술은 청야전술, 적군의 보급을 막기 위해 자국의 논밭을 불태우는 전략이었다. 말 그대로 같이 죽자는 의미다. 결과적으로 수양제의 113만 공세는 막았지만 고구려 역시 수만의 장정이 죽었다. 그러나 수나라가 망한 뒤 들어선 당나라의 태종이 645년 30만 군세를 일으켜 다시 침공 한다. 안시성에서 양만춘이 중심이 돼 막아냈지만 668년 나당 연합군의 공격을 받아 결국 멸망하고 만다. 대막리지 연개소문 사후 연남생과 연남건, 연남산의 갈등이 패망의 단초가 됐다자세한 이야기는 바로 이어 '강화도 연개소문비석'에서 정리.

한능검에는 충주고구려비와 관련해 보기 자료에 사진을 올려놓고 해당 유물이 위치한 충주와 관련된 지역사를 묻는 문제도 나온다. 이례적으로 29회 한능검 고급문제에서는 충주고구려비 사진을 놓고 비석에 대한 설명으로 옳지 않은 것을 찾으라는 문제가 나오기도 했다. 다섯 개의 보기 중 정답은 고구려가 신라의 요청으로 왜를 격퇴했다는 것. 해당 내용은 광개토태왕릉비에 새겨졌다.

* 이 책에서는 우리가 흔히 '광개토대왕'이라 부르는 담덕을 '광개토태왕'이라 칭했다. 정식 칭호가 '광개토대왕'이 아니라 '광개토태왕'이기 때문이다. 실제 광개토태왕릉비문에 '대왕'이 아닌 '태왕'이라 새겨졌다. 뜻이야 대왕이나 태왕이나 크다는 의미를 담고 있지만, 당시 고구려는 엄연히 왕 위에 왕을 뜻하는 태왕이라는 말을 지속적으로 사용해왔다. 광개토태왕에 이어 장수왕도 스스로를 태왕이라 불렀다충주고구려비에 새겨진 내용. 하지만 우리가 광개토왕을 태왕이라 불러야 하는 가장 중요한 이유는 '태왕'이라는 말 자체가 고구려라는 나라가 가졌던 천하관을 온전히 보여주는 표현이기 때문이다. 태왕이 중심인 나라는 그 자체로 천하의 중심인 황제의 나라임을 뜻한다. 그러니 광개토왕을 어찌 태왕이라 부르지 아니할 수 있나. 광개토태왕이다.

투어

더 많은 이들이 직접 가서 봤으면 하는 땅, '충주'

개인적으로는 충주 일대를 도는데 꽉 채운 이틀이 소요됐다. 그만큼 볼거리가 많기 때문이다. 고심하고 직접 만들어 떠난 일정을 공유한다.

1일 차 충주고구려비전시관, 중원봉황리마애불상군, 목계나루터 및 강배체험관, 청룡사지, 충주박물관 및 충주탑평리칠층석탑, 중원창동마애불, 창동리약사여래입상과 오층석탑, 충주누암리고분군

* 기대하지 않았는데 잘해놓은 곳이 충주박물관과 충주탑평리칠층석탑 일대다. 특히 충주박물관의 경우 새로이 마련된 디지털실감관이 아이들과 함께 하기 너무나 좋은 곳이다. 개인적으로 김윤후 장군과 관련해 충주성전투를 체험형으로 마련한 것에 높은 점수를 주고 싶다.

2일 차 탄금대, 항일독립운동역사관, 임충민공충렬사, 단호사, 임경업장군묘소, 대림산성, 충주미륵대원지 및 하늘재, 청주 단재신채호사당 및 묘소

시험에 직접 언급되지 않지만 충주 1일 차 코스에 포함된 중원봉황리마애불상군과 중원창동마애불 등은 직접 가보기를 추천한다. 두 곳 모두 암벽에 불상을 새긴 문화유산이다.

중원 봉황리 마애불상군은 보물 1401호로 삼국시대와 남북국시대의 마애불상으로 알려졌다. 깎아지는 듯한 산비탈 암벽 두 곳에 시

기를 달리해 부조돋을새김 형태로 조각된 9구의 불상과 보살상이 있다.

우선 정면에서 바라볼 때 동쪽에 높이 1.7m, 너비 5m 정도의 바위에 한 줄로 8구의 불상과 보살상이 양각으로 새겨져 있다. 설명자료에는 삼국시대 불상으로는 매우 보기 드문 예라고 적시됐다. 설명대로 실제 올라가 보면 천년이 넘는 세월의 흔적이 온전히 느껴진다. 명징하게 드러나진 않지만 공양상과 불좌상, 반가상을 중심으로 5구의 보살상 등 모두 8구가 절벽 바위에 새겨져 있다. 자세히 보아야 8구의 부처와 보살을 확인할 수 있다.

중원 봉황리 마애불상군 좌편

반면 좌측 상부에 새겨진 마애여래좌상과 머리 쪽에 새겨진 화불 5구는 쉽게 눈에 띈다. 통일신라 마애불로 추정되는 이 마애여래좌상과 화불은 상체는 짧고 얼굴도 사각형에 가깝다.

이곳을 방문했을 때가 7월이었다. 둑길 따라 운전하고 들어가니 너른 주차장이 나왔고, 뜨거운 뙤약볕을 받으며 갈지之자 형태의 계단 따라 올라간 뒤에야 불상군을 마주할 수 있었다. 그런데 부처님께 인사드리고 고개를 돌리는 순간 뱀 한 마리가 옆을 스치듯 지나갔다. 순간 터져나온 비명과 상소리……, 그만큼 외지고 울창하다는 뜻이다.

계단이 만들어지기 전에는 암벽 등반하듯 산비탈을 기어올라야만 겨우겨우 불상군을 영접할 수 있었다고 한다. 그럼에도 산비탈이라서 주변 경관이 일품이다.

중원 창동리 마애여래상

중원 창동마애불은 고려시대 만들어진 암각 불상으로 크고 길게 찢어진 눈꼬리와 커다란 코와 귀, 두툼한 목주름 등의 특징을 갖고 있다. 전체적으로 투박하고 선이 굵은데 고려시대 독특한 지방 양식을 보여주는 작품이라고 할 수 있다. 실제로 마애불의 높이는 무려 6.3m, 남한 강변을 따라 탄금대 쪽을 바라보고 있다. 바꿔 말하면 중원 창동마애불 역시 직접 보기 위해서는 야트막한 언덕 정상까지 오른 뒤 계단을 따라 아래쪽까지 다시 내려가야 한다는 뜻이다. 그럼에도 앞서 소개한 봉황리 마애불상군과 더불어 직접 보기를 두 번 세 번 강조한다. 농반진반이지만 영험한 기운이 느껴진다. 중원 창동마애불에서 약 200m 정도 떨어진 곳에 아담하고 귀여운 충주 창동리 오층석탑과 충주 창동리 약사여래입상이 있다. 함께 보면 좋다. 참고로 중원이란 본래 충주를 둘러싼 옛 지역 모두를 일컫는 말이다. 충주고구려비를 중원고구려비와 혼용해 부르는 이유다.

상식으로 알면 더 좋은 대한민국 불상 작명법

불상의 이름은 작은 규칙에 의해 만들어진다. 이 규칙만 알면 전국 어디에 있는 불상도 이름을 유추해 낼 수 있다.

규칙: 발견 장소 + 재료 및 제작 방식 + 작품 대상 + 모양

앞서 우리가 본 두 불상의 이름은 각각 중원봉황리마애불상군과 중원창동마애불이었다. 위 규칙대로 풀면 중원충주봉황리와 중원창동에서 발견한 마애바위에 새긴, 여래석가모니불로, 서 있거나입상 앉아 있

거나좌상 모여 있는군 형태다. 백제의 미소로 불리는 서산용현리마애여래삼존상을 풀어보면 더 쉽다. 서산용현리에서 발견된, 바위에 새겨진 여래 삼존을 뜻한다. 이는 탑에도 유사하게 적용된다.

규칙: 위치 + 층수 + 재료

부여정림사지오층석탑은 부여 정림사지에 자리한 오층 석탑을 뜻한다. 경주분황사모전석탑의 경우 경주 분황사에 자리한 층수를 알 수 없는 벽돌 모양의 석탑을 말한다. 어디서든 자신 있게 말하자.

02

삼국시대 최대 격전장, 임진강

: 인스타 최고 성지 호로고루

스토리

유명한 관광지의 안 유명한 사실

인스타그램에서 호로고루를 검색해 보자. 어마어마한 숫자의 게시물이 등장하는데 공통의 특징이 있다. 어느 사진이든 예쁘다. 이유가 있다. 푸르디푸른 호로고루 성터에는 계절마다 달리 피는 해바라기와 청보리가 가득하다. 해질 무렵이면 임진강과 어우러진 노을 역시 최고의 비경을 선사한다. 백미는 잔디밭 사이로 호로고루 성벽까지 이어진 '하늘계단'이라 이름 붙은 길. 많은 이들이 성으로 오르는 계단에 앉아 찍고 또 찍는다. 왜냐. 워낙 아름다운 곳이라 찍는 대로 다 예쁘게 나오기 때문이다.

호로고루성 청보리 해질녘 모습

그런데 말이다. 사람들은 알까? 이곳 임진강 호로고루가 삼국시대 고구려, 백제, 신라가 피 튀기며 싸운 최전선의 각축장이었다는 사실을. 삼국이 임진강 유역을 차지하기 위해 물고 물리는 접전을 이어갔다. 실제로 백제 전성기인 4세기부터 5세기 중반까지 호로고루는 백제 땅이었고, 고구려 광개토태왕이 임진강 유역에서 백제군을 대파한 뒤부터는 완전히 고구려 영토로 넘어갔다. 6세기부터는 신라 진흥왕이 임진강 일대를 점령하면서 양국이 국경을 마주했다.

호로고루는 바로 임진강을 끼고 마련된 고구려의 성이다. 놓치지 말아야 할 점은 호로고루 모양이 삼각형이라는 사실이다. 자연환경을 최대한 활용해 방어시설을 마련했다. 성의 남쪽 절벽 아래쪽에 임진강이 흐른다. 북쪽 역시 급경사면이 서쪽인 임진강을 향해 쭉 뻗어있다. 이 말은 동쪽을 제외한 남쪽면과 북쪽면이 서쪽의 한 점을 향해 만난다는 뜻. 즉 삼각형 모양이다. 고구려는 이와 같은 지형적 특성을 활용해 진입로가 있는 동쪽에만 성벽을 올려 방어를 정비했다. 우리나라에서는 좀처럼 보기 힘든 삼각형 모형 성벽인 호로고루의 탄생 배경이다.

사람들이 즐겨 찾는 호로고루 인증샷 명소 역시 바로 동쪽으로 쭉 뻗은 성벽 위쪽이다. 길이 90m, 높이 10m, 폭 40m의 이 성벽이 치열했던 삼국의 흔적을 품은 채 지금은 관광객의 어마어마한 사랑을 받고 있다. 아이러니 같지만, 이 자체가 역사의 즐거움이 아닐까.

호로고루에 표기된 안내에 따르면, 호로고루라는 이름은 지역의 오랜 명칭에서 비롯됐다고 한다. 삼국시대 당시 임진강의 이름이 바로 호로하瓠瀘河였는데 바로 이 호로에서 호로고루라는 이름이 비롯된 것, 고루는 감시를 위한 성을 뜻한다.

호로고루에 대한 문헌 기록은 1656년 조선 효종 7년에 편찬한 '동국여지도'에 남아 있는데, 호로고루가 삼국시대 유적이라고 확실하게 밝혀 놓았다. 실제로 1991년부터 2003년까지 실시한 발굴조사에서는 이곳이 고구려 유적임을 입증하는 고구려 기와와 고구려 관모의 실체를 짐작케 하는 토제 모형 등도 발굴됐다. 창고 시설에서는 고구려시대 곡물과 함께 소, 말, 사슴, 개, 등 다양한 동물 뼈가 수습됐다. 물론 통일신라 사람들이 사용했던 생활용품 역시 함께 발견됐다.

고려시대 문신 김부식이 쓴 <삼국사기>에도 임진강 유역의 고구려와 신라, 신라와 당나라의 전투 기록 때마다 호로고루가 등장한다. 그만큼 군사적으로 중요한 자리였던 것. 그럴 것이 임진강 하류에서 고랑포까진 수심이 깊어 배를 이용해 강을 건너야 했는데, 호로고루 앞은 수심이 얕아 바로 건널 수 있다. 개성에서 한성까지 가장 빠르게 이동할 수 있는 요충지가 바로 호로고루였다. 삼국시대 고구려의 국경방어사령부가 있었던 이유. 이 곳이 삼국시대 얼마나 치열한 역사적 풍랑을 거쳤는지 다시 한번 추측할 수 있는 지점이다. 호로고루는 2006년 1월 사적 467호로 지정되었다.

호로고루 앞 쪽에는 임진강이 흐른다. 숱한 역사를 목도한 강은 앞으로 또 어떠한 일들을 겪게 될까?

1500년이 넘는 세월의 무게가 쌓이다 보니 피로 얼룩졌던 호로고루 성벽은 어느새 초록빛 잔디가 내려앉아 연인들의 성지가 됐다. 군마를 타고 칼을 휘두르며 남과 북을 향해 진격했던 호로고루 앞 임진강변은 영화 <흐르는 강물처럼>의 주인공 브래드 피트처럼 플라이낚시의 포인트가 됐다. 여러모로 방문해야 할 이유가 가득한 장소다. 물론 연인과 함께 가는 것이 가장 좋다. 함께 갔던 동반인 역시 호로고루에서만큼은 자연스레 '와'라는 말을 하며 여러 차례 포즈를 취했다. 그만큼 아름다운 곳이다. 가자. 호로고루로.

가이드

삼국의 항쟁에서 남북의 화합으로

호로고루 입구에는 북에서 보낸 광개토태왕릉비가 우뚝 서있다. 고구려의 수도였던 국내성현 중국 지린성 지안시에 있어야 할 광개토태왕릉비가 연천 호로고루 입구에 세워진 건데, 이 비는 2003년 남북평화협력사업의 일환으로 북한에서 직접 제작해 남한에 보낸 선물이다. 이것을 지난 2015년 연천군이 고구려성인 호로고루 입구에 세웠다. 남과 북의 화합을 광개토태왕릉비를 통해 꾀하고자 한 것. 이 자체가 역사의 진보라고 평가한다.

광개토태왕릉비, 남과 북 할 것 없이 우리 한민족에게 너무나도 귀한 보물이다. 비록 지금은 중국 땅에 자리한 탓에 한중관계의 부침에 따라 관람조차 제한되기도 하지만 우리 역사상 가장 중요한 문화유산 중 하나임을 부인할 수 없다.

잘 알다시피 서기 414년, 우리 역사에서 가장 위대한 왕으로 평가받는 광개토태왕을 위해 그의 아들 장수왕이 세웠다. 높이 6.39m, 너비 최대 2m, 측면 1.4m의 거대한 암석으로 만들었는데, 비석의 네 면에 광개토태왕의 행적을 한자 1800여 자에 달하는 분량으로 빼곡하게 기록했다. 내용은 크게 세 부분이다.

제1면 1행에서 6행까지는 고구려 시조인 주몽부터 광개토태왕까지의 계보 등을 다루고 있다. 내용상 두 번째인 광개토태왕의 정복 전쟁에 대한 기술은 제1면 7행부터 3면 8행까지다. 내용상 마지막인 광개토태왕릉비 건립 및 수묘인에 관한 이야기는 제3면 8행부터 제4면 9행까지다. 특히 마지막 행에는 묘를 전매할 수 없고 부자라도 함부로 하지 못한다고 강조됐다. 어길 경우 판매한 자에게 형벌을 내리라 적시했다. 개인적으로 이 부분이 참으로 마음에 걸린다.

호로고루 입구에는 북에서 건넨 광개토태왕릉비가 세워져 있다.

대한민국 국민 모두가 우리의 가장 위대한 군주로 세종대왕과 더불어 광개토태왕을 꼽는다. 하지만 후손으로서 그의 묘지기를 하고 싶어도 할 수 없는 상황이다. 당장 광개토태왕릉비 자체가 중국의 보물이 돼 우리가 지키거나 권리를 주장할 수조차 없는 상태다.

솔직히 비문 내용을 자세히 다룰지 고민이 길었다. 결론부터 말하면 전문을 싣는 건 배제했다. 내용은 검색을 통해 쉽게 찾을 수 있고, 한정된 지면에 광개토태왕에 대한 다른 내용을 다루는 것이 독자 여러분에게 더욱 유익하다 판단했다. 무엇보다 일제에 의한 훼손, 풍화작용에 의한 마모로 전체 내용이 정확하게 전달되지 않음이 마음에 걸렸다.

19세기 말 광개토태왕릉비를 먼저 판독한 일본학자들은 '왜가 바다 건너 백잔백제과 신라를 쳐 신민 삼았다'고 풀이했다. 고대 한반도를 지배했다는 임나일본부설의 확고한 물증으로 선전한 거다. 이를 바탕으로 일제 군부는 한국 침략을 정당화하는 정한론征韓論의 역사적 근거로 활용했다. 짧은 설명 양해 바란다.

중국 길림성 집안시 광개토태왕릉비에서 2km 떨어진 곳에 장수왕의 무덤으로 알려진 장군총도 있다.

광개토태왕릉비 모형 또 어디에 있나?

북에서 우리에게 선물로 준 광개토태왕릉비는 연천 호로고루 입구에 있다. 그런데 똑같은 모양의 광개토태왕릉비가 대한민국 곳곳에 펴져있다.

첫 번째는 충남 천안시 목천읍 독립기념관 겨레의 큰 마당에 자리한 광개토태왕릉비 모사 비석이다. 이 비는 지난 2004년 세워졌다. 독립기념관에 설치한 광개토태왕릉비 설명자료에는 "이 비가 있는 현장을 직접 찾아보기 어렵고, 이 비를 둘러싸고 주변국들이 역사 왜곡을 벌이기도 해 우리에게 커다란 우려를 주고 있다"면서 "독립기념관 겨레의 큰 마당에 광개토태왕릉비를 다시 새겨 세우는 이유는 민족의 웅대한 역사를 복원하고 원래의 비가 예상치 않은 손상을 입었을 때를 대비하며 후세들에게 자긍심을 심어주는 데 있다"라고 강조됐다.

경기도 구리시 교문2동에도 원본의 크기와 내용을 그대로 구현해놓은 구리 광개토태왕릉비가 있다. 2008년 광개토태왕 동상 옆에 세워졌다. 구리시는 남한만 따졌을 때 고구려 유물이 가장 많이 나온 지역이다. 고구려는 4~5세기 초 아차산 일대에 보루성을 쌓고 백제와 대치했다. 광개토태왕릉비 비문에도 "영락 6년, 태왕이 아단성구리시 아차산을 얻고 아리수한강를 건넜다"는 문구가 있다. 자세한 내용은 이어지는 구리시 고구려대장간마을을 참조 바란다.

따라잡기 한능검

집중공략 '광개토태왕'

한능검 시험에서는 아직 고구려성 호로고루를 직접 인용한 문제가 출제된 적은 없다. 삼국시대의 경쟁 역시 임진강보다 한강유역의 갈등 중심으로 자주 출제된다. 대신 광개토태왕에 관한 문제는 꾸준히 출제된다. 난이도는 어렵지 않다. 광개토태왕릉비를 보기 자료로 제시한 뒤, 광개토태왕과 관련된 업적을 주로 찾는 문제다. 앞서 살폈듯 광개토태왕은 '영락'이라는 연호를 사용했으며 동부여를 정복하고 요동으로 영토를 확장했다. 또 한강 이북을 차지했고, 신라에 침입한 왜를 격퇴해 반도 남쪽에 지대한 영향을 끼쳤다.

또 광개토태왕과 관련해 경주 호우총에서 발견된 호우명 그릇도 단골 출제 문항이다. 그릇 바닥에 '을묘년국각상 광개토지호태왕 호우십乙卯年國罡上 廣開土地好太王 壺杅十'이라는 글자가 새겨진 호우명 그릇은 신라와 고구려의 밀접한 관계를 유추할 수 있는 유물이다. 현재 국립중앙박물관이 소장하고 있으며 박물관의 설명에 따르면 그릇은 광개토태왕의 장례를 치른 이듬해인 을묘년415년에 추모 행사가 거행되었고 행사에 참석했던 신라 사신이 고구려에서 받아 온 것으로 추정한다.

호우명 그릇 국립중앙박물관

투어

고구려인의 기상으로 돌아보자

여행 동선은 1부 1장p.18에서 살펴보았던 전곡리 선사유적지 참조하기 바란다. 연천은 주말 당일 투어로도 좋고, 여유를 느끼고 싶다면 1박 2일 투어도 좋다. 정말로 꼭 가봤으면 좋겠다. 사진 찍기도 좋고 추억을 만들기도 좋다. 물론 이 책 <한국사로드>를 들고 가면 더 좋다.

03

아차산에 오르면 고구려와 백제, 신라의 마음을 알 수 있다

: 아차산성과 구리시 고구려대장간마을

스토리

한강의 주인이 삼한의 주인, 목숨 걸고 싸웠다

항상 고구려와 백제, 신라의 한강 유역 쟁탈전을 두고 중국과의 직접적인 교섭을 위해 다툼했다고만 알고 있었지 어디서 어떻게 어떤 방식으로 싸워왔는지에 대해서는 정확하게 인지하지 못했다. 그런데 해발 250m 아차산 1보루에 서니 그 답을 알 수 있었다. 1보루 안내판에 적시된 내용이다.

> "이곳에서는 남쪽과 남동쪽으로 아차산성과 풍납토성, 몽촌토성 자리를 한눈에 볼 수 있다."

이 말이 핵심이다. 왜 고구려가 저 넓은 만주에서부터 병사를 보내 아차산에 보루를 쌓고 산성을 올리며 지키려 했을까? 아차산은 고구려에게 있어 남진을 위한 교두보인 동시에 백제와 신라가 올라오지 못하도록 하는 최전선이었던 거다. 이를 가장 효과적으로 수행하기 위해 아차산에 보루와 산성을 쌓았던 것이고 아차산을 근거로 백제의 수도였던 풍납토성과 몽촌토성을 24시간 감시하며 확인하고자 했던 거다. 1500년이 지난 현재까지도 아차산1보루에 오르면 백제인들의 꿈과 한이 서린 수도 한성 일대를 두 눈으로 확인할 수 있다. 우리가 아차산에 올라야 하는 이유다.

그런데 솔직히 말하면 아차산에 오르기 전까지는 큰 기대를 하지 않았다. 그냥 서울에 있는 여느 야트막한 산과 다르지 않을 거라 생각했다. 착각이었다. 바위와 물, 그리고 삼국의 역사가 어우러진 손에 꼽을 만한 명산이었다.

경기도 구리시와 서울시 광진구에 걸쳐 우뚝 솟은 아차산해발 285m에는 삼국시대 만들어진 산성이 있다. 우리 모두 잘 아는 아차산성이다. 성 전체 길이는 1125m이며, 성벽의 높이는 평균 10m 정도이다. 동·서·남쪽에 문이 있던 흔적과 물길이 남아있고, 문 앞을 보호하는 곡성성문을 밖으로 둘러 구부러지게 쌓은 성이 남아있다. 그밖에 여러 건물터에서 많은 토기와 기와조각이 수습되었다.

고구려의 역사를 만날 수 있다

서울 광진구와 중랑구, 경기 구리시에 걸쳐 있는 아차산, 이 산에는 두 가지 역사가 전해온다. 하나는 백제의 수도 한성이 고구려

아차산 1보루에 오르면 백제인의 꿈과 한이 서린 한성백제 땅을 한눈에 확인할 수 있다. 사진 속 정면이 풍납토성과 몽촌토성 일대 모습이다.

에 함락되었을 때 개로왕이 성 아래에서 죽임을 당했다는 이야기, 또 다른 하나는 고구려 25대 임금 평원왕의 사위인 온달 장군이 죽령 이북의 잃어버린 땅을 찾기 위해 신라군과 590년 아단성아차산에서 싸우다가 성 아래에서 죽었다는 내용이다.

이 말은 바꿔 말하면 백제의 수도였던 한성을 치기위해 고구려가 아차산을 점령했고, 이를 다시 신라가 빼앗았음을 알 수 있는 부분이다. 실제 각 나라의 부흥기와도 맞물린다. 4세기 백제는 한강 유역에 수도를 세워 중흥기를 맞았다. 백제 중흥기를 이끈 근초고왕은 371년 3만 정병을 거느리고 평양성을 공격해 고국원왕을 죽인다. 그러나 언제나 꽃이 피면 지는 법, 5세기 들어 광개토태왕과 장수왕의 치세를 거쳐 동아시아 최강국으로서의 면모를 과시한 고구려는 백제를 쳐서 개로왕을 아차산성에 끌고 와 죽인다. 백제가 한성 시대를 접고 공주 시대를 연 이유다. 고구려 역시 6세기 신라 진흥왕의 치세를 거치며 한강 유역을 신라에게 빼앗긴다. 6세기 말 온달 장군이 한강 일대를 되찾고자 진격했지만 패배해 죽음을 맞이했다는 이야기가 전해지는 이유다.

1990년대 아차산성 보루에 대한 발굴조사를 실시한 결과, 100여점의 토기류와 30여점의 철기류, 100여점의 철제 무기류를 비롯한 수많은 유물들이 나왔는데, 다수가 주로 고구려 계통의 토기들이었다고 한다. 아차산 일대를 실질적으로 점유한 나라가 어디였는지 유추할 수 있는 부분이다. 실제 고구려는 남진 교두보로 465년부터 아차산 일대에 군사 진지인 보루를 쌓은 것으로 알려졌다. 이후 551년 백제와 신라 동맹군에 의해 북으로 후퇴하기 전까지 76년가량 사용한 것으로 학계는 추정하고 있다. 그럴 것이 아차산에 직접 가서 봐도 그 기간을 버티기 위해 사용했던 여러 흔적들을 살펴볼 수 있다. 농사를 짓기 위해 사용했던 보습땅을 가는데 사용하는 농기구을 비롯해 무기를 수리하기 위해 마련한 간이대장간, 생활을 위해 마련된 온돌과 배수로, 저수시설 등이 보루에 곳곳에 남아있다.

참고로 보루는 둘레가 약 300m 이하로 적의 침입이나 움직임을 살피기 위해 주로 산꼭대기에 만들어진 군사시설을 의미한다. 성은 둘레가 약 500m 이상의 큰 규모로 적을 막기 위해 흙이나 돌로 높이 쌓아 만든 시설이다. 아차산에는 보루와 산성이 각각 따로 자리해 있다. 보루의 경우 각 봉우리 꼭대기마다 평탄화 작업을 통해 마련됐고, 아차산성은 산 중턱 너른 부지에 자리해 있다. 직접 가서 보자.

아차산 보루에 오르면 보이는 것들

아차산에는 여러 보루가 있다. 그런데 유독 아차산 1보루에 오르기를 추천하는 이유는, 그곳에 서야 정확하게 백제가 만들었던 한성 유적지가 보이기 때문이다. 그러니 한강을 정면으로 놓고 서보자. 유유히 흐르는 한강을 따라 우측으로 홀로 우뚝 솟은 롯데타워 바로 앞쪽에 한성백제박물관을 비롯해 올림픽공원 일대가 보인다. 그곳이 바로 몽촌토성이다. 바로 근처에 한쪽 면이 싹둑 잘려 삼각형 모양으로 층층이 올라간 아파트씨티극동아파트가 보인다. 그곳이 바로 풍납토성 자리다. 한 눈에 봐도 매우 독특한 아파트인데, 서울 문화재 보호조례에 의하면 문화재 보호구역 내에 있는 건축물의 높이는 경계 지표면에서 문화재 높이를 기준으로 앙각낮은 곳에서 높은 곳에 있는 목표물을 올려다볼 때 시선과 지평선이 이루는 각도 27도 이내로 한정돼 있다. 규정에 맞춰 최대한 세대수를 확보하도록 아파트를 짓다 보니 의도치 않게 사선 모양이 됐다. 지금은 한강 일대 아파트에서 가장 눈에 띄는 명물 아파트가 됐다.

재밌는 것은 아차산 일대에 고구려 유물들이 발굴되자 경기도 구리시가 발 빠르게 움직였다는 점이다. 남한 땅에 충주고구려비를 제외하고 고구려 유물이 거의 발굴되지 않은 상황에서 의욕적으로 '고구려의 도시'로서의 이미지를 만들어 간 것인데, 그 일환으로 탄생한 것이 구리시방향 아차산 입구에 자리한 고구려대장간마을과 아차산고구려유적전시관이다. 차로 10분 거리 떨어진 구리경찰서 앞 광장에는 광개토태왕 동상과 광개토태왕 복제비를 세워놓고 '광개토태왕광장'이라 명명했다.

경기도 구리시 구리경찰서 앞 광장에는 광개토태왕 동상이 광개토태왕 복제비와 함께 세워져 있다. 어디서도 쉬이 볼 수 없는 문관 모습의 광개토태왕이다.

그런데 광개토태왕광장, 미안하지만 큰 기대는 하지 않았으면 하는 바람이다. 개인적으로 광개토태왕 담덕을 마주할 수 있다는 생각에 기대와 설렘을 안고 구리까지 운전해 주말 아침에 찾아갔다. 마주하는 순간 '이게 뭐지' 싶었다. 광장에는 문관 모습을 한 높이 4.05m, 너비 2.7m인 청동 입상 광개토태왕이 서있었다. 그는 머리에 관모를 쓰고 오른손에는 태양을 상징하는 삼족오세발 까마귀가 새겨진 알을 들고 있었다. '도대체 무슨 근거로 문신 광개토태왕을 강조한 것일까'라는 의문이 떠나질 않았다.

잘 알려졌듯 광개토태왕은 열일곱에 왕위에 올라 서른일곱 삶의 마지막 순간까지 일생동안 말을 타고 다니며 천하의 중심 고구려를 만들기 위해 영토 확장에 매진했던 인물이다. 구리시 스스로도 자신들의 홈페이지에 "광개토태왕릉비 비문에 의하면 광개토태왕이 직접 군대를 이끌고 396년에 아단성지금의 아차산성을 획득하고, 아리수한강을 건너 백제를 굴복시켰다는 내용이 있다"면서 "이에 고구려 광개토태왕이 전투를 지휘했던 무대가 구리시 아차산 일대였음을 알 수 있다"라고 강조하고 있다. 그런데 어디서 듣도 보도 못한 삼족오 구슬을 든 문신 광개토태왕상을 설치해 놓았다. 아쉬움이 남는 부분이다.

그럼에도 광개토태왕광장과 더불어 고구려대장간마을을 소개하는 이유는, 우리나라에서 흔히 살필 수 없는 고구려 역사성을 가진 희소성을 품은 공간이기 때문이다. 그리고 그 공간에 깊이 들어가 즐기다 보면 기대하지 않은 여러 소소한 즐거움을 맛볼 수 있다.

특히 고구려대장간마을이 그러한데, 나무의 질감을 그대로 살린 여러 건물들을 상당히 이국적이고 이색적으로 표현했다. 구리시가 만든 설명 자료에도 고구려대장간마을의 여러 건축물들이 고구려·말갈·거란족 철제소 구조물 등 고대 철기 문화를 한눈에 볼 수 있게 꾸며졌다고 했다. 배우 배용준이 주연한 드라마 <태왕사신기>를 비롯해 배우 조인성이 주연한 영화 <안시성> 등이 괜히 이곳에서 촬영한 것이 아니라는 뜻.

이색적이고 이국적인 경기도 구리시 고구려대장간마을 모습

바꿔 생각하면 우리가 그만큼 고구려에 대해 막연히 알고 있다는 의미다. 실제 고구려 관련 유적지를 남한 땅에서는 좀처럼 찾으려야 찾을 수 없는 상황이니 이러한 영화세트장 같은 건물들만 봐도 이국적이면서 이색적인 반가움이 드는 거다. 아이들과 함께 오기 좋은 공간이라고 생각한다. 다만 이러한 대장간마을이 과연 얼마나 역

사적 고증을 거쳐 완성됐는지는 여전히 의문이다. 광개토태왕릉비 앞에 배우 배용준을 닮은 인물조형물을 세워놨다. 바로 뒤에는 말 조형물도 있다. 구리시가 어떤 의도로 드라마 <태왕사신기>의 주인공 모형을 광개토태왕릉비 앞에 세워놨는지 이해는 가지만 '오버했다'라는 생각이 지워지지는 않는 게 사실이다.

그러니 주말에 '가벼운 마음'으로 구리시 광개토태왕광장과 고구려대장간마을에 가보자. 이후엔 아차산에 올라 고구려가 왜 이 땅을 가지려 했는지, 어떻게 지켜냈는지를 두 눈으로 두 발로 직접 확인해 보자. 기대와 실망, 소소한 즐거움이 뒤엉켜 있다 아차산을 오르는 순간 나도 모르게 1500년 전의 역사 속을 아찔하게 거닐고 있음을 느낄 수 있을 거다.

가이드

아차산에 깃든 평강공주와 바보 온달 이야기

아차산은 '바위 맛집'이다. <태왕사신기> 촬영 중 배우 배용준이 처음 발견했다고 알려진 큰바위얼굴을 비롯해 두꺼비바위, 온달장군의 주먹바위와 평강공주의 통곡바위도 있다. 특히 큰바위얼굴이 신기한데, 커다란 눈과 코, 지긋이 다문 입, 각진 턱이 상당히 인상적이다. 그런데 아차산의 명성을 고려할 때, 그것도 등산로에 위치한 큰바위얼굴을, 과연 배우 배용준이 발견하기 전까지 다른 여러 시민들이 바위의 존재를 몰랐을까 싶다. 실제 현장에서 봤을 때도 큰바위얼굴을 바라보며 인근 너럭바위에 앉은 시민들을 심심치 않게 확인할 수 있었다. 추론이지만 배용준이 더 알렸을 뿐이지 최초의 발견은 아니라고 생각한다.

아차산에서 진짜 마주해야할 바위는 주먹바위와 통곡바위다. 아차산성에서 벌어진 신라와의 전투에서 전사한 온달의 시신이 움직이지 않아 평양에 있던 평강공주가 달려와 넋을 달래고 나서야 관을 옮길 수 있었다는 이야기가 얽혀있다. 두 바위 모두 큰바위얼굴을 지나 두꺼비바위를 거쳐 조금만 더 오르다보면 길목에서 쉬이 마주할 수 있다. 주먹바위는 전투에서의 패배를 안타까워하며 주먹을 쥔 온달의 모습을, 통곡바위는 남편의 죽음에 애통해하는 평강공주의 모습을 하고 있다.

배우 배용준이 발견했다고 알려진 큰바위얼굴

어쩌다 이 두 바위가 온달장군과 평강공주의 이야기를 품게 된 것일까? 역사학자 고故 이이화 선생이 남긴 기록에 따르면 온달은 평양 변두리 산골에서 늙은 어머니를 모시고 가난하게 살고 있는 청년이었다고 한다. 유교주의자 김부식이 쓴 <삼국사기>에 따르면 "온달은 겉모습은 구부정하고 우스꽝스러웠지만 마음속은 환하게 밝았다"면서 "집이 매우 가난하여 늘 음식을 구걸해다가 어머니를 봉양했다. 찢어진 적삼과 해진 신발로 저자를 왕래하니 그때 사람들이 그를 가리켜 바보 온달이라 했다"라고 칭하고 있다.

이 지점에서 우리가 놓치지 말아야할 사실이 있다. 김부식은 온달을 당시 민중들이 '바보'라 칭했을 뿐 결코 온달을 바보라 단정하지 않았다. 바꿔 말하면 온달은 바보처럼 어머니를 우직할 정도로 극진하게 모셨다는 뜻이다. 그런데 당시 평원왕은 평강공주가 어릴 적에 울 때마다 "바보 온달에게 시집보내겠다"라는 농담을 했다. 평강공주가 16살이 돼 아버지인 평원왕에게 "임금은 허언을 하지 않는 것"이라고 말하고 온달과 혼인하게 해달라고 떼를 쓴다. 평원왕은 어찌 했을까. 바보 온달과 혼인하겠다는 평강공주를 궁에서 쫓아낸다. 이후 평강은 온달을 찾아가 정말로 결혼을 해버린다.

평강은 엄연히 일국의 공주였던 몸이다. 당연히 자금이 부족하지 않았다. 평강은 자신이 갖고 있던 여러 비싼 물건을 팔아 살림을 꾸리고 말과 화살을 준비해 온달로 하여금 연습토록 만들었다. 결과는 어찌 됐을까? 온달은 국가에서 시행하는 사냥대회에 나가 당당히 1등을 차지했다. 평원왕은 그가 자신의 딸 평강공주의 남편인 것을 알고 중용했다고 한다. 이후 북방에서 전투가 벌어졌을 때 온달은 큰 공을 세웠다.

이이화 선생은 "고구려는 여느 고대국가와 마찬가지로 귀족사회였다"면서 "광개토태왕과 장수왕을 거치며 강력한 왕권이 회복됐지만 6세기 무렵에는 귀족사회가 다시 개편되었다. 곧 평양 천도 후에 옛 도성에 사는 국내성파와 새 도성에 사는 평양파로 갈라진 것이다. 두 파는 권력을 잡기 위해 서로 심한 갈등을 빚었다"라고 설명했다.

평원왕은 고구려 25대 임금이다. 장수왕이 죽고 약 70년이 지나 왕이 됐다. 이 시기는 수나라가 대륙을 통일하고 고구려에 강성한 힘을 무자비하게 내뻗은 때다. 한반도 남쪽에서는 나제동맹을 깨고 백제의 뒤통수를 친 신라가 북으로 힘을 과시하던 시기이기도 하다. 이러한 상황에서 평원왕은 재위 말년인 586년에 평양 안학궁에서 새로이 평양 장안성으로 근거지를 옮긴 그는 일본에 사신을 보내 화친을 맺기도 했는데 위아래로 위기를 맞은 상황이니 일본과도 친분을 쌓아 우방을 만들고자 했다.

평원왕 당시 고구려는 내부 갈등 등이 주요한 원인이 돼 국력이 빠르게 쇠퇴했다. 이미 구리시 기록에서 확인되듯 551년께 아차산 등 한강 주변을 잃은 상황이었다방위의 개념이 임진강 호로고루까지 올라가는 이유다. 동쪽으로는 진흥왕이 죽령까지 치고 들어왔다. 요동지방도 중국에서 일어난 후주後周가 고구려 땅을 침범하고 있었다. 이러한 상황에서 임금의 자리에 오른 평원왕은 귀족을 누르고 왕권을 강화해 다시 옛 힘을 회복하고자 한 거다. 이 때 칼이 되어준 것이 평민 출신 온달이라고 보는 것이 타당하다. 바꿔 생각하면 철저하게 정략적인 판단으로 온달과 평강이 맺어졌음을 유추해볼 수 있는 지점이다.

평원왕의 노력은 590년 왕이 사망하면서 끝이 난다. 뒤를 이어 영양왕이 고구려 26대 왕으로 등극했지만 대내외의 위기 상황은 크게 변하지 않는다. 이때 나선 것이 평원왕의 사위 온달이다. 온달은 자청해 남쪽의 옛 땅인 아차산 일대를 회복하겠다고 나섰다. 처형이자 젊은 임금이었던 영양왕은 이를 승인하고 온달을 남쪽 최전선으로 파병한다.

실제 590년 전선에 투입된 온달은 죽령을 넘어 충주-단양 일대를 석권하기도 하고 한강 중류의 아차산에서도 정복활동을 벌였다. 하지만 평민 출신 온달의 꿈 역시 아차산 전투 도중 사망함으로써 끝이 나고 만다.

그의 죽음을 고구려 왕가는 정치적으로 이용하고자 했다. 이이화 선생도 이 부분에 대해 "온달이 죽자 그를 영웅으로 만드는 작업이 필요했을 것"이라면서 "평강공주를 다시 배역으로 등장시켜 '평강공주가 와서 관을 어루만지고서야 관이 움직였다'는 기록을 남긴 것"이라고 설명했다. 이러한 이야기는 전설이 돼 지금도 아차산 일대에 주먹바위와 통곡바위로 남아 전해지고 있는 거다. 물론 그 근간에는 앞서서 아차산 일대를 지킨 고구려 병력들의 흔적이 존재하고 있다. 치열한 전투 끝에 스러져간.

문화재청은 "아차산 일대 보루군은 아차산보루, 용마산보루, 시루봉보루, 수락산보루, 망우산보루 등 17여개의 보루로 이루어진 유적으로 그중 일부를 제외한 10여개의 보루가 고구려의 보루로 추정된다"면서 "아차산 일대 보루군은 현재 남한 내에서 가장 집중적으로 분포하는 고구려 관련유적으로서 백제나 신라에 비하여 상대적으로 자료가 부족하여 그동안 연구활동이 부진했던 고구려 관련 고고학적 연구에 중요한 자료"라고 평가하고 있다.

주먹 바위

아차산 범굴사 입구

그러니 직접 걸으며 1500년의 역사를 몸으로 직접 느껴보자. 바위 맛집인 아차산에는 아담한 범굴사梵屈寺도 있다. 바위에 뚫린 두 개의 구멍에 관한 전설이 전하는 곳인데, 두 개의 구멍 가운데 작은 구멍에서는 가난하고 착한 이의 기도로 쌀이 쏟아졌으며, 이 사실을 안 욕심 많은 부자가 뚫었다는 큰 구멍에서는 벌레가 쏟아졌다고 한다. 범굴사 대웅전 뒤쪽으로 가야 볼 수 있다. 산 중턱에 마련된 신기한 사설체육관 인근이니 꼭 가서 확인해보자. 재밌는 공간이다.

끝으로 아차산에 얽힌 여러 전설 가운데 가장 유명한 <홍계관 전설>은 아차산이라는 명칭의 유래담이다. 전설에 따르면 이 산의 이름은 조선 명종 때 유명한 점쟁이 홍계관의 안타까운 죽음을 막지 못한 임금이 "아차, 내가 잘못했구나"라며 탄식한 데서 비롯했다고 한다. 여러모로 의미 있고 유익한 산, 바로 아차산이다.

따라잡기 한능검

장수왕과 평양 천도

427년 장수왕의 평양 천도 이후 상황에 집중해야 한다. 장수왕은 국내성을 기반으로 한 귀족세력을 약화시킬 것을 목적으로 국내성에서 평양으로 수도를 옮긴다. 그런데 이뿐일까? 평양은 내륙 깊숙이 자리한 국내성과 달리 바다로는 중국 산둥반도와 가깝고 한반도와 대륙을 잇는 교통의 요지다. 무엇보다 평양 일대에 너른 들판이 있어 풍부한 농작물을 언제든 확보할 수 있는 땅이다.

결과적으로는 천도가 고구려에게 독이 됐다. 치열하게 다툼을 이어가던 백제와 신라가 동맹을 결성하는 계기가 됐기 때문이다. 한강 유역을 둘러싼 삼국 간의 피 튀기는 싸움으로 이어졌고 그것이 종국에는 국력손실과 패망으로 이어지는 디딤돌이 됐다. 그래도 475년에 고구려가 백제를 공격해 백제의 수도인 한성을 함락하고 개로왕을 전사케 해 한강 유역을 장악하는 유의미한 결과도 이끌어냈다. 나아가 중원충주까지 영토를 확장하는 모양새를 갖추게 됐다.

장수왕 사후 6세기와 7세기를 거치며 고구려는 망국의 길을 걷는다. 특히 수나라와 당나라의 연이은 침입에 고구려가 612년 을지문덕의 살수대첩과 645년 양만춘의 안시성싸움 등으로 한반도의 방파제 역할을 하며 중국의 직접적인 침략을 막아내지만 쇠락하는 국운을 멈춰 세우진 못했다. 대표적인 것이 수당과의 연이은 전쟁으로 국력이 약화돼 백제와 신라연합군에게 당항성을 비롯한 한강 유역을 상실한 일이다. 왕위를 둘러싼 지배층의 내분이 망국을 더욱 가속화했다. 결국 연개소문 사후 장남 연남생과 차남 연남건, 셋째 연남산의 싸움으로 내분에 휩싸여 나당연합군의 공격을 받아 평양성이 함락되고 668년 멸망하고 만다.

고연무와 검모잠 등이 고구려 마지막 임금 보장왕의 아들 안승을 왕으로 추대해 부흥운동을 이끌기도 했으나 이 역시도 지도층의 분열로 실패하고 만다. 안승은 신라에 투항해 지금의 전북 익산 일대에 자리한 보덕국 왕으로 임명됐다.

한능검에서는 위에서 열거한 사건들을 순서대로 배열하거나 큰 사건 사이에 일어난 일을 묻는 문제가 나온다. 예를 들어 보기에 612년 을지문덕의 살수대첩과, 645년 양만춘의 안시성싸움을 제시한 뒤 그 사이에 있었던 일을 고르라 한다. 보통은 살수대첩 후인 631년영류왕 14년에 쿠데타를 일으켜 정권을 잡은 연개소문이 정답으로 출제된다.

연개소문은 고구려의 서쪽 국경에 천리장성을 쌓을 때, 장성 축조를 감독하는 역할을 맡았다. 영류왕이 당나라에 저자세를 취하는 것에 반발해 정변을 일으켰고 영류왕을 죽이고 보장왕을 옹립한다. 이후 대당 강경노선을 유지하며 666년 사망 때까지 당과의 수차례 전쟁에서 단 한 번도 패하지 않았다. 그러나 연개소문이 죽은 뒤 불과 2년 뒤인 668년 고구려는 분열로 패망하고 만다. 당대 세계 최강 중국과 대등한 모습을 보이며 한반도 방파제 역할을 했던 고구려의 말로 치고는 그저 씁쓸할 따름이다.

가끔 온달과 관련해서도 문제가 출제되는데, 온달을 보기 자료로 제시한 뒤 그가 활약한 시기를 고르라는 문제다. 온달이 590년에 사망했다는 사실만 잊지 않으면 매우 쉬운 문제다. 수나라와 당나라의 본격적인 침입이 있기 직전이다. 보통은 백제 성왕이 사망한 554년 관산성 전투와 을지문덕이 활약한 612년 살수대첩 사이를 고르면 된다.

투어

고구려를 걸어보자

1) 아차산에 깃든 고구려 흔적 : 광개토태왕광장과 고구려대장간마을 그리고 아차산성

주말 하루를 길게 보내고 싶다면 구리 동구릉부터 가자. 태조 이

성계를 비롯해 조선의 흥망성쇠를 이끈 여러 왕들의 묘를 한눈에 볼 수 있는 자리다2권 조선시대에서 자세히 다룰 예정. 그곳에서 여유있게 걸음을 이은 뒤 자차로 10분 거리에 위치한 광개토태왕광장으로 가면 된다. 구리경찰서 등에 주차한 뒤 바로 건너편에 가 문신 광개토태왕 동상과 광개토태왕릉비를 보자. 앞서 강조한대로 큰 기대는 하지 말자. 그저 구리가 '고구려 도시'로서의 이미지를 얻기 위해 노력했다는 사실에 고마울 뿐이다.

이후엔 아차산 입구에 자리한 고구려대장간마을에 가자. 크진 않지만 이색적이고 이국적인 소소한 즐거움을 느낄 수 있는 공간이다. 광개토태왕릉비 앞에 선 배용준 동상이 상당히 눈에 거슬리긴 하지만 이곳이 관광지임을 생각하면 이해가 된다. 고구려대장간마을은 점심 먹을 곳이 애매한데 광개토태왕광장 인근에서 밥을 먹거나 아니면 대장간마을로 들어가는 길목에도 여러 식당이 있다. 요령껏 일정을 진행했으면 좋겠다.

오전 9시께부터 동구릉에서 일정을 시작했다면 광개토태왕광장, 고구려대장간 마을 등까지 두루 살피면 오후 1시께가 된다. 이제 물과 간식을 준비해 아차산에 오르자. 걸음을 잇자마자 갈림길이 나오는데, 우측으로 난 큰바위얼굴 쪽으로 방향을 잡았다. 앞서 살핀 두꺼비바위와 온달장군의 주먹바위, 평강공주의 통곡바위를 지나 아차산 여러 보루들을 살핀 뒤 아차산 정상까지 확인할 수 있기 때문이다. 물론 정면으로 쭉 뻗은 길을 타고 올라가도 결국 정상에 가면 다 만나게 된다. 다만 두 코스 중 큰바위얼굴 쪽으로 오른 이유는 정상을 지나 아차산성 방향으로 돌아오는 것이 훨씬 코스가 좋았기 때문이다. 마지막에 아차산 줄기 따라 흐르는 냇가도 있어 여정을 마무리 짓기에 훨씬 유용하다.

아차산 4보루 입구에 자리한 아름다운 나무

끝으로 아차산 정상을 지나 잘 정비된 아차산 4보루까지 오르면 선택을 해야 한다. 다시 돌아가 아차산성을 살핀 뒤 앞서 말한 아차산 물길 따라 내려올 것인지 아니면 용마산을 향해 산행을 이어갈 것인지. 개인적으로 아차산성을 건너뛰고 우회 코스를 밟았기에 너무나 자연스레 아차산 4보루에서 다시 돌아가는 코스를 잡았다. 이 지점이 매우 중요한데 아차산성으로 가는 길에 아차산 1보루가 있다. 이곳에 서야만 정확하게 한성백제의 수도인 몽촌토성과 풍납토성 자리를 확인 가능하다. 이 점을 고려해 코스를 잡고 산행을 이어

갔으면 하는 바람이다. 2022년 5월 기준 아차산성 유적 조사로 인해 산성에 직접 오르지 못하는 상황이다. 아쉬울 뿐이다.

충북에도 있다, 온달의 흔적… '단양 온달산성'

온달 장군과 관련된 흔적이 아차산보다 더 명징하게 남은 곳이 있는데 바로 충북 단양이다. 앞서 살핀 단양금굴과 뒤에서 살필 단양 적성비가 있는 바로 그곳이다. 그곳에 온달산성도 있다.

문화재청 자료에는 온달산성이 "고구려 평원왕재위 559~590의 사위인 온달장군의 이야기가 이 지방에 전해오면서 붙여진 이름"이라고 설명됐다. 다만 이 성이 언제 쌓아졌는지는 확실하지 않다. 성벽의 안팎을 모두 비슷한 크기의 돌로 가지런히 쌓아 올린, 둘레 683m의 소규모 산성이라고만 강조됐다.

그럼에도 성의 북동쪽 남한강의 강변 절벽 아래에는 '온달굴'이라는 석회암 동굴이 있어 오래전부터 온달과 관계되는 전설이 전해오고 있다. 이로 인해 여러 책마다 차이가 있지만 온달이 사망한 장소인 아단성이 서울 아차산이 아니라 이곳 온달산성이라는 주장도 이어지고 있다. 온달산성을 오르는 입구엔 온달관광지가 마련돼 드라마세트장으로 활용되고 있다. 유념할 것은 온달산성으로 오르는 길이 계단으로 만들어졌다는 점이다. 최소 30분 이상 끈기 있게 걷고 또 걸어야 단정한 온달산성 정상에 도착한다. 산성에 올라 단양 시내를 바라보는 전경이 일품이다. 아주 시원하다.

2) 삼국의 또 다른 각축장 : 경기도 화성 당성

경기도 화성시 제부도로 가는 길목에 구봉산이 있다. 이 구봉산 자락 한편에 둘레 1200m짜리 오래된 산성이 하나 있다. 화성 당성, 혹은 당항성이라고 불리는 삼국시대 만들어진 조용한 산성이다. 1971년 사적 제217호로 지정되었다.

원래는 백제 영역에 속하였던 지역이었으나 이곳 역시 아차산 일대와 마찬가지로 삼국의 흥망성쇠에 따라 그 주인이 순차적으로 바뀌었다. 백제 → 고구려 → 신라 실제 백제 이후 이곳을 지배한 고구려는 이 주변을 당성군이라는 이름을 붙여 다스렸다. 고구려 이후 득세한 신라가 이 지역을 점령한 뒤에는 당항성이라고 불렀다.

삼국은 왜 이곳을 갖고자 한 것일까? 고구려는 남쪽으로 내려가고자 했다. 백제는 자신들의 본래 땅을 지키고자 했다. 신라는 고구려와 백제의 공세를 넘어 중국과 직접 교역할 수 있는 서해로 향하는 교두보를 마련코자 한 거다. 그 중심에 당성이 있다.

그러나 현재 당성에 남은 흔적은 대부분이 고려시대 이후의 것들이다. 정상 부근에 너른 분지형태에 여러 집터 자리가 남았는데, 이 역시도 조선시대 망해루望海樓로 추정되는 초석이라고 한다.

뜨거웠던 2021년 7월 주말 오후에 혼자 차를 끌고 이곳으로 향했다. 305번 국도따라 구봉산으로 빠지는 샛길로 들어서자 인적 드문 그곳에 화성 당성이 자리해 있다. 매우 조용하고 차분한 유적지다. 화성시에서 신경 써서 관리하고 있는 탓에 여유로운 마음으로 산책하기 좋은 유적지이기도 하다. 무엇보다 정상에 서면 서해안까지 확 트인 전망을 마주할 수 있어 상당히 매력적이다. 구봉산자락 따라 화성 당성에 대한 유적지 발굴 작업이 여전히 진행 중인 탓에, 걸음을 이을 때 언제 사용했을지 알 수 없는 여러 자기 조각이나 기왓장 등도 종종 마주한다. 그렇다고 함부로 들고 와선 안 된다. 조용히 사진 한 장 남겨 추억으로만 기록했다.

잘 정비된 화성 당성 모습. 정상부에 너른 대지가 있다. 유적지 발굴이 진행 중이다. 산성 곳곳에 자기나 기와 조각이 있다.

04

동아시아 최강국 고구려는 왜 멸망했을까?

: 강화도 연개소문 비석

스토리

고구려의 흥망과 삼국통일

어릴 때부터 역사를 배울 때마다 가장 많이 한 생각이 '고구려가 삼국을 통일했다면 저 넓은 만주 벌판이 대한민국 땅으로 남지 않았을까'라는 아쉬움이었다. 668년 만주를 호령했던 고구려가 역사에서 사라진 뒤 우리는 발해 이후 1000년이 넘는 긴 시간 동안 단 한 번도 반도의 역사를 넘어서지 못했다. 고구려가 드넓은 대륙에서 품었던 웅혼한 기상 역시 우리 역사에 아스라이 남은 흔적으로만 기억될 뿐이다.

연개소문은 누구일까

고구려, 한반도를 넘어 동아시아 최강국이자 천하의 중심이라 자부했던 나라다. 그러나 언제나 그렇듯 망국의 그림자는 아무도 예상하지 못한 순간에 너무도 급작스레 찾아왔다. 다만 이 지점에서 놓쳐서는 안 되는 사실 하나가 있으니 모든 역사서와 수험서를 망라하고 고구려 패망의 직접적인 원인으로 '연개소문 사후'라는 말이 등장한다는 점이다.

한능검에서조차 고구려의 멸망은 "연개소문 사후 권력 다툼이 발생했고 이 상황에서 나당 연합군 공격으로 평양성이 함락해 멸망했다"라고 강조한다.

도대체 연개소문이 어떤 인물이기에, 700년이 넘는 시간 동안 동북아 최강국이자 천하의 중심이었던 고구려가 한 사람이 부재했다고 역사의 뒤안길로 사라져 버린 것일까. 한능검을 공부할수록 그를 찾아 떠나야겠다는 생각이 강렬하게 든 이유다.

애석하게도 연개소문과 관련된 유적지는 남한땅에 거의 남아 있지 않다. 어찌 보면 당연한 일인데, 고구려인 연개소문의 삶의 궤적이 대부분 지금의 북한 땅과 중국 만주 지역에서 만들어졌다. 반도의 남쪽에서 그의 흔적을 찾기란 말 그대로 모래사장에서 바늘 찾는 일. 하지만 뒤지고 뒤졌더니 그의 흔적이 기록됐다는 남한 땅 유일의 장소가 있었다. 놀랍게도 그곳이 바로 강화도 고인돌 유적지 입구 로터리에 세워진 '고구려 대막리지 연개소문의 유적비'다.

처음 강화도에 연개소문 유적비가 있다는 소식을 접했을 때 든 생각은 '거짓말 아니야?'라는 의문이었다. 그럴 것이 아무리 곱씹어도 만주땅을 호령한 연개소문이 강화도에서 나고 자라 북쪽으로 올라가 고구려의 대막리지가 됐다는 것이 믿기질 않았다.

직접 가서 보니 강화도 고인돌 유적지 입구에 '연개소문 유적비'라 새겨진 비석이 세워져 있었다. 바로 옆에는 다소 조악하지만 '고구려 대막리지 연개소문'이라고 적힌 강화군이 만들어 놓은 안내문도 있었다.

> "1932년 박헌용의 강도지에 따르면 강화도 고려산 북쪽에 위치한 시루미산에서 연개소문이 태어났다고 합니다. 고려산 시루봉 중턱에 연개소문이 살던 집터와 연개소문이 말과 함께 달렸다는 치마대, 말에게 물을 먹였다는 오정에서 무예를 갈고닦았다고 전하고 있습니다."

그런데 강화도를 관할하는 인천시는 홈페이지의 '인천설화'라는 항목에 연개소문과 관련된 글을 올리며 다른 내용을 전하고 있다.

> "연개소문의 탄생과 성장에 대한 역사적 자료는 아직 발견된 것이 없다. 다만 강화도의 향토사지인 <속수증보강도지>에 '연개소문은 고려산 밑에서 출생하였는데, 스스로 말하기를 자신은 물에서 나왔다고 하면서 대중을 현혹시켰다'라는 기록이 있을 뿐이다."

한마디로 인천시조차 연개소문의 출생과 관련해 확실하지 않다고 한 거다. 강원도 원주 등지에서 지역 향토사학자에 의해 '연개소문의 뿌리가 원주'라는 주장이 나온 이유기도 하다. 바꿔 말하면 작은 단서만 있다면 어떤 방식으로든 연개소문과 연결시키고자 하는 의지를 내비친 것인데, 그만큼 중요한 인물이기 때문이다.

강화도 고인돌 유적지 입구에 자리한
'고구려 대막리지 연개소문의 유적비' 모습

실제로 고려시대 유학자 김부식은 <삼국사기>에서 연개소문에 대해 "부친의 직위대대로를 계승한 뒤 흉포하고 잔인하여 무도한 행동을 했다"면서 "왕영류왕을 시해해 몇 토막으로 잘라 구덩이에 버렸다. 그리고는 왕의 동생 아들인 장을 왕으로 세우고 스스로 막리지가 됐다"라고 적었다. 그러면서 김부식은 "연개소문은 칼을 다섯 자루나 차고 다녔으니, 좌우에 있는 사람들이 아무도 그를 감히 쳐다보지 못했다"며 "말에 오르내릴 때 항상 귀인과 무장을 땅에 엎드리게 하여 발판으로 삼았고, 외출할 때는 반드시 대오를 벌려 세우고 갔다"라고 강조했다. 한마디로 미친 듯 오만하고 잔인하다는 말.

김부식은 연개소문에 대해 "개소문은 비상한 인물이었다. 올바른 도리로 나라를 받들지 못하고 잔인 포악해 제멋대로 행동하다 대역죄를 범하게 된 것"이라는 말을 덧붙였다. 이는 연개소문에 대한 호불호를 떠나 적어도 그가 고구려의 기둥으로서 나라를 지탱했다는 사실만큼은 인정한 셈이다.

왜 그랬을까? 연개소문이 태어난 시기는 정확하지 않지만 대략 6세기 후반과 7세기 초인 600년께로 보고 있다. 이 무렵은 아시아 대륙의 판도가 큰 변화를 겪던 시기다. 흉노훈족가 세운 대제국이 무너지면서 중국 북방은 선비족에 의해 '북위'로 통일돼 간다. 북위는 수나라로 계승되고, 7세기에 접어들어 수나라를 이은 당나라는 대국의 풍모를 갖추며 본격적으로 영토를 확장해나가기 시작했다. 이러한 시기 고구려를 이끈 인물이 27대 국왕 고건무 영류왕이었다. 618년 즉위한 영류왕은 평원왕의 차남이자 영양왕의 이복동생으로 보장왕의 생부 고대양의 형이기도 하다. 즉위 전에는 수나라에 맞서 혁혁한 공을 세운 전쟁 영웅이기도 했다.

왕이 된 뒤 수나라와의 전쟁에서 입은 피해를 복구하고 왕권을 안정시키기 위해 친당정책을 취하며 온건적인 모습을 유지했다. 동시에 도교를 수입해 노자를 자신들의 조상으로 모시고 있던 당나라와의 우호적인 외교관계를 유지하기 위한 노력도 기울였다. 626년 이세민이 황태자 이건성을 죽이고 당고조를 압박해 황제의 자리에 오른 뒤부터 상황이 바뀌었다. 이세민은 국내의 혼란을 수습한 뒤 대내외에 자신이 가진 힘을 과시하기를 꺼려하지 않았다. 이에 영류왕 역시 경계를 하면서도 당나라의 요구에 순응하며 결과적으로 굴종적인 모습을 보였다. 이세민은 차례차례 당나라 주변국인 토욕혼 635년과 고창국 640년 등을 격파하며 힘을 쌓아갔다. 당나라에게 위협이 될 나라는 고구려만 남은 상황.

천리장성 축조를 맡은 연개소문은 나라가 위기에 빠졌다며 강경한 대응을 설파한다. 하지만 오히려 반대세력에 의해 제거당할 위험에 처한다. 642년 연개소문은 결국 칼을 뽑아 자신을 반대했던 이들의 목숨을 취했다. 그 끝에는 영류왕 고건무가 있었다. 연개소문은 고건무를 죽이고 그의 조카 보장왕을 왕으로 세운다. 병권과 인사권을 장악한 연개소문은 스스로를 대막리지라 부르며 절대 권력을 행사했다. 연개소문은 거리낌없이 대당강경정책을 천명했다. 돌궐에 사신을 파견하여 대당 연합을 모색하고 백제와도 우호적인 관계를 유지한다. 백제와 전쟁 중인 신라에 대해서는 동맹을 거부하는 모습을 취한다. 신라가 당나라와 연합할 수밖에 없는 상황이 도래한 것. 결과적으로 연개소문의 이러한 선택은 반쪽짜리 통일 왕국 신라로 이어지게 된다.

이후 645년을 기점으로 고구려가 패망하는 668년까지 길고 긴 싸움이 이어진다. 그런데 놀라운 점은 연개소문이 살아있을 당시까지 개별 전투에서 위기를 맞이했을지언정 나라의 근간이 흔들리진 않았다. 오히려 강경한 대당정책을 유지함으로써 강력한 카리스마를 바탕으로 일치단결된 모습을 이어갔다. 과정에서 연개소문 스스로 고구려의 구심점으로 활약했다.

강화군이 적시한 안내문에 “신채호는 <조선상고사>에서 위대한 혁명가로, 박은식은 <천개소문전>에서 독립자주의 정신과 대외경쟁의 담략을 지닌 우리 역사상 일인자로 평가했다”라고 적힌 이유다.

가이드

고구려가 삼국통일의 주역이었다면?

네이버 웹소설 중 <신고구려전기>라는 작품이 있다. 연개소문의 장남 연남생을 주인공으로 한 소설인데, 실제 역사에서는 이뤄지지 않는, 오히려 고구려를 멸망시키는데 결정적 역할을 한 연남생을 주인공으로 내세워 고구려의 통일 과정을 담아냈다. 말 그대로 장르소설이기에 가능한 이야기다. 그런데 이 작품은 연재 당시 상당한 인기를 끌었다.

왜 그랬을까? 앞서 강조한 대로 우리 민족 최강국 고구려에 대한 아쉬움과 안타까움을, 승리의 이야기로 풀어낸 것에 독자들이 공감했기 때문이다. 그 독자들 중에는 물론 나 역시 있었다. 밤잠을 설쳐가며 적지 않은 시간을 투자해 마침표를 향해 달려갔다. 말 그대로 실제 역사에서 이루어지지 못한 통일 고구려의 영광을 소설을 통해서라도 느껴보고 싶었다.

재밌는 점은 소설에 달린 수많은 댓글 중 베스트가 "신라는 없어져야 할 나라다. 바람직한 소설"이라고 언급했다는 점이다. 외세인 당을 끌어들여 삼국을 통일한 신라를 바라보는 대중의 입장이 얼마나 한스러운지 알 수 있는 부분이다. 하지만 소설은 소설일 뿐. 삼국통일의 최종 승자로 고구려를 상상했지만 역사에서는 연개소문 사후 연남생-연남건-연남산의 갈등으로 고구려는 역사의 뒤안길로 사라진다. 당나라를 직접 끌어들여 고구려를 멸망시킨 연남생의 선택은 두고두고 아쉬움으로 남는 지점이다.

연남생, 666년 연개소문이 죽자 장남으로서 아버지의 직을 계승해 대권을 장악했다. 문제는 연남생이 아버지 연개소문이 아니었다는 것. 권력 강화를 위해 지방을 살피는 과정에서 동생들이 정변을 일으켜 수도 평양을 차지했다. 급기야 아들 연헌충마저 살해당하자 연남생은 국내성으로 피신하게 된다. 이후 차남 연헌성을 당나라에 보내 도움을 구한다. 당으로서는 굴러 들어온 복이었다.

당시 당나라는 고구려와의 연이은 전쟁과 실패로 숨을 고르는 상황이었다. 그런데 고구려 최고 권력자인 연남생이 아들 연헌성을 보내 투항하겠다 말한 것. 당고종은 연헌성에게 벼슬과 재물을 하사해 국내성으로 돌려보냈다. 그러면서 당나라 장군 계필하력에게 명해 연남생을 복속하게끔 했다. 결국 연개소문의 아들 연남생은 아버지가 죽은 다음해인 667년 국내성을 비롯한 주요성의 백성들을 이끌고 당나라에 투항한다. 연남생은 그 공을 인정받아 당고종으로부터 요동도독 겸 평양도안무대사의 벼슬을 받고 평양을 정복하는 길잡이 역할을 하게 된다.

고구려의 내밀한 모든 정보를 알고 있는 인물이 이끄는 당나라 군대, 압도적인 전력으로 고구려를 밀어붙였다. 고구려는 불리한 상황 속에서도 2년 여를 버텨냈다. 하지만 668년 음력 6월 수도 평양성의 성문은 열리고 만다. 평양성은 불바다가 됐고 고구려는 역사의 뒤안길로 사라졌다. 평양성이 함락되고 고구려가 멸망한 후 연남생은 공을 인정받아 당나라 조정으로부터 우위대장군에 제수됐다. 제손으로 무너뜨린 고구려. 연남생은 유화정책의 상징처럼 당나라 조정에게 이용만 당하다 679년에 46세의 나이로 요동 땅에서 사망한다. 679년 12월 당나라는 죽은 연남생의 유해를 중국 땅으로 옮겨와 낙양의 북망산에 매장하였다. 역사는 그를 고구려의 배신자로 기록하고 있다.

실제 역사와는 180도 다른 <신고구려전기>를 다 읽고 든 생각은, '과연 연남생과 연개소문이 하늘에서 다시 만났다면 서로를 보며 어떤 말을 했을까?' 라는 상념이었다. 아마도 부자지간의 따뜻한 언사는 없었을 것 같다.

따라잡기 한능검

고구려의 패망과 부흥운동

강화도 고인돌 유적지 입구에 세워진 연개소문 비석 하나로 연개소문과 연남생, 고구려의 패망까지를 훑었다. 실로 강대했지만 지도자의 무능과 잘못된 선택이 동아시아 최강국조차 하루아침에 패망케 만듦을 보여주고자 한 것인데. 같은 시기 최약소국이었던 신라는 과정은 비루했을지언정 자신들이 가질 수 있는 최선의 선택을 이어가며 최고의 결과를 맞이한다. 태종무열왕 김춘추를 시작으로 삼국통일의 주역 김유신, 문무대왕 김법민으로 이어지는 지도층이 시대의 흐름을 읽으며 오랜 시간 준비했고 명민하게 대응했기 때문이다. 항상 최고의 위치에 있을 때 최악을 염두해야 하는 상황을 고구려를 통해, 최약의 위치에 있을 때 최선의 결과를 이끌기 위한 모습을 신라를 통해 발견해야 한다.

한능검에서는 고구려의 패망에 대해 두 가지 형태로 출제된다. 첫 번째로 한능검 37회에 3점짜리 문제로 나온 시기를 묻는 형태다. 성벽 위에 선 두 장군의 대화를 통해 해당 시기를 연표에서 찾도록 했다.

> A장군 - 당의 군대가 여기 평양성으로 오고 있다니 걱정이네.
>
> B장군 - 연개소문이 세상을 떠난 후 권력 다툼에서 밀려나 당에 투항했던 연남생도 함께 오고 있다

더군.

선택지에는 (가) 612년 살수대첩 이후, (나) 645년 안시성전투 이후, (다) 660년 백제멸망 이후, (라) 668년 고구려 멸망 이후, (마) 698년 발해 건국 이후가 제시됐다. 정답은 (다). 앞서 연개소문과 연남생의 선택에 의해 이뤄지는 고구려의 패망 과정을 알지 못하면 매우 까다롭게 느껴질 문제다.

그런데 이 지점에서 놓쳐서는 안 되는 내용이 있으니 6세기와 7세기 고구려가 수당과 벌인 전쟁의 흐름과 668년 고구려 멸망 후 진행되는 고구려 부흥운동의 과정이다. 앞서 살핀 대로 시험에는 보기 자료의 내용을 선택지에 제시된 연표에서 찾도록 하는 형태가 자주 출제된다. 아래 내용을 머릿속으로 한번 그리는 것만으로 시험에 매우 유용한 대비가 될 거다.

1) 고수 전쟁과 살수대첩

589년 수나라 문제, 중국통일cf. 590년 온달장군 아차산성에서 사망 → 수나라, 고구려에 복속 요구 → 598년 고구려 영양왕 요서 지역 선제 타격 → 같은 해 수문제 30만 대군 동원 고구려 침공1차 침입, 성과 없이 후퇴 → 604년 수양제 등극 → 612년 113만 대군 침입2차 침입, 요동성에서 3개월을 버팀 → 수양제, 우중만으로 하여금 30만 별동대 구성해 평양 직접 타격 지시 → 피곤에 지친 별동대, 살수에서 을지문덕에 대패. 30만 병력 중 3000여 명 살아 돌아감 → 613년, 수양제 40만 대군 동원해 3차 침입. 보급 실패 및 내분으로 철군 → 추가 침입

했으나 또 실패, 619년 수나라 멸망

2) 고당 전쟁과 멸망, 고구려 부흥운동

618년 이연, 당나라 건국 → 626년 당태종 이세민 등극, 팽창 정책 → 고구려, 천리장성 축조 → 642년 연개소문 반정, 영류왕 축출, 대당 강경책 구사 → 645년 당태종 이세민, 50만 대군 이끌고 침입 → 양만춘, 안시성 싸움에서 승리 → 649년 7월, 당태종 이세민 사망 → 당고종, 660년 백제 멸망 → 666년 연개소문 사망, 연씨 형제 내분, 연남생 당에 투항 → 668년 고구려 멸망 → 고연무오골성, 검모잠황해도 재령등이 중심이 돼 고구려 부흥 운동 진행 → 왕으로 추대됐던 고안승은 검모잠 살해 후 신라에 투항, 전북 익산 지역 보덕국 왕으로 임명

투어

강화도 여행에서 함께 챙기는 고구려의 흥망

강화도를 여행할 때 '연개소문유적비'를 함께 살피면 된다. 개인적 바람은 언젠가 북한 땅에 자유로이 출입할 날이 오면 고구려 마지막 수도 평양성을 여러 사람들과 함께 걸어보고 싶은 마음이다.

동북아역사재단이 밝힌 내용에 따르면 고구려시대 서울인 평양성은 평원왕 28년586에 마련된 장안성으로 현재 평양 시가를 둘러싸고 있는 이른바 '평양성'이라는 데는 이견이 없다고 한다. 전체 성곽은 북성, 내성, 중성, 외성으로 구성되어 있으며, 성벽의 총둘레는

23km, 성내 총면적은 12km²에 이른다고 한다. 함께 걸을 날을 진심으로 소망한다.

강화도는 앞서 1부 4장에서 안내한 투어 코스p.55를 참고하기 바란다. 2권과 3권에서도 각각 이야기하겠지만 강화도는 정말로 우리 역사의 여러 물결을 한꺼번에 만날 수 있는 귀한 장소다.

3부

아,
백제!

01

서울 강남,
백제인의 땅

: 한성백제박물관과 몽촌토성, 풍납토성,
석촌동고분을 걷다

스토리

우리가 놓쳤던 한성백제의 숨결

올림픽공원, 기자생활 10년을 이어오며 수없이 방문한 곳이다. 여야를 가리지 않고 올림픽공원 내 올림픽체조경기장에서는 수없는 행사들이 치러졌고, 스포츠계 각종 문제가 터질 때면 서울올림픽파크텔에서 수많은 상벌위원회가 열렸다. 그러니 정치부와 사회부 기자로만 활동했던 1인으로서 올림픽공원을 가고 또 가고 또 갈 수밖에 없는 상황이 반복된 거다.

2021년 7월 비가 참 많이 내렸던 그날, 처음으로 다른 목적을 갖고, 순수하게 <한국사로드>를 위해, 올림픽공원을 찾았다. 그제야 올림픽공원에 깃든 한성백제의 숨결을 온전히 느끼게 됐다. 생각해

한성백제박물관 옥상에서 바라본 몽촌토성 일대 모습

보면 행사와 취재 등을 목적으로 했을 때는 5호선 올림픽공원역에 하차했고, 답사와 여행을 목적으로 했을 때는 9호선 한성백제역과 8호선 몽촌토성역을 이용했다. 출발부터 달랐던 거다.

1) 2000년을 품은 땅, 몽촌토성

올림픽공원 안에 자리한 몽촌토성, 문화재청 설명에 따르면 한강의 지류인 성내천 남쪽에 있으며, 둘레가 약 2.7㎞ 되는 백제 초기의 토성이다. 자연 지형을 이용해 진흙으로 성벽을 쌓고, 나무 울타리로 목책을 세웠던 흔적도 확인됐다. 자연 암반층을 급경사로 깎아 만들기도 하였으며, 성을 둘러싼 물길인 해자도 확인됐다. 문터와 집자리, 저장용 구덩이도 확인됐다고 한다. 주변에 풍납토성과 백제

석촌동 무덤들을 비롯한 백제 전기의 유적이 있어 역사적으로도 가치 있는 곳이라고 강조했다.

몽촌토성을 직접 걸으면 문화재청의 딱딱했던 설명이 온전히 이해되기 시작한다. 올림픽공원 곳곳에 초기 한성백제 시절의 문화유적이 너무나 보존이 잘 돼 있다. 그만큼 한성백제를 대표하는 문화유적이 수없이 출토됐다는 뜻. 물론 처음부터 그랬던 건 아니다. 우연과 필연이 겹쳐 현재의 모습으로 완성됐다.

지금에야 몽촌토성이 자리한 송파가 전국에서 가장 비싼 땅으로 취급받고 있지만 88서울올림픽을 앞두고 1984년 올림픽공원이 착공 전에는 허허벌판에 불과했다. 원래 계획대로라면 1960년대 말, 70년대 초 잠실 일대를 개발하면서 하천을 메우기 위한 목적으로 흙이 필요했다. 이에 관계당국은 가까운 곳에 있던 몽촌토성 언덕의 흙을 사용할 계획을 세웠다. 하지만 당시의 역사가들이 개발지역 일대가 한성백제 위례성일 가능성이 높다고 주장했다. 실제 현장을 발굴조사해보니 무수한 유적이 나왔다. 풍납토성이 무너지고 헐려 겨우 성곽 언저리만 남은 걸 생각하면 몽촌토성은 올림픽이라는 대행사와 맞물려 어우러진 공원 사업으로 진행되어 역사의 현장을 그나마 남기게 됐다.

몽촌토성과 풍납토성 일대에서 발견된 6만여 점의 유물들은 올림픽공원 안에 세워진 한성백제박물관에 수장, 전시되게 됐다. 발굴 당시 수 미터만 파면 유물이 쏟아졌는데, 초기 백제 것은 물론이거니와 고구려, 통일신라시대의 것도 출토됐다 한다. 이 말은 475년 한성이 고구려에 의해 함락된 이후 일정 기간 동안 고구려 군대가 주둔하며 사용했고, 6세기 후반 신라가 한강 유역을 차지한 뒤에는 점차 신라인의 마을로 변해갔음을 짐작할 수 있는 부분이다.

몽촌토성 목책

개인적으로 몽촌토성이 더 좋았던 건 토성이 시민들의 산책로 역할도 겸하게 자리매김했다는 사실 때문이다. 폭우가 쏟아지는 궂은 날씨에 몽촌토성을 찾았건만 우산을 쓰고 몽촌토성을 걷는 시민들의 행렬이 꾸준히 이어졌다. 시민들은 산책로가 된 몽촌토성을 따라 걸으며 토성의 목책을 살피고, 2000년을 버텨온 토성의 흙을 두 발로 다지고 또 다지는 중이었다. 얼마나 자연친화적으로 보존됐으면 공원에 사는 야생 꿩을 자연스레 마주할 정도였다.

서울올림픽공원 안에는 몽촌토성을 비롯해 한성백제박물관, 올림픽공원백제집자리전시관, 몽촌역사관, 몽촌토성 목책 등도 있다.

풍납토성으로 걸음을 옮기기 전 함께 살피면 좋다. 자세한 내용은 아래 '가이드'에서 다뤘다.

몽촌토성을 두루두루 살핀 뒤엔 풍납토성으로 걸음을 옮기자. 몽촌역사관과 몽촌토성 사이에 난 작은 다리를 따라 풍납토성까지 이어진 길을 따라 걸으면 풍납토성 남단 풍납마을마당공원까지는 걸어서 15분에 불과하다.

2) 풍납토성, 사람과 함께 살다

몽촌토성이 고즈넉한 멋을 지닌 자연친화적 유적지라면 풍납토성은 2000년의 세월을 삶의 공간으로 버텨온 복잡다단한 매력을 느껴볼 수 있는 공간이다. 이를 고려한 듯 풍납토성 안내판에는 토성길과 전통시장길, 백제역사길을 잇는 3.8km 탐방로가 강조돼 있다.

> "다양한 볼거리와 먹거리를 비롯해 백제유적 및 문화 등 흘러간 백제역사를 한눈에 감상할 수 있는 이야기가 있는 탐방로를 거닐며 옛 선조들의 숨결과 아름다운 자연을 느끼시기 바랍니다."

송파구 제안대로 길을 따라 걸어봤다. 시작부터 아파트 단지와 나름의 조화를 이룬 풍납토성이 시민들의 걸음을 반긴다. 이어진 백제역사길풍납토성 서쪽 역시 마찬가지. 성 안에서 발견된 수많은 유적지와 유물 사이에 인간의 삶 또한 나름의 조화와 균형을 이룬 채 자리 잡고 있다.

이러한 조화로움이 나타나기까지는 적지 않은 민관의 노력이 있었다. 한성백제박물관 설명자료에는 풍납토성이 1925년 대홍수 때 청동자루솥과 귀걸이, 구슬 등이 발견되면서 주목받았다고 한다. 그러나 1960년대 시굴조사에서 별다른 성과를 얻지 못해 관심에서 멀어졌다. 그사이 풍납토성 안쪽에는 사람들이 몰려들어 동네를 이뤘던 것. 세월이 흘러 1997년, 아파트 공사현장에서 백제 유물들이 무더기로 쏟아졌다. 연이은 발굴조사를 통해 풍납토성 안쪽에 궁궐 일부와 관청, 집자리, 도로, 우물, 연못, 창고 등 다양한 유구도 확인됐다. 한성백제 도읍기에 사용된 토기와 기와 유물 수만 점도 수습됐다. 2000년 동안 베일에 쌓여있던 백제의 첫 왕성인 위례성이 풍납토성으로 밝혀지는 순간이었다.

서울시민의 거주 공간이 된 풍납토성 남단 입구 모습

풍납토성 곳곳에는 한성시대 백제인이 남긴 유적들이 복원돼 자리해 있다

문제는 이미 풍납토성이 시민들의 삶의 공간으로 깊숙이 자리매김했다는 사실이다. 무수한 유적지 역시 시민들의 삶이 돼 변모해 있었다. 정부와 서울시, 역사학자, 여러 시민단체는 포기하지 않고 초기 한성백제를 살리기 위한 노력을 이어왔다. 풍납토성 곳곳에 성

벽을 비롯해 왕궁터, 우물터 등이 복원될 수 있었던 이유다. 서울시는 2023년까지 풍납토성 안쪽에 자리했던 서울영어체험마을에 토성박물관을 건립할 예정이다. 박물관이 마련되면 백제 왕성인 풍납토성 내 백제 건국, 왕도 건설과정, 왕도 사람들의 생활, 발굴 과정 등을 전시할 예정이라고 한다.

가이드

토성과 무덤으로 최전성기를 생각하다

1) 한성백제박물관에 토성이 전시된 이유

9호선 한성백제역에서 내리면 걸어서 5분 거리에 잘 지어놓은 건물 한 동이 있다. 2012년 정식개관한 한성백제박물관이다. 2012년 한국 건축 문화대상 우수상을 받았고 같은 해 열린 제 30회 서울시 건축상을 수상했다고 한다. 백제시대 토성을 형성화했다 하는데, 실제 보면 황톳빛 건물이 주변과 조화를 이룬다. 정문 우측으로 전망대로 향하는 산책로도 있어 몽촌토성 일대를 바라보기 좋게 꾸며졌다.

그런데 한성백제박물관의 백미는 따로 있다. 바로 로비에 거대하게 펼쳐진 풍납토성 성벽 전사면이다. 2011년 풍납동토성 동남쪽 성벽을 발굴조사할 때 성벽의 단면을 그대로 얇게 떼어내 보존처리한 뒤 한성백제박물관 로비로 옮겨놓았다. 토성 건설이 얼마나 중요하며 힘든 일이었는지를 단적으로 보여주기 위함으로 추측된다.

한성백제박물관은 “풍납토성 성벽의 전체 길이는 약 3.5km”라면서 “아랫변 너비 43m, 윗변 너비 15m, 높이 12m의 사다리꼴 흙 구조물을 기준으로 계산하면 풍납토성 성벽을 쌓는 데 대략 1,075,200m^3~1,344,000m^{3}의 흙이 필요하다. 이는 15톤 덤프트럭8m^3 168,000대를 움직여야 하는 막대한 분량”이라고 강조했다.

그러면서 박물관은 “고대 중국에서 토성을 쌓을 때 한사람의 하루 작업량이 0.6m^{3}였다. 백제의 경우 하루 2000명씩 동원했다. 계산하면 풍납토성을 다 쌓으려면 1120일3년이 걸린다”며 “장마철, 한겨울 등 계절 영향까지 감안하면 풍납토성 축조에 대략 4~6년의 기간이 소요됐을 것”이라고 추측했다.

한성백제박물관 로비에 전시된 토성 단면 모습

피와 땀으로 만들어져 2000년을 버텨온 풍납토성의 의미를 로비에 마련된 전시를 통해 보여주고자 한 거다. 성벽 전사면 하단부에는 작업에 동원됐던 백성들의 모습이 인형으로 만들어져 재현됐다. 성벽 전사면 상층부에 장군과 새 한 마리가 전방을 바라보고 있다.

로비 뒤쪽 3개의 전시실에는 각각 한강 유역의 문명의 기원과 백제의 건국, 한성백제 시절 민중의 삶, 삼국의 각축이 된 한강 등을 여러 유적 등을 통해 알리고 있다. 의미를 알고 박물관 토성 단면 앞에 서보자. 분명 다르게 보일 거다.

2) 석촌동 고분, 백제 최전성기를 만나다

몽촌토성과 한성백제박물관, 풍납토성을 순차적으로 살폈다면 이제는 석촌동 고분군으로 향해야 한다.

석촌동고분군 전경 한성백제박물관 게시물 재촬영

서울 잠실 한복판에 자리한 석촌동 고분, 마을 이름이 석촌동이다. 옛 이름은 돌마리. 말 그대로 돌이 많은 마을이었다. 그 이유가 백제 초기 적석총돌무지무덤이 많았고, 무덤에서 무너져 내린 돌이 마을 곳곳에 널렸기 때문이라고 한다. 마을은 고분들이 역사적 가치를 인정받기 전까지 이 돌들을 이용해 담을 쌓거나 집을 보수하는 용도로도 사용했다고 한다.

1919년부터 1920년에 이뤄진 일제강점기 조선총독부의 정밀조사에 따르면 석촌동을 중심으로 방이동과 가락동 일대에 300기에 달하는 돌무지무덤이 흩어져 있었다. 그럴 것이 백제 건국부터 망국까지 총 678년 중 3/4에 가까운 493년기원전 18~기원후 475을 이곳 한성에서 보냈다. 몽촌토성과 풍납토성 인근에 백제 임금과 왕족들의 무덤이 있음은 당연한 일이다. 특히 백제의 최전성기를 이끈 근초고왕재위 346~375의 무덤은 더욱. 석촌동 3호분을 주목하는 이유다.

적석총赤石冢은 돌과 흙을 쌓아 만든 '돌무지무덤'을 말한다. 돌을 쌓아 네모난 형태를 만들고 중심에는 동그랗게 흙을 쌓았다. 한성백제박물관이 조사발굴한 내용에 따르면 석촌동 고분군은 돌무지무덤들이 서로 연결돼 사방으로 확장된 형태의 '연접 적석총'이다. 묘역 북쪽에 위치한 1호 돌무지무덤에서 남쪽으로 점차 이어졌다는 것. 이러한 연접은 근초고왕 무덤으로 추정되는 3호분까지도 어우러졌다고 한다. 그러나 고분 유구움직일 수 없는 잔존물의 99%가 파괴되고 석촌동 고분군 중 5기의 고분만이 유적공원 내에 복원돼 있을 뿐이다.

여러가지로 불리한 상황임에도 우리는 석촌동고분군 현장에서 근초고왕의 무덤으로 추정되는 3호분만큼은 자세히 살펴야 한다.

한 변의 길이가 약 50미터로 고분군에서 가장 큰 돌무지무덤일 뿐더러 고구려 장수왕413~491의 무덤일 가능성이 높다는 장군총35.6m 보다 한 변의 길이가 훨씬 크다. 한성백제박물관 역시 "1984년 3호분 발굴조사에서 출토된 청자반구병의 연대가 4세기 말 중국 동진 시대로 확인됐다"면서 "'372년근초고왕 27년 동진에 사신을 보내 교류했다'는 <삼국사기> 기록이 무덤 주인의 실체를 뒷받침 한다"라고 평가했다.

석촌동 고분군 북단에 위치한 근초고왕 추정 무덤. 한 변 길이가 50m에 이른다.

참고로 3호분 뒤쪽으로 우뚝 선 제2롯데월드가 마치 근초고왕 무덤에서 솟아난 비현실적인 뿔처럼 보인다. 이 또한 켜켜이 쌓인

이천 년의 세월이 역사의 도도한 흐름 위에 쌓여 만들어진 변화일 것이다. 그러니 백제왕의 무덤과 롯데타워를 놓고 사진 한 장을 기록해보자. 그 자체로 역사다.

위에서 본 근초고왕 추정 무덤 안내판 재촬영

따라잡기 한능검

잊지 말자 전성기… '4세기는 백제, 5세기는 고구려'

한능검 한성백제 파트는 최전성기를 이룬 4세기 백제 근초고왕 시대와 고구려 장수왕의 남진 정책으로 수도를 이전하게 된 5세기를 중심으로 출제된다. 어떠한 과정을 거쳐 백제가 전성기를 이뤘고, 어떻게 고구려에 밀려 수도까지 이전하게 됐는지를 집중적으로 살펴야 한다.

기원전 18년 온조가 하남위례성풍납토성 추정에 백제를 세운다. 백제는 점차 중앙집권체제를 갖춘 나라로 성장한다. 과정에서 백제 8대 국왕인 고이왕의 역할이 컸다. 3세기 고이왕은 왕을 정점으로 한 위계질서 확립을 위해 율령을 제정하고 6좌평제와 관등제16관등를 정해 관리 간의 등급 차이를 옷으로 구분하는 '관복제'를 마련했다. 또 현재의 천안 일대에 세워졌을 것으로 추정되는 마한의 목지국을 백제로 병합해 지역 맹주로 발돋움했다. 고이왕의 업적을 묻는 문제는 한능검에 의외로 자주 출제되는 파트다.

그런데 이 지점에서 놓쳐서는 안 되는 사실이 하나 있으니, 어느 왕조든 최전성기를 이끌기 전 제도와 법식 등을 마련해 준비단계를 거쳤다는 점이다. 3세기 고이왕의 중앙집권체제 정비 이후 백제는 내홍을 겪지만 4세기 초반 비류왕을 거쳐 그의 아들 근초고왕이 346년 백제의 13대 왕이 된다. 369년 근초고왕 24년, 왕은 마한을 완전히 멸하고, 371년에는 3만 정병을 거느리고 평양성을 공격 고국원왕을 죽인다. 또 유능한 왕들이 그랬듯 고흥이라는 인물을 통해 역사서인 <서기>도 편찬케 한다. 이 역시 한능검 단골 문제다.

근초고왕 시절 만들어진 중요한 유물이 하나 더 있으니 바로 일본의 국보로 지정된 칠지도다. 본 칼을 중심으로 좌우로 각각 3개의 칼날이 가지처럼 뻗어있다. 칼 양면에는 각각 34자, 27자의 글자가 새겨졌다.

「앞면」泰△四年五月十六日丙午正陽造百練銕七支刀
出(生)辟百兵宜供供侯王△△△△祥(作)
「뒷면」先世以來未有此刀百濟王世子奇生聖音故爲倭
王旨造傳示後世

해석하면 앞면은 "태△ 4년 5월 16일은 병오인데, 이 날 한낮에 백번이나 단련한 강철로 칠지도를 만들었다. 이 칼은 온갖 적병을 물리칠 수 있으니, 제후국의 왕에게 나누어 줄만하다. △△△△가 만들었다"라는 내용이다.

뒷면은 "지금까지 이러한 칼은 없었는데, 백제 왕세자 기생성음이 일부러 왜왕 지旨를 위해 만들었으니 후세에 전하여 보이라"라고 강조됐다.

한성백제박물관에 전시된 복원 칠지도

시간의 흐름과 현재의 상황 등으로 칠지도에 새겨진 명문을 두고 해석의 차이가 있다. 특히 한일 간 칠지도를 만든 주체와 목적에 대해서는 그동안 여러 설이 제기되고 있다. '백제왕이 왜왕에게 하사했다'는 설부터 정반대로 '백제왕이 왜왕에게 바친 것'이라는 설까지. 분명한 점은 1500년도 전에 백제는 바다를 건너 왜로 향했고 이러한 흐름들이 왜에 큰 영향을 끼쳤다는 점이다. 부심을 가져야 할 일이다. 현재 칠지도는 일본 나라현 덴리시 이소노카미신궁石上神宮에 보관 중이다.

꽃이 피면 언젠가는 지는 법, 4세기 백제의 영광은 5세기 고구려 광개토태왕과 장수왕의 등장으로 철저히 무너져 내린다. 특히 장수왕의 남하정책에 따라 475년 백제 21대 국왕인 개로왕까지 고구려군에게 살해당하자 백제는 한반도의 중심 한강 유역에서 더 이상 버텨낼 재간이 없었다. 개로왕의 아들 문주왕은 수도를 웅진공주으로 이전함으로써 한성백제 시대의 막을 내렸다. 앞서 개로왕의 아버지였던 20대 국왕 비유왕은 장수왕의 남진을 막고자 신라 눌지왕과 동맹을 맺지만 유의미한 결과를 내진 못한다. 비유왕의 아들인 24대 동성왕은 고구려의 간섭과 압박이 이어지자 신라와의 결혼동맹으로 나제동맹을 강화한다.

투어

강남에서 만나는 한성백제 이야기

1부 암사동 선사유적지에서 살폈듯 8호선 라인으로 이어진 답사코스를 다니는 것이 좋다. 물론 암사동 선사유적지를 시작으로 천호역 인근 풍납토성 유적지, 몽촌토성역 인근 올림픽공원일대 한성백제박물관, 삼전도비, 석촌동 고분까지 걸으며 다니는 코스가 결코 만만치는 않다. 아이들과 함께 다니는 경우 더욱 쉽지 않은 코스다. 위에서 말한 일정이 다소 부담되면 한성백제코스만 축약해 다니는 것도 괜찮은 방법이다.

올림픽공원 내 한성백제박물관을 시작으로 몽촌토성, 백제집자리전시관, 몽촌역사관, 풍납토성, 석촌동고분군을 살피는 코스다. 중간에 중식과 티타임까지 고려해 다니면 주말 하루 유익하고 많이 걷는 하루로 기억될 거다. 서울 강남에서 만나는 백제 이야기, 꼭 걸어보기를 추천한다.

02

공주, 1500년 비밀을 품은 힙스터들의 도시

: 하루 동안 걷는 무령왕릉과 왕릉원, 공산성

스토리

불러보자, '공주 무령왕릉과 왕릉원'

"드디어 제 이름을 찾았다."

2021년 9월 문화재청이 내놓은 보도자료를 보고 든 생각이다. 당시 문화재청은 "백제 능과 원의 지위를 찾아 '공주 송산리 고분군 公州 宋山里 古墳群'을 '공주 무령왕릉과 왕릉원 公州 武寧王陵과 王陵園'으로 명칭을 변경한다"라고 발표했다. 그러면서 '부여 능산리 고분군 扶餘 陵山里 古墳群' 역시 '부여 왕릉원 扶餘 王陵園'으로 국가지정문화재 사적 명칭을 함께 변경한다고 알렸다.

또한 "소재지와 유형으로만 불리던 사적 명칭을 무덤 주인과 병기함으로써 명칭만으로도 무덤의 주인을 쉽게 알 수 있도록 하여 국민의 알 권리를 충족시켰다"며 "왕릉급 무덤임을 명확히 하여 능원의 역사·문화재적 위상을 세우는 취지도 있다"라고 강조했다.

지금까지 사용한 명칭은 일제강점기 조선총독부가 지정해 유지해 온 거다. 박정희 정권이 1963년 1월 무령왕릉을 사적으로 지정할 때 이름을 바꿀 기회가 있었지만 큰 변화 없이 유지해 지금까지 이어졌다. 우리 정부에서 사적으로 지정할 당시엔 '역대급 발견'이었던 무령왕릉이 발굴되지 않아 이름을 바꿔야 할 만큼 큰 관심을 끌지 못한 것도 주된 이유가 됐다. 보다 근본적인 이유는 1971년 무령왕릉 발굴 이후에도 수없는 기회를 스스로 외면해온 탓이 더 크다.

2021년, 무령왕릉 발굴 50주년이 돼서야 일제강점기 당시 만들어진 이름을 무덤의 주인 이름을 활용해 본래대로 바뀌었다.

1500년을 뚫고 나온 기적의 발견

무령왕릉, 공주시가 발표한 발표집만 봐도 "기적적인 발견"으로 묘사됐다. 1971년 장마를 대비해 배수로 공사를 하는 도중 6호분 옆에서 한 인부의 삽이 돌에 걸렸다. 손으로 헤집어 파고 들어가 보니 흙을 구워 만든 벽돌이 나왔다. 조금씩 더 파고 들어가니 이번에는 거대한 아치형 구조물이 모습을 드러냈다. 무령왕릉 입구였다. 무려 1500년이라는 기나긴 시간 동안 숨어있던 무령왕릉이 세상에 모습을 드러난 순간이었다.

1971년 무령왕릉 발굴 당시 모습. 결과적으로 너무 서둘렀다. 무령왕릉 전시관 게시물 재촬영

무령왕릉 발견은 우리나라 고고학의 최대 사건으로 평가받는다. 입구에서부터 지석이 발견되면서 고대 왕릉 중 유일하게 무덤의 주인을 확인할 수 있게 됐다. 그러나 위대한 발견 앞에 당국도 학계도 시민들도 너무 서둘렀다. 당시 김원용 국립중앙박물관장을 단장으로 하여 문화재관리국 직원들이 발굴단을 구성해 무덤을 막고 있던 벽돌 구조물을 제거했다. 당시까지만 해도 누구의 무덤인지 정확히 알 길이 없어 발굴단은 옛 무덤 앞에 북어 세 마리, 수박 한 통,

막걸리를 올려놓고 위령제를 지냈다. 1500년을 이어온 왕의 영면을 방해한 것에 대한 사죄의 의미였다.

그런데 사전 조사를 겸해 가장 먼저 무덤에 들어갔던 김 단장과 김영배 국립공주박물관장은 말 그대로 귀신에 홀린 것 같은 표정으로 다시 나왔다. 그러면서 이들은 '무덤의 주인공이 무령왕이며 훼손되지 않은 무덤'이라고 알렸다.

실제로 발굴단을 맞이한 건 두 개의 묘지석과 오수전, 뿔 달린 멧돼지 같은 돌짐승 조각이었다. 묘지석에는 "영동대장군 백제 사마왕이 62세 되는 계묘년523년 5월 7일 임진날에 돌아가셔서, 을사년525년 8월 12일 갑신날에 이르러 대묘에 예를 갖추어 안장하고 이와 같이 기록한다"라고 새겨져 있었다. <삼국사기> 백제본기 무령왕 부분에 언급된 백제 사마왕, 바로 무령왕을 뜻하는 말이었다.

이 순간 현장은 수백의 인파와 기자들로 난리가 났다. 카메라를 든 기자들은 현장을 찍겠다고 무덤 안으로 들어갔다. 결과적으로 대박 사진을 건졌지만 고대유물 및 유적 발굴사에 전례 없는 실측조사 전 보도 촬영이 이뤄졌다. 기자들이 빠지자 발굴단은 흥분된 분위기대로 수천 점에 달하는 유물을 포대 가마니에 담아 빼냈다. 쓸어 담은 유물에는, 1500년의 세월을 외부의 손길이 전혀 미치지 않았기에 말 그대로 국보급 유물이 넘쳐났다.

뿔 달린 멧돼지 모양의 석수를 비롯해 무덤의 주인을 알린 지석, 무령왕의 금제관식과 금귀걸이, 왕 나무머리받침과 발받침, 청동거울, 오수전 등 모두 4600여 점에 달하는 유물이 쏟아졌다. 발굴 이후 국보로 지정된 유물만 12건에 이른다. 한 마디로 역사에 길이 남을 역대급 발견이었다.

문제는 너무나 서둘렀다는 사실이다. 거의 도굴 수준의 발굴이 이뤄진 뒤 이듬해 정부는 무령왕릉 내부를 개방했다. 그러면서 초라했던 무령왕릉을 왕릉 수준에 맞게 복원한다며 원래의 봉분보다 크게 흙을 덧대는 괴상망측한 짓을 벌였다. 패착이었다. 봉분 무게를 견디지 못한 왕릉 벽체가 기울었다. 내외부 온도차를 고려하지 못해 결로 현상도 발생했다. 녹조가 피어났고 결국 발굴 30년도 되지 않은 1997년 7월 문화재위원회는 '폐쇄'를 결정한다.

1500년을 버틴 무덤이지만 결과적으로 발굴 수십 년도 되지 않아 제대로 관리하지 못한 탓에 우리 손으로 문을 닫아버린 형국이 됐다. 현재 무령왕릉 앞에 서면 내부 사진을 담은 두꺼운 입간판만 확인 가능한 이유다. 왕릉을 찾은 시민들이 왕릉 입구에 마련된 모형전시관을 찾아 아쉬움을 달랠 수밖에 없다.

그나마 다행인 점은 모형전시관이 나름 세심하게 준비돼 있어 무령왕릉을 비롯해 5호 및 6호분을 정밀하게 확인할 수 있다는 사실이다. 이곳 모형전시관에 들어가 두 눈으로 살피는 것을 강력하게 추천한다. 한능검 시험에 수없이 나오는, 그러나 쉽게 이해가 안 가는 무덤형태에 대해 무령왕릉과 다른 왕릉들을 통해 기준이 잡힘으로써 완전히 마스터하게 된다. 자세한 내용은 '한능검 따라잡기' 참조

둥근고리칼

석수

이토록 귀한 곳이니만큼 무령왕릉과 왕릉원을 포함한 부여·익산의 백제유적 8곳이 '백제역사 유적지구'로 2015년 7월 유네스코 세계유산에 등재되었다. 직접 가서 보면 너무나도 당연하다는 생각이 든다.

무령왕릉과 왕릉원을 찾은 뒤엔 국립공주박물관으로 향하자. 한성백제 이후 웅진시대 백제475~538의 모든 것을 한눈으로 살필 수 있다. 특히 상설전시관에서는 무령왕릉에서 출토된 대부분의 출토

품을 전시하고 있다. 무령왕과 웅진백제의 찬란함을 한눈에 살펴볼 수 있다. 무령왕릉과 공주박물관을 살핀 뒤엔 공산성으로 이동하자. 웅진백제로 한정했을 때 마지막 답사지다.

공산성 입구 세계문화유산 백제역사지구 표지석

공주 공산성, 산성 대부분의 위치에서 하얀 모래톱과 어우러진 금강의 절경을 확인할 수 있다. 고구려의 침략을 피해 한성에서 웅진으로 수도를 옮긴 백제는 금강을 낀 해발 110m의 산에 능선과 계곡을 둘러쌓은 포곡형 산성을 축조한다. 이후 백제와 삼국을 통일한 신라, 고려, 조선, 심지어 일제강점기까지도 공산성을 둘러싼 질곡의 역사가 쌓여갔다. 역사의 변주에 맞춰 공산성 역시 백제의 토성에서 석성으로 변모해갔다. 성 길이는 총 2660m다. 동쪽의 토성 구간 735m와 석성 구간 1925m다. 이 말은 넉넉하게 두 시간 반 이상 걸어야 공산성의 곳곳을 두루 살필 수 있다는 뜻이다.

백제부터 일제강점기까지의 장대한 역사를 품다 보니 공산성은 조선시대에도 감영을 비롯해 군사요충지로도 활용됐다. 실제 광해군을 몰아낸 인조의 경우 이괄의 난으로 한양을 빼앗기자 궁궐을 버리고 피란길에 올라 공주 공산성에 자리잡았다. 현재 공산성의 쌍수정 옆에는 인조가 공주에 머문 사실을 기록한 사적비와 비각이 있다. 자세한 내용은 2권 인조편에서 살피자.

세계유산 공산성에서 바라본 금강 모습

공산성은 공주 백제시기 왕성이었던 만큼 백제 왕궁 관련 유물과 유적이 지금도 계속 발굴되고 있다. 공산성 서북쪽 금강에 연한 넓은 대지에 집중적으로 위치해 있는데, 공주시는 그 자리가 왕궁과 관련된 다양한 건물들이 있었던 것으로 여기고 있다. 실제 대규모

'이괄의 난'이 일어나 인조는 공산성으로 몸을 피했다. 당시 흔적이 남은 공산성 쌍수정의 현재 모습인데 예쁘게 핀 꽃과 나무가 치열했던 역사와는 다른 정취를 자아낸다.

토목 공사로 골짜기 지형을 평탄하게 만든 후, 남북과 동서방향으로 구획된 도로를 중심으로 축대를 쌓아 계단식의 대지를 만들었다. 약 80여 동의 건물지를 비롯하여 도로, 배수로, 저수시설, 연못, 나무창고 등이 확인됐다고 한다.

놓치지 말아야 할 점은 660년 7월 18일은 백제가 나당연합군에 굴복해 멸망한 날이라는 것. 많이들 낙화암과 삼천궁녀를 떠올려 부여에서 백제가 망국을 맞이했을 거라 생각하지만 실제 백제 의자왕이 항복한 곳은 공주 공산성이었다. 의자왕은 여러 왕족과 1만여 명에 달하는 백성들과 함께 중국 낙양성으로 압송됐고 그곳에서 망국의 장본인이 돼 사망했다.

가이드

"탄생과 죽음, 발견이 모두 영화와 다르지 않다"

한능검에서 무령왕은 고구려에 의해 무너졌던 백제를 다시 멱살 잡고 부흥시킨 인물로 묘사된다. 실제 그랬다. 6세기 시작인 501년 왕좌에 오른 무령왕은 혼란의 백제를 안정시키고 이를 바탕으로 왕권을 강화하는 여러 정책을 펼쳤다. 대표적으로 지방 22담로에 왕족을 파견해 지방에 대한 통제를 강화한 것. 고구려에 당했던 치욕을 갚기 위해 무령왕은 재위 내내 고구려 변경을 지속적으로 압박해 공세적 입장을 취하며 중국 남조, 일본과의 외교를 중시했다.

무령왕과 관련해 놓쳐서는 안 되는 몇 가지 사실이 있다. 위에서 살핀 22담로와 무령왕의 출생에 관한 비밀이다. 22담로 설치는 무령왕을 언급할 때면 항상 따라오는 항목이다. 시험에 계속 나온다는 의미다. 놓치지 말자.

진짜 재밌는 사실은 무령왕의 출생에 관한 비밀이다. 1971년 무령왕릉에서 발견된 지석에 따르면 무령왕은 462년에 출생하였다. 또 무령왕은 키가 8척이고 용모가 아름다웠으며, 성품은 인자하고 관대하였다고 강조됐다. 그러나 무령왕이 어디서 태어나고 부친이 누구인지 정확하게 드러나지 않는다. 그저 523년에 62세의 나이로 사망한 것으로만 되어 있다. 즉 무령왕은 462년 출생해 마흔이 되는

501년에 즉위했음을 알 수 있다.

<삼국사기>에는 무령왕을 24대 동성왕의 둘째 아들이라고 기록했다. 다른 기록도 있다. <일본서기>에 따르면, 무령왕은 부여곤지의 아들이지만, 장수왕에 의해 살해된 21대 개로왕의 아들로도 기록됐다. 이유가 있다. 당시 상당한 정치적 위기에 빠진 개로왕은 동생인 부여곤지를 왜에 사신으로 보내 도움을 청하고자 했다. 부여곤지로서는 상당한 부담을 안고 떠날 수밖에 없던 상황, 그는 형인 개로왕에게 당시 임신중이던 형수를 부인으로 달라고 청했다. 그가 바로 무령왕의 어머니인 연씨다. 개로왕은 연씨를 동생 곤지에게 보냈다. 그러면서도 일본으로 향하는 도중에 아이를 낳거든 아이와 산모를 모두 돌려보내라고 말한다.

왜로 떠나는 여정을 시작했고, 연씨부인은 도중에 산기를 느꼈다. 지금의 후쿠오카 북쪽 가카리시마加唐島에 정박하고 아이를 낳았다. 이 아이가 바로 무령왕이라는 것. 무령왕이 '섬왕島王'으로 불리게 된 이유다. 당시 백제인들이 왜로 항진할 때 기착지인 가카라시마에 들렀고, 무령왕이 태어난 이후 이 섬을 '니리무세마主嶋'라고 하였는데 이는 '임금의 섬'이라는 뜻이라고 한다.

무령왕릉 지석에서는 '영동대장군 백제 사마왕'으로 새겨졌다. 521년 의자왕은 중국 남조 양나라 양무제로부터 '사지절도독 백제제군사 영동대장군使持節都督 百濟諸軍事 寧東大將軍'의 작호를 제수받았기 때문인데, '사마'라는 명칭은 무령왕이 생전에 사용했던 이름이다.

일본에서 태어난 무령왕이 언제 고국으로 돌아와 어떻게 유년 시절을 보냈는지는 정확하게 알려지지 않았다. 개로왕의 요구대로 바로 백제로 돌아갔을 수도 있고, 곤지와 함께 일본으로 향했을 수도 있다. 아니면 백제에 갔다가 일본으로 건너가 유년기를 보냈을 가능성도 있다. 물론 정확한 기록은 없다. 그럼에도 분명한 사실 하나는 6세기 시작인 501년, 마흔 나이의 무령왕은 동성왕이 시해당한 뒤 정권을 잡았다는 점이다. 또 한 가지 백제 24대 임금인 동성왕 역시 일본에서 태어난 것으로 전해지고 있다. 아버지 또한 무령왕과 마찬가지로 부여곤지. 무령왕과 달리 친부로서 부여곤지다. 일본에 머물던 동성왕은 귀국 후 세력을 규합해 23대 임금 삼근왕을 밀어내고 왕이 됐다.

22년 동안 치세를 이어간 동성왕 역시 왕위에 오른 뒤 왕권을 강화하고 외침을 적절하게 막아내며 나름의 역할을 했다. 하지만 탐라를 굴복시키는 등 왕권이 강화되자 동성왕은 궁을 확장하고 연회를 잇는 등 사치스러운 면모를 이어갔다고 한다. 백성들의 원성이 높아졌지만 굴하지 않고 독선적인 행태를 보였다. 결국 501년 겨울 사비 서쪽 벌판에서 사냥을 하던 중 위사좌평 백가가 보낸 자객의 칼에 찔려 사망한다. 동성왕 사후 추대된 인물이 무령왕이었던 것. 무령왕 나이 마흔의 일이다. 왕이 된 무령왕은 이듬해 동성왕을 시해한 백가를 처단한다.

이후 고구려와 말갈과의 전쟁을 준비는 등 북방정책을 추진했다. 이는 성과로 나타나 재위 내내 고구려와 말갈의 침입에 착실히 대처하며 백제를 안정적으로 이끌어 갔다. 중국 남조의 양나라와도 외교 관계를 강화해 512년과 521년 두 차례에 걸쳐 사신을 보냈다. 513년과 516년에는 '오경박사'를 왜국에 보내 발전된 백제 문화를 전파했다.

523년 5월 7일 62세를 일기로 승하했으며, 2년 뒤인 525년[성왕 3] 8월 12일 현재의 위치에 안장됐다. 하지만 공주시가 만든 무령왕릉 안내문에는 무령왕의 출생과 업적에 대한 자세한 내용은 담기지 않았다. <삼국사기>와 <일본서기> 사이에서 확실한 판단을 내릴 수 없으니 아예 기입하지 않은 것이 아닐까. 다만 무령왕이 일본에서 태어났다 믿는 이들, 특히 한국과 일본 양국에 살고 있는 일부 시민들은 순수 민간 교류단체인 '무령왕 국제네트워크'를 구성해 지난 2006년 무령왕이 태어난 곳으로 알려진 가라카시마섬에 '백제무령왕탄생지' 기념비석을 세웠다. 디자인은 무령왕릉의 내부 모습을 본떴다고 전해지고 있다.

따라잡기 한능검

무덤을 구분하자

왕권 및 지방통제 강화를 목적으로 실천한 '전국 22담로 왕족파견' 등 무령왕의 업적을 묻는 문제도 자주 출제되지만 무령왕과 관련된 문제는 압도적으로 무덤양식 관련 내용이 주를 이룬다.

복원된 무령왕릉 내부 모습. 아치형 벽면이 눈에 띈다.

무령왕릉은 중국 양나라 지배층의 영향을 받아 벽돌을 정교하게 쌓아 올려 만들어졌다. 무덤의 입구에서 방까지 길게 길을 만들고 그 끝에 위치한 방에 무령왕과 왕비의 관을 놓았다. 이로 인해 삼국시대 고구려와 신라의 무덤 사진 등을 무령왕릉과 함께 보기 자료로 제시한 뒤 각각의 무덤의 특징을 고르라는 문제가 많이 출제된다. 또 무령왕릉 대신 한성백제 시절 왕릉으로 추정되는 석촌동고분을 제시해 각 무덤의 특징을 비교하게끔 하는 형태도 많이 나온다. 그럴 것이 한성백제 석촌동고분은, 공주백제 시절 무덤과 달리 고구려 장군총과 유사한 돌무지무덤이다.

반면 신라의 경우 경주 일대에서만 볼 수 있는 돌무지 덧널무덤 형태가 많다. 주로 5세기 전후 왕권이 강화되는 시기에 만들어진 무덤으로 지상이나 지하에 시신과 껴묻거리유물를 넣은 나무덧널을 설치하고 그 위에 돌을 쌓은 다음에 흙으로 덮었다. 도굴이 어려워 많은 껴묻거리가 남아 있다. 대표적인 것이 천마도가 출토된 천마총과 출出자형 금관이 발굴된 황남대총 등이 있다. 통일신라시대로 넘어와 봉토 주위를 둘레돌로 두르고, 12지 신상을 조각하는 독특한 양식이 새롭게 나타났다. 김유신릉과 원성왕의 괘릉이 이에 해당한다.

볼거리 넘치는 공주 원데이 투어

공주는 백제의 숨결이 깃든 고도古都이기도 하지만 동시에 각 시대의 대표적인 사건이 겹겹이 쌓인 역사 도시이기도 하다. 한 마디로 볼게 넘친다는 뜻. 이 때문에 근래 들어 공주 원도심을 중심으로 힙한 이십 대 청년들의 걸음이 이어지고 있다고 한다. 실제 필자의 이십 대 후배들도 멋스러운 공주의 매력을 찾아 휴가를 내고 공주로 떠나는 모습을 왕왕 봤다. 이유를 물으니 소담스럽고 정겨운 멋이 있어 좋다고 한다. 특히 공주의 원도심인 제민천 일대가 카페도 서점도 맛있는 식당도 많아 좋다고 했다. 어떤 방식이든 좋다. 공주에 가서 여유를 갖고 천천히 느껴봤으면 하는 바람이다. 금강이 부대껴 흐르는 공주는 참 괜찮은 땅이다.

물론 내가 공주를 찾았을 때는 바라보는 바가 달라 요즘 청년들과 같은 힙한 여행을 꾸리진 못했다. 하지만 나름대로의 힙함을 꿈꾸며 동선을 짰고 아래 일정대로 움직였다. 백제와 고려, 조선, 근현대사까지 아우르는 코스다.

공주 마곡사 - 공주 무령왕릉과 왕릉원 - 공주박물관 - 동학혁명 위령탑(우금치) - 3.1중앙공원과 유관순 - 공산성

참고로 공산성을 일정의 마지막으로 넣은 이유는 여유 있게 공산성을 걸었으면 하는 바람을 담았기 때문이다. 현재의 정문격인 금서루를 시작으로 진남루, 영동루, 왕궁지, 쌍수정, 영은사, 공북루까지 금강과 어우러진 유산들이 공산성 곳곳에 자리해 있다. 그중에 반드시 살폈으면 하는 장소가 한 곳 있으니 공산성 최고점에 위치한 광복루다.

이 누각은 원래 공산성 내 군대를 지휘하던 중군영의 문루로 해상루라고 불렸다. 당초 위치도 금강에 가까운 공산성 북문인 공북루 옆에 있었다. 중군영을 폐지한 초대 조선총독 데라우치는 해상루를 현재의 자리로 옮기고 이름도 웅심각雄心閣으로 바꿔 불렀다. 실제 공주학아카이브에 올라온 자료를 보면 1930년대 찍힌 사진에는 '웅심아 잘 있거라'로 적혀 있다. 웅심각 이름을 고려한 메시지였던 것.

광복 후인 1946년 공주를 찾은 김구는 누각에 올라 웅심각에 관한 사연을 듣고 조국 광복을 기려 광복루로 바꾸자고 제안했다. 현재까지 광복루로 불리고 있는 이유다. 이곳에 올라 이름을 바꾸자 제안한 백범을 떠올리는 것만으로 공산성을 방문하는 또 다른 즐거움이다. 참고로 공주 원데이 투어 첫 번째 추천 장소인 공주 마곡사

는 2018년 '산사, 한국의 산지승원'이라는 명칭으로 유네스코 세계 문화유산에 등재된 아름다운 절로, 19세기 말 백범이 탈옥 후 승려가 돼 은신 생활을 했던 장소이기도 하다.

1896년 3월 백범은 명성황후민비를 시해한 원수를 갚기 위해 일본인 스치다 조스케土田讓亮를 처단했지만 붙잡혀 옥살이를 한다. 1898년 3월 탈옥하였고, 충청도와 전라도지역을 다니면서 은신하다가 그 해 가을 충남 공주 마곡사에서 출가하여 승려가 되었다. 이듬해 봄 마곡사를 떠났지만 평안남도에서 다시 승려생활을 했다.

그 뒤 잘 알려졌듯 독립운동가로서 활동했다. 백범이 머물렀던 전각은 백범당이 됐고 광복 후 그가 마곡사를 방문했을 때 심은 향나무는 반백년의 세월을 변함없이 버텨내고 있다. 개인적으로 마곡사를 너무 애정한 탓에 두 달 사이 세 번은 다녀왔던 것 같다. 혼자도 가고 마음 맞는 친구와도 가고, 부모님을 모시고도 다녀왔다. 공주 여행의 시작을 마곡사, 마무리에 공산성을 넣는 이유다.

공주 마곡사에는 백범이 남긴 여러 걸음이 스며있다. 햇볕 좋은 날 꼭 가보기를 추천한다.

* 한편 공주 '망이망소의 난'이 발생한 명학소는 현재 기준 대전광역시 서구 탄방동 일대다. 공주와는 다소 거리가 있다. 조선 성종 때 지리서인 신증동국여지승람에 따르면 해당 장소는 유성에서 동쪽으로 10리 떨어진 곳이다. 현재 대전 서구 남선공원에 망이망소의 난을 기념하는 '명학소 민중봉기 기념탑'이 세워져 있다.

03

이것 하나로도 충분하다

: 부여 백제금동대향로

볼수록 빠져드는 신비한 아름다움

자세히 보아야 예쁘다.

오래 보아야 사랑스럽다.

너도 그렇다.

이제는 누구도 부인할 수 없을 정도로 온 국민의 사랑을 받는 충남 출신 나태주 시인의 시 <풀꽃>이다. 국립부여박물관 2전시실 가장 안쪽에서 마주한 백제금동대향로를 마주했을 때 나태주 시인의 풀꽃이 머릿속에서 떠나질 않았다. 아름다운 것이야 굳이 첨언할 필요가 없지만 자세히 보니 더 아름다웠다. 오래 보니 따로 감춰두고 나만 보고 싶을 정도로 사랑스러웠다. 그것이 바로 백제금동대향로국보 287호다.

일행과 함께 찾은 부여박물관이었는데 금동대향로 덕분에 도통 발걸음을 떼질 못했다. 결국 다른 일행들이 1전시관과 2전시관을 지나 3전시관, 4전시관을 다 볼 때까지도 혼자 금동대향로 앞을 서성였다. 사람들이 잠시 자리를 비우면 가까이 다가가 머리부터 받침까지 자세히 살폈고, 사람들이 다가오면 잠시 떨어져 대향로의 자태를 두 눈에 담고 또 담았다.

자세히 보고 오래 보면 더 아름다운 백제 금동대향로. 단언컨대 부여박물관 최고 유물이다. 사진: 김현석

그러니 더 이상 무슨 말이 필요하겠나. 자세히, 오래 보기 위해 우리는 부여에 가야 한다. 백제금동대향로 하나로 지금 당장 부여에 갈 이유가 차도록 넘친다.

백제금동대향로, 국사편찬위원회 설명 자료에도 관련 사진과 설명만 4개다. 전체를 설명하는 것 하나, 뚜껑과 몸체, 받침을 설명하는 것이 각각 하나씩 있다. 얼마나 귀한 문화유산인지 설명 자료만 봐도 알 수 있다.

1993년 12월 12일이었다. 당시 백제왕릉 능산리 고분군 바로 옆 부여 능산리 절터 유적, 여느 때와 다름없이 일하던 국립부여박물관 발굴조사단이 서쪽 공방터에서 나무 수조 하나를 발견했다. 바로 그 안에 뚜껑과 몸통이 분리된 금동대향로가 있었다.

당시 발굴단의 기분이 어땠을까. 자신이 발굴하는 현장에서 나온 1400여 년 전 유물이라니, 그것도 누가 봐도 말도 안 될 정도의 모양을 갖춘 향로였다. 발굴단을 만난 적 없지만 그 상황을 상상하는 것만으로도 묘한 흥분이 온몸을 감쌀 정도다.

발굴 현장에 설치된 설명에 따르면 발굴된 금동대향로 안쪽에는 각종 자기조각과 금속조각 등이 메워진 상태였다고 한다. 나무 수조 바닥 역시 기와 조각이 차곡차곡 쌓여 있어 당시 건물 사용이 중단된 시기에 의도적으로 향로를 묻은 것으로 추정했다. 부여 능산리절은 신라와의 관산성전투 중 사망한 성왕을 추모하기 위해 그의 아들 창왕이 세운 것으로 알려졌다. 이 말은 당시 금동대향로가 만들어졌고, 660년 백제가 멸망할 때 그 운명을 같이하며 땅에 의도적으로 승려들에 의해 묻힌 것 아닌지 추정되는 이유다.

백제 금동대향로, 높이 61.8㎝, 지름 19cm, 무게 11.8kg의 대형 향로다. 문화재청은 금동대향로에 대해 "중국 한대 이후 박산향로의 전통을 계승하면서도, 중국과 달리 산들이 입체적이며 세부의 동물과 인물상이 사실적으로 표현되었다"라고 강조했다. 실제 '최고다, 국박' 파트에서 설명한 청동박산로와 비교하면 백제금동대향로가 얼마나 아름답고 정교한지 비교할 수 없을 정도다. 머리부터 발끝까지, 지금으로 치면 명품의 끝판왕이다.

한 마리 봉황이 향로 머리에 앉아 있다. 다섯 방향으로 쌓아 올린 봉우리에는 여러 인물과 현실 세계의 동식물을 비롯해 상상 속 동물들까지 정교하게 새겨져 있다. 향로 몸체 역시 연꽃 봉오리가 활짝 핀 모습을 연상케 한다. 하단부인 받침대는 용 한 마리가 연꽃을 입으로 문 채 똬리를 틀고 승천하려는 모습으로 표현됐다.

자세히 살피면 각 단위별 특징이 있다. 뚜껑 머리에 자리한 봉황은 구슬 위에 다리를 올리고 섰다. 봉황의 턱 아래에는 구슬을 품은 것도 보인다. 하늘로 치켜 올라간 꼬리는 봉황의 자태를 더욱 신비롭게 만든다. 바로 아래쪽 뚜껑에는 고대 악기를 연주하는 5명의 악사와 각종 무인상이 있다. 그 바로 아래엔 새가 앉은 5개의 봉우리가 있다. 악사와 이 봉우리들 뒤편 그리고 봉황 가슴에 연기 구멍이 숨어 있다. 자세히 보아야 보인다.

여기서 끝이 아니다. 뚜껑 하단부에는 중첩된 산봉우리들이 향로를 빙 두르고 있다. 골짜기마다 봉황, 용을 비롯한 상상의 짐승과 호랑이, 사슴, 코끼리, 원숭이, 멧돼지 같은 현실세계의 동물들이 바위, 식물, 폭포와 함께 표현됐다. 뚜껑 부분만 따지면 봉우리가 70여 개, 신선 등으로 표현된 인물상이 10여 개, 동물만 40여 마리라고 한다. 금동에 새긴 삼라만상의 군상들. 감탄할 수밖에 없다.

봉황을 필두로 악사와 무인, 산천이 새겨진 금동대향로

몸체도 뚜껑부와 크게 다르지 않다. 정교함의 끝판왕이다. 활짝 피어난 연꽃잎을 연상시키는 8장의 연꽃잎이 3단으로 배치됐다. 꽃잎 끝이 모두 밖으로 살짝 반전돼 있어 이 작품이 얼마나 생생한지를 다시 한번 알 수 있다. 실제로 각각의 연꽃 위에는 불사조와 물고기, 사슴, 학 등 26마리의 동물이 배치되어 있다.

향로의 받침은 승천하는 듯한 모습의 역동적인 용이다. 정수리에서 솟아오른 뿔은 목 뒤로 뻗었고, 용의 갈기 또한 너울지는 파도를 연상케 한다. 자세히 보면 용의 머리 쪽에 이빨까지 표현돼 있다. 용은 짧은 기둥을 베어 문 채 대향로 몸체를 지탱하고 있다. 무엇보다 용의 다리와 꼬리로 표현한 받침은 둥근원으로 구현돼 안정감을 높였다. 그래서 더 궁금한 것이 실제 향을 피면 우주 삼라만상으로 표현된 금동대향로 안에서 연기가 어디로 향할 것인가 하는 점이다. 들리는 말로는 연기가 구멍으로 바로 올라가지 않고 봉우리를 타고 유유자적하듯 내부를 운신한 뒤 환상적인 모습으로 연기가 피어오른다고 하는데, 직접 향을 피울 수 없어 정확히 확인할 길이 없다. 그럼에도 불구하고 1400년 뒤 후인으로서 보고 또 보고 또 볼 수밖에 없는 금동대향로를 제작하고 남겨준 것만으로도 먼저 걸은 선인들에게 그저 감사를 표할 뿐이다. 추가로 공주백제 무령왕릉과 왕릉원 편에서 확인했듯 부여왕릉원도 일제강점기 이후 그대로 사용된 '능산리고분군'이라는 이름에서 현재의 이름으로 바르게 변경됐다. 지난 2021년 9월의 일이다.

세계문화유산이기도 한 부여왕릉원에는 모두 7기의 고분이 있다. 백제시대 무덤 가운데 규모가 가장 크며 1호분 벽에는 사신도가 그려져 있고, 천장에는 구름과 연꽃무늬가 새겨졌다. 고구려와의 교류를 판단할 수 있는 지점이다. 부여왕릉원 안쪽으로 들어가면 금동대향로가 출토된 능산리사지가 나온다. 아름다운 정원처럼 꾸며진 귀한 공간이다. 능산리사지 서쪽 공방지터에 금동대향로가 출토된 현장이 그대로 보존돼 있다. 보고 또 봐도 아름다운 백제금동대향로는 부여박물관에서 직접 확인 가능하다.

부여왕릉원

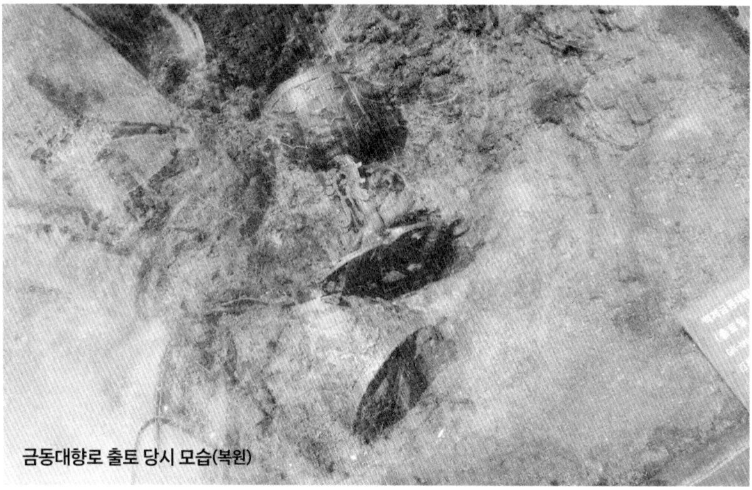
금동대향로 출토 당시 모습(복원)

가이드

정림사지오층석탑에 새겨진 망국의 한

부여 역시 공주와 더불어 두 발로 걸으며 직접 두 눈으로 봐야 할 문화유산이 천지다. 지면의 제한과 시험에 나오는 빈도를 고려해 백제금동향로를 중심으로 풀어낼 수밖에 없었지만 개인적으로 부여에서 가장 인상 깊은 문화유적을 꼽으라면 역시 나의 선택은 정림사지 오층석탑이다.

시험에 다수 출제되는 산수무늬 벽돌과 용과 도깨비 문양 벽돌

부여왕릉원에서 자차로 5분 정도 거리에 불과하다약 3km. 부여왕릉원에서 백제 최대 규모의 왕릉과 금동대향로 발굴 현장, 백제시대

토성 나성을 확인한 뒤 부여박물관에 들러 금동대향로의 실물을 눈으로 담는 것이 좋다. 부여박물관에는 마찬가지로 능산리절터에서 출토된 석조사리감과 부여사택지적비, 한능검 단골 문제인 산수무늬 벽돌이 있다. 천천히 부여박물관을 살핀 뒤 부여 시내에 자리한 정림사지 오층석탑으로 향하자. 박물관에서 걸어서 5분 거리에 위치해 있다. 입장료를 내고 안쪽으로 들어가면 생각했던 것보다 훨씬 크고 웅장한 국보 9호 정림사지 오층석탑이 우뚝 서있다.

당나라 소정방이 남긴 상흔, '평平'과 '백百' 두 글자가 뚜렷하다.
"평정을 당한 백제"라는 뜻이다.

문화재청은 "좁고 낮은 1단의 기단 위에 5층의 탑신을 세웠다"며 "기단과 탑신부의 기둥돌이 모두 위아래가 좁고 가운데를 볼록

하게 표현하는 목조건물의 배흘림 기법을 이용하였다"라고 강조했다. 그러면서 "얇고 넓은 지붕돌은 처마의 네 귀퉁이에서 부드럽게 들려져 단아한 자태를 보여준다. 목조건물의 형식을 충실히 이행하면서도 단순한 모방이 아닌 세련되고 창의적인 조형을 보여주며, 전체의 형태가 매우 장중하고 아름다운 탑"이라고 설명했다.

실제로 화강암으로 제작된 정림사지 오층석탑은 높이만 아파트 3층 높이인 8.33m이다. 175cm의 키를 가진 성인 남성이 옆에 서면 1층 기단보다 약간 더 높이 선 정도에 불과하다. 그런데 이 웅장한 탑을 더욱 기억하는 이유는 따로 있다. 백제를 침공한 당나라 소정방이 새겨놓은 탑에 남은 상처 때문이다.

'대당평백제국비명大唐平百濟國碑銘'이라는 제목의 여덟 글자로 시작되는 1800여 자 본문이 있다. 지금은 제목 8글자 중 평平과 백百자만 정도만 육안으로 명징하게 보이는데 '평정을 당한 백제'라는 뜻의 그 두 글자만으로도 660년 뜨거웠던 여름 당나라 손에 멸망한 백제의 한이 느껴진다. 직접 가서 자세히 보자.

정림사지 오층석탑 뒤쪽에 자리한 강당에는 고려시대 유물인 보물 108호 정림사지석불좌상도 있다. 애석하게도 현재의 두상과 보관모자 같은 돌은 당대의 것이 아니라 후대에 다시 만들어 올린 것이라 한다. 그럼에도 고려시대 특유의 자유분방함이 호젓하게 느껴진다.

금동대향로와 정림사지 오층석탑을 살핀 뒤엔 백제의 마지막 배경이 된 부소산성에 가야 한다. 흔히들 의자왕의 삼천궁녀가 빠져 죽었다고 알려진 낙화암이 자리한 곳이다. 물론 <삼국사기>, <삼국

유사>를 통틀어 '삼천궁녀'에 대한 언급은 없다. '삼천'은 단지 '많다'는 의미로 조선 중기 한 문인이 쓴 문학적 표현이고 '낙화암' 역시 조선시대 노론 송시열이 당시 일화를 시적으로 표현한 수사일 뿐이다. 실제 <삼국유사>에 '당군, 신라군에 쫓긴 궁인, 백성들이 떨어져 죽었다 해서 타사암으로 불렸다'고 기록됐다.

부소산성 백화정에 올라 바라본 백마강 전경(위)
낙화암에 자리한 백화정 모습(아래)

떨어져 죽은 이의 숫자는 정확히 알 수 없지만 분명한 사실은 당시 백제인들이 백마강에 몸을 던짐으로써 망국의 한을 표현했다는 점이다. 그 한 서린 절벽 낙화암은 부소산성에 있다. 낙화암을 나와 부소산성 따라 걸어 내려오면 부여백제 왕궁으로 쓰인 관북리 유적을 만나게 된다. 부여 여정의 끝자락물리적인 시간에 가면 고즈넉한 일몰을 쓸쓸한 관북리 터에서 접하게 된다. 뒤쪽에서 이야기할 최고의 낙조를 만날 수 있는 경주 황룡사지와는 또 다른 멋을 느낄 수 있다.

따라잡기 한능검

기억하자, 향로와 탑

충남 부여의 대표적 문화유산은 위에서 살핀 대로 금동대향로와 정림사지오층석탑이다. 2017년 11회 한능검에 재밌는 문제가 출제됐는데, 부여의 캐릭터인 동이와 금이를 보여주고 해당 지역에서 관람할 수 있는 문화재를 선택지에서 찾도록 했다. 동이와 금이는 각각 금동대향로와 금제 관식을 형상화한 캐릭터다. 정답은 어렵지 않다. 우리가 투어한 순서대로, 부여의 대표적 유물인 정림사지오층석탑을 고르면 되는 문제다.

금동대향로의 높은 가치 때문에 순수하게 부여 능산리 절터에서 발굴 조사 중 우연히 발견한 문화유산을 묻는 문제도 다수 출제됐다. 대부분의 정답이 백제금동대향로다.

투어

공주와 부여에 가득한 백제의 향기 위에

부여를 간다면 공주도 함께 둘러봤으면 좋겠다. 공주를 갔을 때도 마찬가지다. 시간을 내서 부여를 함께 살폈으면 좋겠다. 실제 나도 그랬다. 하나라도 더 살피고 싶은 마음에 주말 이틀간 분주히 다녔던 일정을 공유한다. 서울에서 출발해 공주를 들른 뒤 부여에서 마무리한 코스다.

1일차(공주) 서울 출발 - 마곡사 – 중식(마곡사에서 시내 방향으로 가는 길에 위치한 '솥뚜껑 매운탕' 추천. 비주얼과 맛 모두 훌륭하다) - 무령왕릉과 왕릉원 - 공주박물관 - 동학혁명 위령탑(우금치/3권에서 확인) - 3.1중앙공원과 유관순, 공주 중동성당 – 공산성(최소 2시간 소요) - 1박

2일차(부여) 송국리선사취락지(청동기 시대 집터) – 부여왕릉원 - 국리부여박물관, 정림사지오층석탑, 신동엽문학관(도보 이동 가능) - 궁남지(무왕 조성) - 부소산성과 낙화암 및 관북리유적(최소 2시간 소요) – 무량사 – 서울 복귀

다만 하나 아쉬운 것은 부여를 살필 당시 시간과 상황만 맞았다면 백제문화단지와 유홍준 교수가 <나의 문화유산답사기>에서 적극 추천하고, 한능검에도 심심찮게 출제되는 부여 외산면 무량사 극락전까지 살피지 못했다는 점이다. 생업에 메인 탓에 휴가를 더 낼 수 없어 눈물을 머금고 서울로 올라갈 수밖에 없었다. 무량사는 부여에서 보령으로 향하는 외산면에 자리해 있다. 그래서 바란다. 언젠가

기회가 닿아 여러 독자들과 함께 갔으면 좋겠다. 그때는 한성과 서산, 공주, 부여, 익산을 아우르는 한국사로드 백제편을 함께 걷자.

끝으로 추천한 부여 코스에 시험에 나오지 않는 '신동엽 문학관'을 넣었다. 부여박물관에 주차한 뒤 정림사지를 거쳐 신동엽 문학관까지 도보로 다 살필 수 있는 지리적 이점도 있지만, 추천 답사에 밀어 넣은 진짜 이유는 1967년 1월 쿠데타로 권력을 박정희 정권과 세상을 향해 "사월 알맹이만 남고 껍데기는 가라" 외쳤던 청년 신동엽의 정신을 약간이나마 공유했으면 하는 바람 때문이다. 신동엽 문학관은 청년 시절 그가 어떻게 이런 시를 쓸 수 있었는지 엿볼 수 있는 장소다. 꼭 방문해보길. 공주와 부여 향기 가득한 신동엽의 시를 덧붙인다.

<껍데기는 가라>

껍데기는 가라 사월도 알맹이만 남고 껍데기는 가라
껍데기는 가라 동학년東學年 곰나루의 그 아우성만 살
고 껍데기는 가라
그리하여 다시 껍데기는 가라
이곳에선 두 가슴과 그곳까지 내논 아사달 아사녀가
중립中立의 초례청醮禮廳 앞에 서서 부끄럼 빛내며 맞절
할지니
껍데기는 가라
한라漢拏에서 백두白頭까지
향그러운 흙가슴만 남고 그 모오든 쇠붙이는 가라

충남 부여 '신동엽문학관' 입구에 걸린 시인 신동엽의 모습

04

보물 뒤에 가려진 또 하나의 보물

: 익산 미륵사지석탑과 왕궁리 유적

스토리

미륵사지석탑, 그리고 하나 더

익산을 방문하는 많은 이유가 아마도 국보 11호인 익산미륵사지석탑을 두 눈으로 직접 담기 위해서일 거다. 나 역시 그랬다. 처음 2박 3일짜리 익산 투어를 기획하고 가까운 지인들과 함께 동선을 꾸렸을 때 가장 중시했던 코스가 미륵사지와 미륵사지석탑이었다. 당장은 시험에 무수하게 출제되기에 직접 보고 싶은 마음이 가장 큰 이유였고, 두 번째는 무왕서동과 신라 선화공주의 국경을 초월한 사랑이 깃든 미륵사가 너무나도 궁금했기 때문이다.

사흘짜리 투어를 마치고 가장 인상 깊은 하나를 꼽으라면, 나를 포함해 동행했던 모두가 미륵사지석탑 대신 왕궁리오층석탑을 선

익산 왕궁리유적에서 만난 낙조는 평범한 일상을 꾸리는 소시민들에게 인생에 손꼽을만한 추억을 건넬 거다. 맑은 날 해질녘 꼭 방문하자.

택했다. 그럴 것이 인생에서 손가락에 꼽을 만큼 아름다운 낙조를 만났다.

그날따라 날이 좋아서, 해지는 시간에 찾아갔기에, 무엇보다 7월 한여름 늦은 오후 때마침 불어온 선선한 바람 때문에 날카로웠던 감정이 무뎌지는 등 여러 이유가 복합적으로 작용한 탓도 있지만 그때 그 순간 왕궁리 유적지에서 만난 석양만큼은 단연코 최고였다. 개인적으론 무왕 서동이 이 낙조에 반해 익산으로의 천도를 준비한 것인가 하는 말도 안 되는 상상까지 해볼 정도였다. 그만큼 익산 왕궁리 유적은 최고의 낙조를 만날 수 있는 장소다. 바꿔 말하면 날씨 좋은 날 해질녘 찾아가면 평일, 주말을 가리지 않고 대포 같은 카메라를 든 많은 시민들을 만나게 된다는 의미다.

익산 시내와 그리 멀지 않음에도 불구하고 너른 왕궁터가 자리해 있다. 그 가운데 국보 289호인 높이 8.5m나 되는 거대한 왕궁리 오층석탑이 우뚝 서있다. 너른 땅에 우뚝 선 왕궁리 오층석탑, 일몰과 어우러지면 멋이 없으려야 없을 수 없는 상태다. 익산시도 이를 충분히 알고 있는 듯 익산시 문화관광 홈페이지에 낙조 시간 때 찍은 왕궁리 오층석탑을 메인으로 걸어 놨다.

여기서 챙겨야 할 사실이 하나 있다. 왕궁리 오층석탑이 백제 무왕시기 건립된 탑은 아니라는 점이다. 정확한 시기는 여전히 논란중이지만 익산시는 홈페이지에 공개된 설명자료에도 "백제석탑 양식을 충실히 따른 통일신라 말 또는 고려초기의 석탑으로 보고 있다"고 전한다. 실제 1965년 우리 정부가 탑의 붕괴를 막기 위해 해체 및 보수하는 과정에서 발견한 사리장엄구 역시 대부분이 통일신라 말에서 고려시대 초에 만들어진 것으로 추정되는 내용을 담고 있다. 바꿔 생각하면 또 다른 국보인 사리장엄구를 왕궁리오층석탑이 천년 이상 품고 있었다는 말이기도 하다. 천년이 넘는 시간을 그 자리에서 버티고 버텨왔다는 의미다.

실제 사리장엄구에는 청동주칠도금 사리내·외함, 광배와 대좌를 갖춘 금동여래입상, 불교의식 때 흔들어 소리를 내던 청동요령,

향류, 연꽃 봉오리 모양의 마개가 덮여 있는 녹색의 유리사리병, 금강경의 내용을 19장의 금판에 새겨 책처럼 2개의 금줄로 묶은 은제 도금 금강경판 등 백제에서 통일신라, 고려시대를 아우르는 유물이 포함됐다. 사리장엄구는 불탑에 사리를 봉안할 때 사용하는 용기, 공물, 공예품 등을 총칭하는 말이다. 해당 유물은 발굴 이듬해인 1966년 7월 국보 제123호에 일괄지정됐다.

국립익산박물관에 전시된 익산 왕궁리 오층석탑 발굴 금강경(위) 유리제 사리병 및 금제사리상자(아래). 불국토를 향한 백제인의 정성이 이루 말할 수 없다.

무왕 서동 역시 익산에서 놓쳐서는 안 되는 인물이다. 왕궁리 유적을 만든 주인공이자 지금 익산시가 '백제왕도'라는 말을 붙일 수 있게끔 한 모든 이유가 된 인물이다. 실제 무왕이 생을 다한 후 잠들었던 묘쌍릉 역시 왕궁리 유적지에서 차로 5분 거리3.3km에 위치해 있다. 이는 곧 익산이라는 도시에 왕도라는 칭호를 붙일 만큼 무왕의 생과 사가 온전히 스며들었다는 뜻이다.

백제 중흥을 꿈꿨던 무왕

무왕 서동, 백제의 제30대 왕으로 재위 기간만 40년이 넘는다600년~641년. 제29대 법왕의 아들이며 전북 익산에서 태어났다. 제31대 의자왕의 아버지로 알려졌다. 물론 왕이 되는 과정은 결코 순탄치 않았다.

교육부 산하인 한국학중앙연구원 설명에도 "무왕 즉위 직전의 혜왕과 법왕은 모두 재위 1년 만에 죽었다"며 "그 무렵 백제는 내외 정세가 악화되고 귀족 간에 내분이 일어났으며 왕실 권위가 약화되었다. 거듭되는 왕의 단명은 그러한 사태를 더욱 악화시켰을 것"이라고 설명했다.

마를 캐며 기회를 엿보던 서동은 지략을 발휘해 신라 진평왕의 셋째 딸 선화공주를 부인으로 맞아들이고 백제 백성들로부터 인심을 얻어 왕위에 즉위했다. 이후엔 신라를 집요하게 공격하며 백제 부흥을 위해 온 힘을 다했다. 그러면서도 고구려와 수나라가 각축전을 벌일 때, 무왕은 중립 입장을 취하며 어부지리를 노렸다. 과정에서 630년 사비궁을 중수했고, 634년 왕궁의 남쪽에 인공 호수인 궁남지를 조성해 강화된 왕권을 만천하에 드러냈다.

백미는 무왕 재위 후반기 진행한 익산으로의 천도 준비. 무왕은 왕궁리 일대에 궁을 올리고 왕궁 내에 내불당 성격을 띠는 제석사를 창건했다. 또 639년 미륵사를 세워 부처의 힘으로 다시 한 번 백제의 번영을 꾀하고자 했다. 무왕은 641년 사망했고 그가 추진한 익산 천도 역시 이뤄지지 않았다. 그의 아들 의자왕은 백제 망국의 주인공이 됐다.

참고로 일연의 <삼국유사>에는 미륵사 창건과 관련해 "무왕과 왕비선화공주가 사자사로 가는 도중 용화산 밑의 큰 연못에서 미륵삼존이 출현하자 사찰을 짓고 싶다는 부인의 청을 받아들여 연못을 메운 후 법당과 탑, 회랑 등을 세운 뒤 '미륵사'라 하였다"라고 적혔다. 여기서 중요한 점이 미륵삼존이 백제 땅에 자리한 연못에서 나타났다는 기록이다. 무왕과 미륵불을 통해 백제의 번영을 추구하고 오랜 전란에 시달린 백성들에게 안녕을 전하고 싶었음을 엿볼 수 있다.

가이드

익산을 사랑했던 무왕 서동의 삶

백제 왕도라는 말을 가능케 한 무왕의 이야기를 중심으로 익산 땅을 살펴보자. 개인적으로 익산을 3일간 답사했을 당시 미륵사지를 시작으로 국립익산박물관, 익산쌍릉, 제석사지, 왕궁리유적을 천천히 살폈다. 이를 바탕으로 익산을 사랑한 무왕 서동의 생애를 온전히 느껴볼 수 있는 시간을 가졌다. 물론 아래 언급한 유적지를 다니는 사이에 익산의 여러 맛집과 지역을 확장해 완주 화암사와 삼례 문화예술촌도 함께 살폈다. 특히 화암사의 경우, 개인적으로 SNS프로필 사진을 거의 일 년 이상 화암사 우화루 앞에 선 모습으로 삼을 정도로 인상 깊은 사찰이었다. 담백하지만 멋스러운 우화루의 매력, 직접 살폈으면 좋겠다. 주요한 세 곳만 우선 정리했다.

1) 익산 미륵사지와 미륵사지 석탑 "큰 기대는 말자"

익산 미륵사지와 미륵사지 석탑, 솔직히 말하면 큰 기대를 하지 않고 갔으면 한다. 한국사에 천착한 후, 특히 시험에서 여러 차례 미륵사지석탑을 마주한 뒤 방문한 터라 기대감이 백회혈을 뚫고 나올 지경이었다. 무엇보다 함께 여정을 떠난 후배가 연애 시절 제수씨와 함께 데이트를 즐긴 곳이라기에 서동과 선화공주의 뭔가 서정적인 낭만도 기대했다.

일단 매우 뜨거운 7월 한낮에 방문한 것이 패착이었다. 미륵산 자락 따라 곧게 뻗은 미륵사지의 기운을 맛보고 싶었건만 그냥 뜨거웠다. 광활한 대지는 그늘 한 조각 찾을 수 없었고, 해체 보수를 걸친 국보 11호 미륵사지석탑은 미완성의 모습만큼이나 여전히 불편해 보였다. 동탑이 있던 자리에 1990년대 초 새로 올린 미륵사지 동탑은 반질반질한 색만큼이나 1400년 역사의 미륵사지와 여전히 어울리지 않는 모습이었다. 다만 뜨거운 석탑을 직접 만져볼 수 있고 석탑 안에 들어갈 수 있는 이점은 복제품이니 가능한 것.

미륵사지 당간지주와 20여 년 간 보수작업을 거친 미륵사지 서탑 모습(위). 1990년대 추정과 상상을 동원해 새로이 만들어진 미륵사지 동탑 모습(아래).

기대하고 기대했던 미륵사지석탑서탑 역시 장장 20년에 걸친 복원작업을 2019년 4월에 완성했음에도 솔직히 '와'하는 탄성보다 '아'라는 한숨이 먼저 나왔다. 해체와 복원의 노력을 폄하하는 것이 아니다. 내리자마자 마주했던 미륵사지석탑의 모습이 기대와는 완전히 달랐다는 뜻이다. 동반했던 이들 모두 다르지 않은 반응이었다. 하나같이 왜 올리다 말았는지를 먼저 되물었다.

미완성 복원에 대해 국립문화재연구소는 “추정하는 9층이 아닌 기록으로 남아있는 6층까지를 원형으로 살렸기 때문”이라고 설명했다. 20년에 걸친 복원에 참여했던 한 학예사도 “원형을 정확히 알 수 없고 기록이나 실체적인 근거가 안 나왔기 때문에 현존하는 상태를 보강해서 수리했다. 저희가 보수·정비라는 용어로 설명한 이유”라고 밝혔다.

그러나 예쁘다, 못생겼다 등의 표현으로 문화유산을 시각화해 접근하는 현대인의 시선에서 미륵사지석탑이 아쉬운 것은 어쩔 수 없는 일이다. 실제 당시 느꼈던 소회를 짧게 SNS에 올렸을 때 절대 다수의 사람들이 비슷한 느낌을 숨기지 않았다. 물론 상상으로 복원해, 희대의 욕을 한 바가지로 먹었던 미륵사지 동탑의 사례를 되풀이하지 않겠다는 관계 당국의 의지가 반영된 것이 가장 큰 이유지만, 고민과 고민이 이어져 미륵사지석탑 복원까지 약 20년이나 걸렸고, 그러함에도 결국 미완의 모습으로 국민들에게 공개된 것은 부인할 수 없는 아쉬움이다. 시멘트 콘크리트를 쳐 수십 년 동안 이어져왔던 과거를 생각하면 여운의 맛이라도 느끼게 한 현재의 선택에 그저 고마운 것도 사실이지만. 아무튼 이 개운하지 못한 감정 역시 직접 가서 마주해야만 느낄 수 있다.

2) 국립익산박물관 “비트 주세요, YO~”

미륵사지 입구에는 1997년 문을 연 뒤 국립미륵사지유물전시관을 거쳐 2019년 박물관으로 승격된 국립익산박물관이 굉장히 유려한 모습으로 자리해 있다. 익산박물관 설명에 따르면 2020년 증축 개관할 당시 박물관이 미륵사지 경관을 더 돋보이게 하고자 건축물의 높이를 낮추어 박물관과 세계유산이 조화를 이루도록 계획됐다고 하는데, 실제 보면 두 개의 석탑과 초록빛 대지, 미륵산과 어우러진 박물관의 풍경이 상당히 빼어나다. 이 때문일까. 2020 한국건축문화대상에서 익산박물관이 본상을 받았다고 한다.

특이하고 아름다운데, 박물관 입구로 들어가는 길이 초현대적인 사찰로 들어가는 일주문을 지나는 기분이다. 아마도 보통 사찰에서 일주문을 지나 극락정토를 향하듯, 아래쪽으로 길게 뻗은 입구를 걸으며 미륵사지 유물의 진면목을 제대로 담을 준비를 하라는 듯 보였다. 박물관 설명에도 전시관 입구에 다다르는 경사로 길을 건축물 중앙에 배치하고 높은 층고를 필요로 하는 전시실 공간과 기능 공간을 진입로 좌우에 뒀다고 한다. 길게 뻗은 길 양옆에 배치된 건물들이 모두 전시실이라는 의미다.

그런데 익산박물관의 백미는 자연과 조화로운 외관이 아니다. 왕도 익산이 품은 문화유산이 박물관 곳곳에 숨 쉬고 있다. 특히 왕궁리유적에서 출토된 금제사리상자와 사리병, 금강경판은 부여박물관에 전시된 금동대향로 못지않은 충격을 준다. 두 번째 상설전시실에 전시 중인 미륵사지석탑 사리내외호 역시 정교함의 끝판왕 같은 자태를 뽐낸다. 다만 익산박물관에서 개인적으로 가장 인상 깊었던 것은 제석사지에서 출토된 소조흙인형 악귀상과 소조 천부상이었다.

악귀상은 큰 코에 콧구멍을 벌렁거리며 악다문 이빨과 함께 두

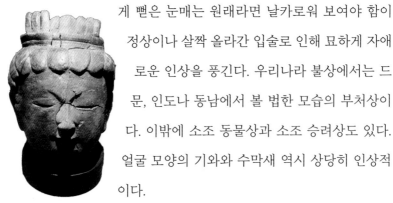

꺼운 입술, 거대한 눈, 얼굴의 반을 덮은 수염이 매우 인상적이다. 상상을 좀 더 보태면 1990년대 들어 세계 음악사를 선도한, 비트만 나오면 자연스레 '요~'를 외치며 랩을 뱉어낼 것 같은 190cm 정도의 키를 지닌 힙한 래퍼 같은 모습도 엿보인다. 반면 천부상은 약간 둥그런 얼굴형에 머리카락을 모아서 위로 묶어 올렸다. 올 하나 삐져나오지 않은 모습인데, 눈썹에서부터 코, 인중, 입술까지 강인하고 다부진 모습이다. 그런데 감은 듯 길게 뻗은 눈매는 원래라면 날카로워 보여야 함이 정상이나 살짝 올라간 입술로 인해 묘하게 자애로운 인상을 풍긴다. 우리나라 불상에서는 드문, 인도나 동남에서 볼 법한 모습의 부처상이다. 이밖에 소조 동물상과 소조 승려상도 있다. 얼굴 모양의 기와와 수막새 역시 상당히 인상적이다.

3) 쌍릉 "뼈는 거짓말 하지 않는다"

익산을 간 이유는 단순했다. 무왕의 흔적을 찾고자 했기 때문이다. 그런 점에서 익산미륵사지와 익산박물관을 방문한 뒤엔 익산 쌍릉으로 향하는 것이 자연스러운 흐름이다. 막상 쌍릉에 도착해서는 역시나 뜨거운 여름 햇살과 거대한 2기의 무덤 외에는 딱히 살필 것이 많지 않다. 무엇보다 쌍릉에서 발굴된 관을 이미 익산박물관에서 자세히 보고 온 터라 무덤 자체를 마주한 감동은 생각보다 덜했다.

그럼에도 동행자들의 원성을 들어가며 익산 쌍릉을 방문한 이유는, 쌍릉 중 하나인 대왕릉이 익산 왕도를 조성한 무왕의 무덤일 가능성이 매우 높아진 상태기 때문이다. 이를 직접 두 눈으로 확인하고 싶었다. 실제 쌍릉 입구에 세워진 안내판에도 백제 말기 무왕과 선화공주의 능으로 추정된다고 설명됐다. 실제 2017년 국립문화재연구소가 쌍릉을 대대적으로 재조사하면서 발굴한 인골로 인해 대왕릉의 주인이 무왕이라는 사실이 어느 정도 결론이 난 상황이다.

무왕의 무덤으로 거의 확실시 되는 익산 쌍릉 대왕릉 현재 모습

일제강점기인 1917년 일본인 야쓰이 세이이치谷井濟一는 쌍릉을 발굴하면서 무왕으로 추정되는 인골을 나무상자에 담아 봉분에 그대로 두었다. 그리고 정확히 100년이 지나 우리 학자들이 이를 발견하고 확인했다. 관계당국은 고고학자와 법의학자, 유전학자 등 전문가를 총동원해 인골의 주인이 키 161~170㎝, 나이는 50대 이상의 노년층, 연대는 620~659년께 사망한 인물이라고 추정했다. 그중에서도 팔꿈치뼈와 발목뼈 등을 측정한 결과 남성이 틀림없다고 결론 내렸다. 무왕의 사망 연도가 641년이다. 580년께 태어나 환갑을 막 지나 사망한 거다. 뼈는 거짓말을 하지 않는다. 대왕릉의 주인공이 무왕이라는 확신이 서는 순간이었다. <삼국사기>에도 "무왕은 풍채가 훌륭하고 뜻이 호방하며 기상이 걸출하다"라고 표현됐다.

또 조사단은 봉분을 직접 개방해 확인한 결과 봉분 직경이 약 25m, 높이가 5m인 대왕릉의 내부 구조와 규모가 왕릉급 무덤임을 확인했다. 구조는 백제 사비도읍기의 전형적인 굴식돌방무덤으로, 입구가 중앙에 있고 현실은 육각형으로 나타났다. 현실 크기 또한 길이 378㎝, 너비 176㎝, 높이 225㎝로 나타났다. 누차 강조하지만 백제의 여러 왕 중 익산에서 활동했던 인물은 무왕 밖에 없다.

소왕릉의 주인은 누구인지 여전히 알 수 없는 상태다. 대왕릉 발굴조사에 이어 2019년 당국이 추가로 조사를 진행했지만 무덤 주인이 누구인지를 밝혀줄 그 어떤 증거도 발견하지 못했다. 그럴 것이 이미 쌍릉은 고려시대부터 도굴의 화를 입었다고 전해지고 있다. 고려사에도 "1329년충숙왕 16년 익산금마군의 무강왕무왕의 무덤을 도굴한 도적이 금을 많이 갖고 있다"라고 기록됐다. 실제 100년 전 쌍릉을 발굴한 일본인 야쓰이 세이이치는 "대왕릉이나 소왕릉이나 이미 도굴되었기 때문에 유물이 거의 없었다"라고 밝힌 바 있다.

현장을 방문했을 땐 이미 대왕릉과 소왕릉에 대한 조사를 마친 상태라 봉분을 다시 덮은 모습이었다. 기대보다 밋밋했던 이유인데, 놀라운 것은 현장 방문 석 달 뒤인 2021년 10월께 익산 쌍릉 인근에서 백제가 조성한 것으로 추정되는 대형 건물터 유적 2동이 발견됐다는 소식이 전해졌다. 관계자는 언론에 "부뚜막이나 온돌이 없어 일반적인 거주시설은 아닌 것으로 짐작된다"며 "지상식 건물 구조, 내부에서 나온 벼루와 대형 토기조각을 보면 쌍릉과 연관된 제의를 지낼 때 기물을 보관하는 창고로 쓰였을 가능성이 있다"라고 설명했다. 무왕과 선화공주가 품은 역사의 비밀이 1400년을 지나서도 이어지고 있다는 의미다.

2009년 미륵사자석탑을 해체 보수 과정에서 등장한 "백제 왕후인 좌평 사택적덕의 딸이 재물을 희사해서 가람을 세웠다. 기해년 639년 정월 29일 사리를 받들어 맞이했다"라는 내용이 세상에 알려진 뒤, 소왕릉의 주인이 선화공주가 아닌 사택적덕의 딸이라는 주장도 나오고 있다. 확실한 증거가 나오지 않는 이상 우리는 무덤의 주인공이 여전히 국경을 초월한 러브스토리의 주인공 선화공주라고 추정할 뿐이다. 당연한 것이 조금만 생각하면 40년 넘게 왕으로 있었던 무왕이 부인을 한 명만 둘리가 없다. 권력을 위해 얼마든지 부인을 늘리고 또 늘렸을 거라는 건 자명한 이치다. 선화공주도 사택적덕의 딸도 둘 다 무왕의 부인이었을 가능성이 있다.

다만 우리는 승려 일연이 쓴 <삼국유사>를 중심에 뒀기에, 아래에서처럼 여전히 무왕과 선화공주의 러브스토리를 중심으로 지금까지 그들을 기억하고 기록해 온 거다. 항상 강조했듯 우리가 살고 있는 지금 또한 역사다. 수많은 지금이 모여 역사의 강줄기가 된다. 계속 발굴하고 발견해서 알리면 되는 거다. 참고로 <삼국유사>에 일연은 아래와 같이 기록했다. 선화공주 한 마디에 어마어마한 미륵사를 중건했다는 뜻. 그러니 무왕과 선화공주의 '트루 러브'를 믿을 수밖에.

> "무왕이 부인신라 선화공주과 함께 사자사에 행차하던 중 용화산미륵산 아래 큰 연못가에 이르렀다. 그때 미륵삼존이 연못 속에서 나타나자 왕은 수레를 멈추게 하고 경의를 표하였다. 부인이 왕에게 이곳에 큰 절을 지어 달라고 요청하였다. 중략 미륵삼존의 모습을 본떠서 만들고 전각과 탑과 회랑을 각각 세 곳에 만들고는 미륵사라 하였다. 진평왕은 수많은 장인들을 보내어 절을 짓는 일을 돕게 하였으며 지금도 그 절이 남아 있다."

따라잡기 한능검

찾아라, 무왕과 익산

백제 무왕과 관련된 문제는 어렵지 않다. 보통 보기에 무왕과 관련된 유적지미륵사지와 왕궁리유적를 제시한 뒤 익산에서 발생한 역사적 사건을 찾으라는 형태다. 익산은 잘 알다시피 고구려부흥운동 과정에서 왕으로 추대된 안승이 신라에 항복 후 보덕국이 세워진 곳이다.

다른 시대와 마찬가지로 지역에서 가장 유명한 문화유산을 설명한 뒤 문항에서 직접 찾으라는 문제도 나온다. 개인의 선호야 왕궁리오층석탑이 우선이지만 익산의 대표 문화유산은 누가 뭐래도 국보 11호인 미륵사지석탑이다. 미륵사지석탑을 해체하는 과정에서 발견된 '백제 왕후인 좌평 사택적덕의 딸이 재물을 희사해서 가람을 세웠다'라는 기록이 알려진 뒤엔 '미륵사지석탑'을 보기에서 찾으라는 문제도 심심치 않게 출제된다.

다만 한능검 6회에서 고급 문제로 미륵사지와 사리장엄을 제시한 뒤 해당 시기 상황을 찾으라는 문항이 나왔다. 무왕을 유추하는 것은 어렵지 않았으나, 무왕 시기 '관륵이 일본에 건너가 천문과 지리, 역법 등에 대한 서적을 전하였다'라는 내용이 정답이었다. 무왕 시기에는 고구려의 남진을 견제하기 위해 수나라에 조공을 바치고 여러 차례 고구려 침공을 요청하기도 했다. 수가 망한 뒤 만들어진 당나라에도 무왕은 사신을 보내 협력관계를 유지하고자 했다. 무왕의 업적을 정확히 알아야만 풀 수 있는 문제다. 이렇게 나오면 상당히 까다롭다.

투어

왕도에서 최고의 일몰을 만나고 싶다면 익산에 가자

1일 차 익산미륵사지석탑 - 익산박물관 - 연동리석불좌상(땀 흘리는 부처님) - 쌍릉(무왕의 무덤) - 고도리석불입상(쌍둥이 불상) - 제석사지 - 왕궁리유적(일몰 시간 맞춰 방문 강추)

2일 차 입점리고분 - 숭림사 - 나바위성당(김대건 신부 하선 장소, 2권 참조) - 삼례 예술촌 마을

3일 차 완주 화암사(한 마디로 보물 같은 사찰이다) - 견훤왕릉(논산) - 서울 복귀

익산은 볼 것도 먹을거리도 많은 최고의 답사지 중 하나다. 만약 자동차 등 이동 편의가 보장된다면 완주와 삼례, 전주까지도 멀리

고도리 석불입상

여행 코스를 넓힐 수 있다. 나 역시 사흘간의 익산투어에서 완주와 삼례까지 이동거리를 넓혔다. 화암사 때문이다. 나만 알고 간직하고 픈 보물 같은 절이다. 익산에서 무왕의 자취를 가슴 가득 새긴 뒤 완주 화암사로 가 고즈넉하게 여정을 마무리 하자. 화암사 오르는 산길과 화암사에서 만나는 극락전과 우화루가 여행자만이 느낄 수 있는 오랜 추억을 넘치도록 건넬 거다.

나만 알고 싶은 보물 같은 절, 화암사 우화루 앞에서

05

역사가 빚어낸 백만 불짜리 미소

: 서산 용현리 마애여래삼존상과 보원사지

스토리

백제의 미소를 만나다

친한 선배가 기자를 그만두고 고향에 내려갔다. 그곳이 바로 충남 서산. 여러 차례 선배를 통해 서산과 태안의 이야기를 들어온 터라, 시험에 나오는 '백제의 미소'를 직접 두 눈으로 담는다는 핑계로 선배를 만나러 차를 몰고 내려갔다.

그렇게 마주한 서산 용현리 마애여래삼존상, 무슨 말이 더 필요할까. 봄 여름 가을 겨울, 어느 계절에 만나든 최고다.

암벽에 부드러이 새겨진 삼존은 큰 기대를 품고 걸음을 이은 시민들에게 온화하고 은은하며 넉넉한 미소를 건넨다. 더 놀라운 건

삼존을 마주한 시간에 따라 빛의 방향이 달라져 표정까지 달리 보인다는 사실. 감동의 크기를 재단할 수 없지만 소위 네임드 보물을 만났을 때 여러 차례 느꼈던 실망이, 서산 용현리 마애여래삼존상에서는 단 한 번도 느껴지지 않았다. 매번 새롭고 반갑고 따뜻했다. 고즈넉한 아침 혹은 해질녘에 마주하면 더 좋다.

마애磨崖, 고구려편 충주답사에서 언급했지만 암벽에 조각했다는 뜻이다. 그런데 이 삼존불은 단순히 '조각했다'라는 말로 치부되기엔 그 경지가 너무 높다. 일단 발견 자체가 1958년으로 많이 늦었다. 그만큼 깊은 산속 구석진 곳에 1500년의 시간을 비밀스럽게 숨어 있었다는 의미다. 부여백제 당시538~660에는 이곳 서산이 중국으로 통하는 교통로의 주요 길목에 자리한 탓에, 마애여래삼존상은 활발했던 중국과의 문화교류 중심지에서 상징처럼 존재했던 유산이었다.

파리에 가면 에펠탑이 있고 런던에 가면 런던타워가 존재하듯 부여백제 당시의 상징은 천금의 미소를 지닌 마애여래삼존불이었다고 한다. 그 삼존상이 큰 훼손 없이 지금까지 이어져 온 거다. 놀라운 일이다.

전문가들은 입을 모아 한 목소리로 불상의 위치와 방향 덕분에 큰 훼손 없이 1500년이라는 시간을 버텨왔다고 말한다. 실제로 바로 앞에 서면 알 수 있는데 삼존불 머리 위로 처마 역할을 하는 큰 바위가 있다. 삼존불이 조각된 바위 역시 80도 정도로 기울어져 비바람이 정면으로 들이치지 않는다. 계곡에서 삼존불까지 올라오는 길도 실제 걸어보면 알 수 있듯 여러 차례 방향이 전환돼야 다다를 수 있다. 이로 인해 땅에서 올라오는 습기가 삼존불에 바로 닿지 않는다.

재밌는 점은 박정희 정권 당시인 1974년 마애여래삼존불을 보존한다고 보호각을 세웠다. 그러자 1500년을 버틴 마애불에 습기가 차 백화현상 등이 눈에 띄는 등 오히려 퇴행이 나타났다. 2006년, 우리 정부는 보호각을 해체했다. 덕분에 지금은 직접 만질 수는 없지만 바로 앞에서, 관람 시간에 따라 색을 달리하는 마애삼존을 만날 수 있다.

그런데 여전한 의문은 서산 마애삼존이 어떻게 1500년이란 시간 동안 발견되지 않았나 하는 거다. 바로 인근에 1천여 명이 머물렀던 대사찰 보원사가 있었다. 이 말은 보원사를 오가는 사람들 또한 많았다는 의미다. 그런데도 1959년에야 보원사지를 살피기 위해 왔던 연구자의 우연한 발견으로 서산 마애불이 알려졌다. 그 시대를 살지 않았기에 정확한 이유는 알 수 없지만 조선의 억불숭유 정책이 역설적으로 서산마애삼존 발견을 늦춰줘서 오히려 백제의 미소를 보존하는데 큰 도움이 되지 않았을까 싶다. 후세를 사는 사람으로서 그저 서산마애삼존의 등장으로 백제금동대향로와 금동미륵반가사유상과 더불어 백제 불교 미술의 정수가 다시 한 번 세상에 길이길이 기억되게 됐다는 사실에 고마울 따름이다.

마애여래삼존은 바라볼 때 기준으로 가운데 선 높이 2.8m의 여래입상과 좌측에 높이 1.7m의 보살입상, 오른쪽에 앉아 있는 1.6m

백만 불짜리 미소가 보고 싶다면 서산 용현리로 향해야 한다. 시간과 계절을 달리해도 볼 때마다 다른 모습을 보이기에 그저 탄성만 절로난다.

의 반가사유상으로 구성됐다. 귀여우면서도 자애롭고 온화하면서도 푸근한, 세상 좋은 말을 다 갖다 붙여도 부족한 삼존불이다. 당연히 이 책에서 삼존 한 분 한 분에 대해 설명하는 것이 옳으나 독자 여러분이 직접 가서 마애삼존을 마주하기를 바라는 마음으로 자세한 설명은 생략한다.

입구에 위치한 안내소에 가면 서산시에서 친절하게 준비해놓은 안내문이 있다. 여래입상이 취하는 손 모양에 대해 그 어떤 안내문보다 잘 설명해놨다. 삼존불 앞에서 여래입상처럼 포즈를 취한 뒤

두려움과 근심을 없애고시무외인施無畏印, 원하는 바를 이루어 보자여원인與願印.

가이드

쓸쓸한 보원사지가 고마운 이유

바다와 산이 어우러진 서산은 자연생태적인 입장에서 바라봐도 즐길 거리가 많은 동네다. 이런 상황에서 백제의 미소라 불리는 마애여래삼존이 자리해 있는 거다. 이뿐이 아니다. 삼존불에서 차로 3분 거리에 잘 알려지지 않은 보원사지도 있다. 서산 어디서나 낙조 풍광이 좋다지만 1500년을 이어온 깊은 산새가 전하는 쓸쓸함 가득한 낙조는 단언컨대 보원사지가 최고다.

백제의 미소에서 불과 3분 거리에 쓸쓸함 가득한 보원사지가 있다.

앞서 잠깐 언급한 대로 보원사는 백제 때 창건돼 통일된 신라와 고려를 거쳐 크게 융성했다. 한때 승려 1천여 명이 머물렀다는 기록이 전해질 정도다. 언제 정확하게 폐허가 됐는지 알 수 없다. 지금은 그 너른 대지 위에 보원사지오층석탑, 당간지주, 법인국사보승탑과 탑비, 쌀을 씻거나 그릇을 닦을 때 사용했던 석조만 산개해 있을 뿐이다. 그러니 해질녘, 이 너른 대지 위 어디든 걸터앉아 가야산 자락에 숨듯 사라지는 낙조를 바라보자. 지금껏 느끼지 못한 공허하고 쓸쓸한 기운이 벼락처럼 밀려온다. 다만 하나 아쉬운 것은 일제강점기인 1910년대 후반 보원사지에서 서울로 옮겨져 지금까지 제자리로 돌아오지 못하는 보원사 철조여래좌상이 이 자리에 여전히 남아 있었다면 어땠을까하는 점이다. 지금과는 분명 다른 모습이지 않았을까. 보원사에서 출토된 남북국시대 철불과 고려시대 철불은 각각 국립중앙박물관 1층과 3층에서 방문객을 맞이하고 있다. 참고로 이 보원사지 철불은 뒤에서 자세히 다룰 고려 광종(재위 949~975) 때 즉위를 기념하기 위하여 법인국사 탄문이 조성해 만든 것으로 추정되고 있다. 현재 국박에서 가장 큰 철불로 평가받는다.

현재 국립중앙박물관에 있는 보원사지 철불

따라잡기 한능검

마애여래를 찾아라

서산 용현리 마애여래삼존상의 설명 자료를 제시한 뒤 선택지에서 삼존불을 찾으라는 형태로 나온다. 함께 나오는 다른 석불도 알아야 맞출 수 있는 문제지만 결코 틀려서는 안 되는 문제기도 하다. 그만큼 보너스 개념으로 주는 문제라는 뜻. 보통 논산 관촉사 석조미륵보살 입상, 안동 이천동 마애여래 입상, 파주 용미리 마애이불입상, 경주 배리 삼존불 등이 선택지 자료로 함께 출제된다.

놓치지 말아야 할 것은 서산에서 멀지 않은 태안 동문리 백화산 정상 인근에도 마애삼존불태안 동문리 마애삼존불입상이 있다는 점이다. 군부대 시설도 함께 있는데, 덕분에 차를 끌고 정상 인근까지 쉽게 올라갈 수 있다길이 편하게 뚫렸다. 다만 태안 마애삼존은 서산 마애삼존과 달리 세월의 풍파로 귀한 얼굴 표정이 드러나지 않는다. 보존상태 역시 현장에서 보면 아쉬움이 있다. 그럼에도 국보로 지정돼 관리되는 이유는 백제시대 가장 오래된 마애불상이기도 하지만 다른 마애삼존과 달리 가운데 서 있는 분이 보살입상으로 좌우에 서 있는 불입상에 비해 '키가 작다'는 특이점을 갖고 있기 때문이다. 서산 마애삼존을 생각하면 쉽다. 서산 마애삼존은 가운데 부처님을 중심으로 좌우 부처님이 보조하는 형태다. 그런데 태안 마애삼존은 가운데 부처님이 좌우 부처님보다 작아 오히려 좌우 부처님을 보조하는 모습처럼 보인다. 전국 어디에서도 쉬이 볼 수 없는 특별함이다. 언제나 그렇듯 현장에서 특별한 경험을 해보자.

관련해 한능검 4회 때 고급문제로 서산과 태안 일대를 표기한 뒤 해당 지역에서 일어난 사실을 고르라는 문항이 출제 됐다. 정답은 백제의 불교를 대표하는 마애불상이 태안과 서산에 만들어졌다는 것과 18세기 말부터 천주교 신도가 늘어나면서 많은 순교자들이 나왔다는 내용이었다. 서산은 천주교가 제일 먼저 보급된 곳으로 해미읍성가 대표적 순교지역이다.

태안 마애삼존

투어

맛있는 여행 그리고 자연, 문화유산

서산과 태안 일대의 여정이 얼마나 좋았으면 불과 한 달도 지나지 않아 부모님을 모시고 그 코스 그대로 다시 한 번 답사를 진행했다. 자연과 문화유산이 함께 살아 숨 쉬는 너무나도 귀한 장소가 많았기 때문인데. 보물 같은 코스를 공유한다. 이른 아침 서울 출발 기준이다. 아래 일정을 서산으로 귀촌한 선배와 함께 했을 때는 1박 2일로 소화했고, 부모님과 함께 떠난 여정에서는 코스를 줄여서 하루로 진행했다. 취사선택하시라.

서산-태안 추천 코스(홍성 및 예산, 당진 일부 포함) / 2일 코스

태안마애삼존불 - 태안로컬푸드직매장(고구마가 상당히 맛있다) - 솔숲이 기가 막힌 기지포해수욕장(필요시 안면도 아래쪽으로 일정 확대) - 해물칼국수(대박이네) - 간월암 – 김좌진 장군 생가지(충남 홍성) – 최익현 선생 묘(충남 예산) - 윤봉길 의사 생가(충남 예산) - 남연군묘(충남 예산) - 개심사 - 서산마애삼존불상 - 보원사지(해질녘) - 서산 시내 아귀찜 - 해미읍성 – 성김대건신부유적지(당진 솔뫼성지) - 복귀

한능검과 관련은 없지만, 태안로컬푸드직매장과 기지포해수욕장, 해물칼국수와 아귀찜을 넣었다. 태안에서 바닷바람 맞은 고구마가 유명하다는 사실을 뒤늦게 알았다. 서산에 사는 선배 덕분인데 실제로 먹어보니 서산에 내려갈 때마다 몇 상자씩 사올 만큼 맛있다. 속이 노란 고구마가 매우 훌륭하다.

태안 하면 꽃지해수욕장을 비롯해 안면도자연휴양림 등 훌륭한 곳이 많다. 그러나 나에게 있어 원픽은 기지포해수욕장 솔숲이다. 솔숲따라 이어진 산책길과 백사장 따라 넓게 펼쳐진 해안선은 걸어 본 사람만이 알 수 있는 깊은 추억을 선사한다.

해물칼국수와 아귀찜은 여정 사이마다 넣으면 된다. 서산과 태안은 게국지가 유명하지만 타지에서 온 사람은 로컬이 즐기는 짠맛을 감당할 수 없기에 과감히 생략했다. 좋은 추억 많이 담고 가길.

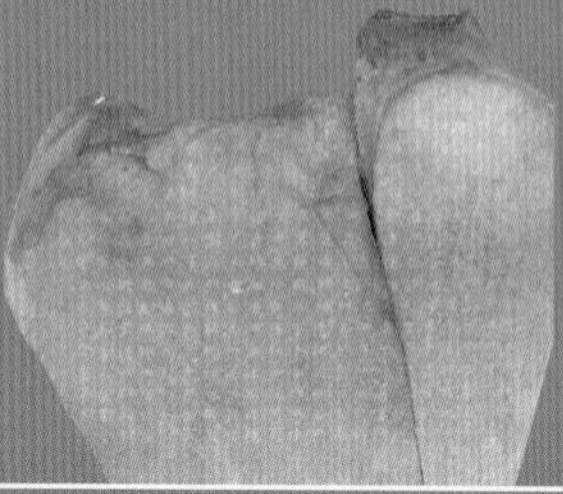

4부

신라,
최후의 승자?

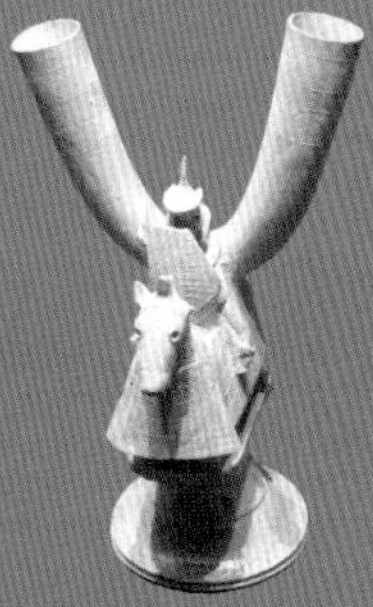

01
시작은 미약했다

: 자전거 타고 누비는 반나절 경주 여행

스토리

나정, 포석정, 배동석조여래삼존입상,

삼릉숲, 경애왕릉 그리고 계림

차를 두고 잠시 자전거를 이용한 것, 운이 좋았던 거 같다. 바툰 일정에 어떻게든 하나라도 더 보고 싶은 마음을 지울 수 없었다. 그러면서도 동반인과 좋은 추억을 쌓고 싶은 욕심도 있었다. 결과적으로 낭만적인 데이트도 했고, 전혀 기대하지 않은 여러 유적지도 확인할 수 있었다. 역시 천천히 두루 살펴야 자세하고 정확하게 본다.

나정, 잘 알다시피 밀양박씨 시조이자 신라의 첫 번째 왕인 박혁거세의 탄생설화가 깃든 곳이다. <삼국사기> 첫머리에도 이에 대해 내용이 자세하게 기록됐다.

"고허촌장 소벌공이 양산 기슭을 바라보니 나정이라는 우물 옆 숲 사이에 말이 꿇어앉아 울고 있었다. 가서 보니 말은 보이지 않고 다만 큰 알이 있을 뿐이었다. 알을 쪼개자 그 속에서 어린 사내아이가 나왔다. 그는 아이를 데려다 길렀다. 아이는 조숙하여 나이 열살 무렵이 되자 이미 상당히 지혜로웠다. 사람들은 그의 출생을 기이하게 여겨 높이 받들었고 곧 임금으로 삼았다. 처음 큰 알이 박의 모양과 비슷하게 생겼으므로 성을 박이라고 했다. 세상을 밝게 한다는 뜻에서 이름을 혁거세로 했다."

박혁거세 탄생 우물

<삼국사기>에는 박혁거세의 부인 알영에 대해서도 "혁거세 5년B.C.53에 용이 알영 우물에 나타나 오른쪽 옆구리로 여자아이를 낳

았다"며 "그녀는 자라면서 덕스러운 용모를 갖추었고 왕이 이를 듣고 왕비로 받아들였다"라고 기록됐다.

그런데 수차례 반복해서 읽어도 전혀 상식적이지 않다. 알에서 태어나다니? 문제는 도리가 없다는 것. 이미 신화로 전승됐고 가장 오래된 역사서인 <삼국사기>부터 알에서 태어난 왕으로 기록됐다. 박혁거세 사후, 신라 4대 왕인 탈해왕 시절 태어난, 신라 김씨 왕조의 시조인 김알지 역시 알에서 태어나지 않았을 뿐 크게 다르지 않다. 역시 <삼국사기> 기록이다.

> "탈해왕은 밤에 금성 서쪽 시림 나무 사이에서 닭이 우는 소리를 들었다. 날이 샐 무렵 호공을 보내 어찌 된 일인지 알아보라 했다. 호공이 가서 보니, 금빛의 작은 궤짝이 나뭇가지에 달려 있고 흰 닭이 그 아래서 울고 있었다. 이 사실을 듣고 왕탈해은 궤짝을 가져오게 하여 열어 보니 조그마한 사내아이가 그 속에 들어 있었는데, 용모가 기이하게 뛰어났다. 왕은 기뻐하며 '하늘이 나에게 아들을 내려 보낸 것'이라 하여 거두어 길렀다. 아이는 자라감에 따라 총명하고 지략이 뛰어나 그 이름을 '알지'라 하였다. 또 금빛 궤짝에서 나옴을 연유로 하여 성을 김金씨라 부르고, 처음 발견되었던 장소인 시림을 고쳐 계림이라 이름하고, 이로써 국호를 삼았다."

경주 지역 대표 유적지인 나정과 계림이 모두 역사적 사실과는 거리가 먼 이야기다. 그럼에도 <삼국사기>를 비롯해 <삼국유사>에 상세히 기록됐다. 순조 2년1802과 3년1803에는 각각 박혁거세와 김알지를 기리기 위한 기념비가 나정과 계림에 세워졌다. 분명 허구이지만 초기 권력관계를 살펴볼 수 있는 내용이 담겼기 때문이다.

전문가들은 13세 때 왕이 된 박혁거세혹은 세력 집단가 경쟁관계에 있던 집단과 13년 정도 다툼 과정을 거쳐 왕이 됐고혁거세 나이를 권력 다툼 기간으로 추정, 기원전 53년께 혼인한 알영은 경주 토착세력인 집단과의 연합으로 추정하고 있다. 이러한 과정을 거쳐 사로국이 세워진 것이라고. 놓치지 말아야 할 점은 박혁거세와 함께 신라 초기를 주도한 신라 4대 임금 탈해이사금석탈해 역시 알에서 태어났다고 전해진다. 왕이 된 후 그는 앞서 살폈듯 계림에서 금빛 궤짝에 담긴 김알지를 발견해 키웠다. 이는 석씨 집단이 김씨 집단과 연합해 세력을 확장했음을 의미한다. 그럴 것이 신라 4대 왕인 석탈해 세력은 신라 3대왕 자리를 놓고 이미 박씨 세력과 다툼을 벌였다. 치아개수로 왕의 자리를 양보해 3대 왕에 유리이사금이 됐다고 전해지지만 바꿔 생각하면 박씨 세력에 석씨 세력이 밀렸다는 뜻이다. 석씨 세력이 왕이 된 후 김씨 세력을 연합한 이유이기도 하다. 이를 김알지의 신화로 포장했다고 보는 거다.

4대 왕 석탈해가 80년에 사망한 뒤 다시 석씨계로 왕위가 넘어오기까지 100년이라는 시간을 버텨야 했다. 184년이 돼서야 석씨인 9대 벌휴 이사금이 왕이 된다. 1대 혁거세 이후 2대 남해차차웅, 3대 유리이사금, 5대 파사이사금, 6대 지마이사금, 7대 일성이사금, 8대 아달라이사금은 모두 박씨다. 4대 탈해이사금과 9대 벌휴이사금은 석씨다. 184년 석씨인 벌휴이사금이 왕권을 잡은 이후 박씨 세력은 석씨와 김씨 세력에 밀려 수백 년 동안 왕의 자리를 차지하지 못했다. 후삼국이 난립한 10세기에야 박씨인 신덕왕이 왕위에 오른다. 이후 경명왕, 경애왕, 경순왕으로 이어지는 박씨 왕들을 거쳐 935년 신라는 역사의 뒤안길로 사라진다.

김알지의 후손인 김씨계는 3세기 중반 신라 13대 왕 미추이사금 때야 첫 왕위에 오른다. 여전히 석씨계는 강성했고 14대 유례이사금, 15대 기림이사금, 16대 흘해이사금 모두 석씨가 차지한다. 4세기 중반 김씨인 17대 내물마립간이 왕위에 오른 뒤에야 김씨가 독점적으로 왕위를 이어간다시험에 상당히 잘 나오는 포인트다. 신라에서 김씨 왕계를 확립한 인물은 누구인지.

짚어볼 사실 하나는, 삼국 각각의 최대 전성기가 4세기 백제, 5세기 고구려, 6세기 신라로 이어졌다는 점이다. 신라의 경우 17대 내물마립간이 왕위에 오르기까지 박, 석, 김씨가 권력을 나누어 가졌다. 토착 세력의 권위가 우선됐으니 중앙집권을 이룬 백제와 고구려의 흥함에 따라갈 수 없었던 상황이었다.

후발주자였던 신라는 6세기 시작과 함께 등장한 22대 지증왕의 개혁순장법 금지, 우경법, 국호 신라 지정, 군주 칭호 왕으로 변경, 상복법 제정, 동시전 설치과 우산국울릉도 정복 등으로 강력한 왕권을 지닌 나라다운 모습을 갖춰간다. 이후 법흥왕과 진흥왕을 거쳐 6세기 최대 부흥기를 맞이한다.

가이드

역사를 재미지게 만드는 방법

박·석·김으로 이어지는 신라 초기 권력관계를 나정과 계림에 깃든 이야기를 통해 살폈다. 어렵게 현장에 간다 해도 위에서 설명한 내용을 찾아보긴 어렵다. 실제 현장에 부착된 안내판에는 박혁거세가 알에서 태어났다는 은유적인 탄생설화와 이후 발굴조사를 통해 발견한 유적에 대해서만 언급됐을 뿐이다.

경주 황리단길 너머에 위치한 계림과 대릉원 일대 모습. 주말이면 대릉원을 배경으로 사진을 찍는 힙한 청년들의 모습을 쉬이 볼 수 있다.

개인적으로 너무나 아쉬운 부분인데, 역사를 당위적으로만 접근케 하니 재미없다 느끼는 거다. 행간에 숨어 있는, 지금과 비교해도 전혀 다르지 않은, 생생한 날 것 같은 지극히 정치적인 스토리를 덧붙여 풀어내면, 신화로 닫혀있던 역사가 대중에게 좀 더 실감나게 전해지지 않을까? 그래야 두 눈으로 보고 싶다는 열망이 생기고, 실제 발걸음으로 이어지고 또 다른 역사가 이어질 것이다.

다만 황리단길 너머에 있는 계림은 추천코스 중 조금 결이 다르다. 대릉원과 첨성대, 내물왕릉을 품은 계림 일대, 경주의 가장 중심부는 이미 청년들의 인스타 성지가 된지 오래다. 낮과 밤을 가리지 않고 카메라를 든 청년들이 대릉원 일대를 누빈다. 남의 무덤을 배경으로 사진을 찍는 것이 어찌 보면 황망할 수 있으나 이렇게 기억되고 기록하는 것 또한 역사다. 무덤에 잠든 여러 신라왕들도, 아름다운 청년들이 찾아주는 건 기뻐하지 않을까 싶다. 진짜 이유는 초록초록한 왕릉을 배경으로 사진을 찍으면 셔터를 누를 수밖에 없기 때문이지만 사진이 엄청 잘 나온다.

첨성대도 마찬가지다. 야간에 조명을 받고 마주한 첨성대는 1400년 전 그 옛날 하늘을 관측했던 시절의 고즈넉함을 온전히 품고 있다. 첨성대 앞 드넓은 동부사적지대도 그렇다. 검은 하늘에 소담스럽게 걸린 하얀달과 바로 아래 펼쳐진 여러 능을 바라보면 천년을 버틴 신라의 아득함이 잔잔하게 스며든다. 길 따라 걷다보면 마주하는 계림도 다르지 않다. 2000년을 이어온 숲이 찬란하게 빛나고 있다. 오색 조명과 어우러진 풍광이 열일한다

개인적으로 위에서 언급한 경주 시내 코스를 낮에도 가고 밤에

도 살폈다. 상투적이지만 낮도 좋고 밤에는 더 좋다. 자전거를 이용해 즐긴 경주 서남산 일대오릉과 나정, 포석정, 배리삼존, 경애왕릉를 시작으로 도보를 이용해 진행한 시내 코스가 너무나 조화로웠다.

황리단길에 자리한 맛집 또한 부족함 없는 여정을 만드는데 크게 기여했다. 황리단길의 여러 유명 식당을 추천한다. 사람들이 많이 가는 이유가 있다.

시내코스는 성덕대왕신종이 걸린 국립경주박물관에서 출발하면 된다. 한능검을 깊이 공부할수록 경주박물관에서 빠져나오는 시간이 더 길어지지만 몇 번을 가도 부족함이 없는 곳이 경주박물관이다. 경주박물관을 나와 건너편 동궁과 월지, 여러 꽃밭을 품은 첨성대와 월성부지, 월정교, 경주최씨고택, 동부사적지대, 대릉원을 쉬엄쉬엄 걸으며 여정을 이어가면 된다. 중간에 힘이 부치면 식당에 들어가 밥을 먹자. 황남빵 하나 즐기며 커피 한 잔 마시면 더 좋다. 그저 천천히 걸으면서 여유 있게 다녔으면 하는 바람이다.

다만 하나, 경주시내 답사 동선이야 취향에 따라 선택하면 되지만 딱 한 곳 황룡사지 만큼은 일몰 시간에 맞춰 가봤으면 하는 바람이다. 다시 돌아봐도 황룡사지를 맑은 날 해질녘에 맞춰 간 것이 인생 최고의 선택 중 하나라 자부한다. 말 그대로 인생낙조를 마주한다. 황룡사지에서 일몰을 품은 뒤 저녁을 먹고 동궁과 월지, 첨성대, 계림을 살피자. 낮에 봤어도 숙소에 들어가기 전 다시 살펴보자. 역시 낮에도 좋지만 밤에는 더 좋다. 자, 경주로 떠나자.

말 그대로 인생낙조를 마주할 수 있는 곳. 경주 황룡사지다.

따라잡기 한능검

"흐름을 잡고 넓게 살피자. 그래야 풀린다"

한능검 심화시험에서는 박혁거세와 관련된 문제가 직접적으로 출제되진 않았다. 다만 한능검 33회 초급시험에서 박혁거세의 탄생 설화를 보기 자료로 제시한 뒤 해당 나라신라에 대한 설명으로 옳지 않은 것을 고르라는 문제가 출제된 적 있다. 정답은 진대법.

진대법은 2세기 고구려 고국천왕 시절 재상 을파소에 의해 시행된 제도로, 식량이 부족한 봄에 곡식을 빌려준 뒤 가을에 추수한 것으로 갚게 하는 일종의 민생정책이었다. '춘대추납'이라 부르는데, 삼국의 특징을 전반적으로 알고 있다면 어렵지 않은 문제다. 시험에는 삼국뿐 아니라 고려의 흑창과 의창, 조선의 환곡과 사창 등이 혼재돼 나온다. 등급이 상승하는 순간이다.

21회 한능검 중급 시험에서는 3대왕 유리박씨와 4대왕 탈해석씨의 일화를 그림으로 제시한 뒤 당시 있었던 일을 찾으라는 문제가 나왔다. 유리가 이가 더 많으니 탈해가 양보한 모습인데, 당시에는 '왕'이라는 칭호 대신 '이사금'을 사용했다. '이사금'이라는 표현은 '이의 자국'을 뜻한다. 탈해와의 왕위 논의 과정에서 보듯 이가 많은 사람이 연장자로 성스럽고 지혜로운 사람이라는 데서 유래했다. 이사금은 3대 유리왕부터 16대 흘해왕까지 이어졌다. 현대 한국어의 '임금'이라는 말의 원형도 이사금으로 알려져 있다.

천년고도답게 워낙 많은 문화유산이 있는 탓에 여러 사진을 제시한 뒤 보기 자료와 일치하는 내용을 찾으라는 문항도 심심치 않게 출제된다. 경주 답사를 진행했다면 틀려서는 안 되는 문항이기도 하다.

투어

걷는 걸음마다 천 년 전의 느낌으로

솔직히 말하면 경주를 대학시절 처음 가봤다. 보통은 학창시절 수학여행으로 경주를 많이 가는데 중학교 때는 고등학교에서 갈 것이니 다른 곳으로 가자해 가질 못했다. 막상 고등학생이 되니 중학교 때 다녀왔을 텐데 왜 또 가냐며 기회를 잃었다.

결국 2000년대 초반 성인이 돼 밤기차를 타고 혼자 떠난 뒤 이른 새벽 버스를 타고 불국사에 갔다. 비를 맞으며 오른 토함산이 처음 마주한 경주의 기억이다. 그리고 그것으로 끝이었다. 삶에 치인 탓도 있지만 홀로 떠난 경주 여행 당시 워낙 고생을 많이 해서 굳이 다시 경주를 찾으려는 생각을 하지 못했다. 그렇게 십 수 년이 흘렀다.

한능검을 마주한 뒤 가슴속 깊이 간직했던 경주가 다시 보였다. 박혁거세를 시작으로 지증왕과 법흥왕, 진흥왕, 선덕여왕, 태종무열왕 김춘추, 김유신, 문무왕 김법민, 신문왕, 해상왕 장보고와 마지막 임금 경순왕까지. 경주를 가지 않을 이유가 없었다.

2021년 여름 나흘짜리 여정을 떠났다. 다만 힘들게 선택해 떠나는 여정인만큼, 함께 떠나는 동반인으로부터 지독하다는 소리 들을 정도로 준비했다. 시간은 없고 봐야 할 것은 많은 경주이기 때문인데, 효과적인 여정을 잇기 위해 여정 초반은 보문단지에 숙소를 잡았고, 중반부 이후에는 경주 시내에 숙소를 잡았다.

서울 출발 기준으로 오후 무렵 경주에 도착한 여정 첫날, 신라역사과학관을 시작으로 불국사, 토함산, 석굴암을 살폈다. 다만 지난날의 추억을 살려 불국사에서 석굴암으로 향하는 길에 토함산을 직접 오르고자 했으나 역시나 옛날의 내가 아니었다. 당장 불국사만 돌았다고 숨이 가빴다. 그럼에도 여유만 있다면 산행을 꼭 추천 드린다.

8세기 중반 토함산 자락에 만들어진 불국사와 석굴암, 지상 최고의 '불국토'를 만들기 위한 신라인들의 열정이 토함산 자락 곳곳에 배어있다. 이 말은 걷는 걸음마다 1300년 전 그때로 돌아가는 기분이 든다는 뜻이다. 추억을 만들자.

이튿날은 동해의 용이 돼 신라를 지키고자 한 문무대왕 김법민을 만나러 이른 새벽부터 떠났다. 동해 일출을 보기 위함인데, '죽어서도 동해를 지킨다'는 문무대왕의 유훈 때문일까. 현장에는 기운을 받으려는 무속인들이 적지 않다. 이로 인해 고즈넉한 분위기를 기대하고 가면 영적인 기운만 가득 느끼는 새벽이 된다. 그럼에도 문무대왕릉 앞에서 일출을 볼 것을 추천하는 이유는 문무대왕릉 일출이 그 자체로 아름답지만 일출 후 만나는 감은사지感恩寺址와 이견대利見臺 역시 말 그대로 '이견異見'이 필요 없는 장소기 때문이다. 새벽이슬과 어우러진 물안개와 천년을 버틴 감은사지 동서탑이 전하는 감동은 현장에 서야만 느낄 수 있다.

오후에는 김유신묘와 무열왕릉, 서악동 고분군, 법흥왕릉, 원성왕릉과 영지 등 경주 외곽에 위치해 차로 다닐 수밖에 없는 코스를 살폈다. 이후엔 경주 남동쪽에 자리한 원성왕릉과 영지를 봤다. 이들 한 명 한 명에 대해 할 이야기가 넘치는데, 뒤쪽에서 최대한 축약해 많은 이야기를 담도록 노력하겠다. 그런데 이 날은 날씨가 좋아 저녁 무렵 황룡사지를 간 것이 신의 한 수였다. 인생 낙조를 맞이했다. 일몰에 맞춰 황룡사지에 서자. 최고다.

셋째 날은 숙소를 경주시내로 옮겼다. 이후엔 자전거와 두 발을 이용해 여정을 이어갔다. 경주박물관과 동궁과 월지, 첨성대, 대릉원, 내물왕릉, 경주향교, 월정교를 두루 살폈고, 오후 늦게 자전거를 빌려 오릉과 나정, 포석정, 지미왕릉, 삼릉, 경애왕릉을 마주했다. 저녁엔 황리단길을 찾아 힙한 트렌드에 몸을 걸쳤다. 몸만 허락한다면 밤이슬 벗 삼아 대릉원과 첨성대, 계림으로 가자. 낮과는 다른 또 다른 역사가 있다.

여정 마지막 날은 산자락에 자리했다는 선덕여왕릉에 올랐다. 왜 여왕의 무덤은 산자락 깊은 곳에 있었을까. 바로 아래쪽에는 김춘추의 손주이자 김법민의 아들인 신문왕의 무덤이 있다. 그리고 서울로 향하는 길 경주 북단에 자리한 옥산서원과 정혜사지 13층석탑을 마주했다. 여유만 있다면 한 달이고 머물고 싶은 동네다. 그만큼 보물 같은 장소다. 경주 일정 중 단언컨대 최애 장소다.

정혜사지 인근에 자리한 옥산서원. 바로 앞에 세심대가 있다. 이 아름다운 풍광을 놓고 선비들이 어찌 공부했을까 싶다.

경주 북부에 위치한 정혜사지 13층석탑 모습. 손에 꼽을 만큼 아름다운 탑이다.

아쉬운 것은 나흘간의 여정을 최대한 빡빡하게 준비하고 시행했음에도 신라 불교문화유산의 보고인 경주 남산을 자세히 살피지 못했다는 점이다. 경주 남산과 관련해 너무나도 많은 이야기를 들은 터라 무리를 해서라도 등반을 하고 싶었지만 도저히 짬이 나질 않았다. 또 신라 4대왕인 석탈해의 무덤탈해왕릉도 마주하지 못했다. 무엇보다 동학 창시자인 최제우 유허비를 살피지 못한 것이 가장 아쉽다. 나흘로는 역부족이었다.

결론은 경주는 역시나 최소 엿새는 있어야 두루두루 살필 수 있는 천년 고도라는 사실이다. 많이 공부하고 귀한 추억 많이 담고 오길 바란다.

02

이토록 초라한 묘를 기대한 건 아니었다

: 경주시 효현동 법흥왕릉

스토리

상상 이상의 아쉬움

솔직히 말하면 그 유명한 법흥왕이니까 무덤 역시 그에 준할 거라 생각했다. 그럴 것이 법흥왕릉 방문 직전 태종무열왕 김춘추와 그의 아들 김인문의 무덤을 보고 왔다. 경주 시내를 걸으며 초기 신라시대 왕들의 것으로 추정되는 여러 능도 살폈다. 반짝반짝 빛나는 무덤이기에 신라의 위대한 왕 법흥왕의 무덤을 기대한 건 당연했다. 그런데 현장에서 마주한 법흥왕릉은 상상 이상이었다. 유감스럽게도 나쁜 쪽으로…….

법흥왕릉, 시내에서 약 7km 정도 떨어진 경주시 효현동 산 63번지에 위치해 있다. 경주 선도산 서쪽 기슭에 자리했다. 선도산 우측에는 시내 방향으로 태종무열왕의 능이 아들 김인문과 함께 잘 빠진 모습으로 자리해 있다. 법흥왕릉은 진입로부터 아쉽다. 논두렁 지나 흙길이 이어진다. 그나마 좌우로 곧게 뻗은 제법 울창한 소나무숲길이 작은 위로라면 위로일 뿐. 문제는 입구에 도착해 안내문을 마주하는 순간 저절로 눈살이 구겨진다는 사실이다.

'경주 법흥왕릉'이라 새겨진 안내판에는 회색 바탕에 하얀색으로 새겨진 글씨만큼 하얗고 누렇게 변색된 새똥이 덕지덕지 붙어있다. 입간판이 세로로 제작된 것을 감안하면 얼마나 많은 새들이 법흥왕릉을 오가며 똥을 지려놨는지 알 수 있다. 바꿔 이야기하면 그만큼 관리가 안됐다는 뜻이다.

시내에서 다소 떨어진, 그것도 선도산 서쪽에 자리해 관리가 제한된다는 핑계를 댈 수 있지만 법흥왕은 이런 대접을 받아서는 안되는 인물이다. 왜일까? 새똥이 난잡하게 붙은 안내문에도 그 사실을 적시해 놨다.

> "법흥왕은 부왕인 지증왕의 뒤를 이어 즉위하였다. 건원이라는 독자적인 연호를 사용했다. 안으로는 병부를 설치하고, 율령을 반포하는 등 신라의 국가체제를 정비하였다. 밖으로는 김해의 금관가야를 병합해 영토를 크게 넓혔다. 또 불교를 공인하고 흥륜사를 짓기 시작했다. 법흥왕이 세상을 뜨자 애공사 북쪽 봉우리

에서 장사를 지냈다고 한다."

마주한 현실은 1500년째 잠들어 있는 법흥왕에게 죄송할 정도의 상황이다. 그런데 죄송함보다 더 크게 든 상념이 있으니, 걱정이었다. 앞서 2005년 7월에 법흥왕릉에 도굴로 의심되는 훼손 흔적이 발견됐다는 신고가 접수된 적 있다. 최초 제보자는 당국에 "잔디가 패인 흔적이 1㎡ 정도 면적으로 봉분의 패인 곳에 잔디가 뒤집혀 묻히는 등 도굴 흔적일 가능성이 있다"면서 "경주의 왕릉 대부분이 도심과 멀리 떨어져 평소 시민들의 관심 밖에 있다. 도굴 가능성에 대비해 철저한 보호 관리가 필요하다"라고 말했다고 한다.

상상 이상으로 초라했던 법흥왕의 무덤. 심지어 앞쪽에 자리한 비석은 사진에서 드러나듯 금이 간 상태다. 왕의 위명답게 관리도 잘 되었으면 좋겠다.

신고를 받은 관계당국은 "패인 부분은 10일 전쯤 예초작업을 했을 때 생긴 것"이라며 별일이 아닌 것처럼 해명했다. 그런데 이미 경주에서는 이미 김유신장군묘를 비롯해 헌강왕릉, 진덕여왕릉 등 여러 왕릉에서 도굴 시도가 있었다. 법흥왕릉을 떠나며 자칫 '정비됐다'는 소식보다 '도굴됐다'는 뉴스를 먼저 들을까 우려하며 걸음을 돌린 이유다.

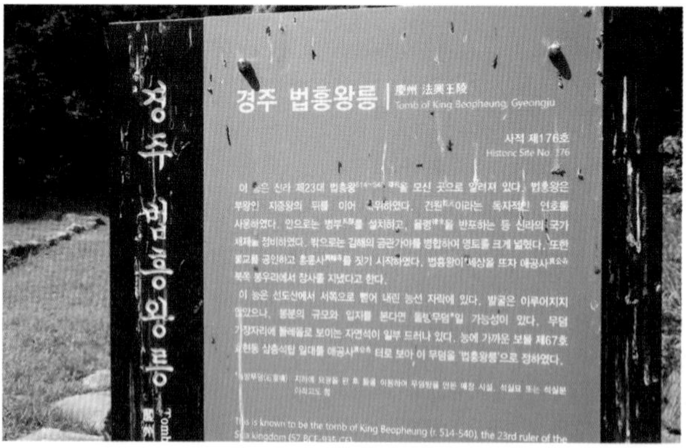

새똥이 덕지덕지 붙은 법흥왕릉 안내판

첨언하면 2021년 7월에 현장을 답사했을 당시 법흥왕릉 앞쪽에 마련된 두 개의 비석 중 하나도 몸체가 완전히 반으로 갈라진 상태로 방치돼 있었다. 새똥 안내판과 더불어 반파되기 직전의 표지석까지, 과연 경주시 등 당국이 제대로 관리를 안 한 것인지 못한 것인지 마지막까지 든 의문이다. 이제라도 법흥왕의 위명답게 온전히 관리해주었으면 하는 바람이다.

가이드

최약체 신라, 법흥왕은 삼한통일의 기틀을 닦았다

법흥왕 김원종, 아버지 지증왕에 이어 6세기 신라의 중흥기, 나아가서는 삼한통일의 위업을 달성하는데 지대한 영향을 끼친 인물이다. 이로 인해 한능검 시험에서 매우 중시되고 출제 빈도 또한 어마어마하다. 공부를 이어갈수록 법흥왕에 대한 기대치가 높아졌던 것은 당연했던 일이다. 그래서 더 큰 기대를 안고 법흥왕릉에 갔던 거다. 하지만 어렵게 경주까지 내려가 마주했던 현실은 새똥 안내판과 반파 직전의 표지석이었다. 어찌 이리 관리할 수 있냐 하는 생각뿐. 그래서 비분강개하며 지적하고 비난하는 거다.

당장 <삼국사기>에도 법흥왕의 여러 업적에 대해 자세히 기록했다. 크게 보면 삼한통일의 체제를 정비하고 불교를 수용했다는 내용이다.

> "법흥왕 4년 여름에 처음으로 병부를 설치했다. 7년 봄 정월에 율령을 반포하고, 처음으로 모든 관리의 공복을 제정했다. 붉은빛과 자줏빛으로 위계를 표시했다. 법흥왕 18년 4월에 이찬 철부를 상대등으로 삼아 나라의 일을 총괄케 했다. 상대등은 이때 처음 생긴 것으로 지금의 재상과 같다. 법흥왕 23년에 처음으로 연호를 정해 '건원'으로 하였다."

<삼국사기>에는 신라가 불교를 공인하는 계기가 된 그 유명한 이차돈 순교 내용도 있다.

"왕법흥왕이 처음으로 불교를 일으키려 했으나 여러 신하들이 믿지 않고 불평을 많이 하여 근심하였다. 이차돈이 아뢰기를, '바라건대 신의 목을 베어 여러 사람들의 논의를 진정시키십시오'라 했다. 이차돈의 목을 베자 잘린 곳에서 피가 솟구쳤는데, 그 색이 우윳빛처럼 희었다. 여러 사람이 괴이하게 여겨 다시는 불교를 헐뜯지 않았다."

경주박물관 이차돈 순교비

532년 법흥왕은 낙동강 유역을 건너 금관가야까지 정복했다. 스스로를 황제로 칭할만한 자신감을 갖게 된 거다. 하지만 법흥왕은 끝내 자신의 직계를 왕으로 잇지 못했다. 옥진궁주 김씨 사이에서 '비대'라는 이름의 아들을 보고 백제 동성왕의 딸 보과부인 부여씨 사이에서 '모랑'이라는 아들을 뒀지만 자신의 동생 김입종과 법흥왕의 딸인 지소태후 김씨 사이에 태어난당시에는 씨족을 두텁게 한다는 이유로 근친혼이 성행했다 삼맥종훗날의 진흥왕에게 왕위를 넘겨야 했다. 결과적으로 진흥왕이라는 또 다른 위대한 군주가 탄생하게 됐긴 하지만.

법흥왕만큼 알아야 할 인물이 또 있다. 법흥왕의 아버지, 신라 22대 지증왕이다. 당시로서 완연한 노인이었던 64세에 왕위에 올랐는데도 14년 가까이 왕위를 이어갔다. 대단한 노익장이다. 그러나 왕위 승계과정에서 지증왕이 조카이자 21대 임금인 소지왕 사망 후 자연스레 왕을 계승한 것이 아니라 쿠데타를 통해 정권을 잡았다는 주장이 지금도 이어지고 있다. 일각에서 지증왕을 '신라의 수양대군'으로 부르는 이유다. <삼국사기>에는 '소지마립간이 아들이 없어 지증왕이 왕위를 이었다'라고 명시됐다.

이는 잘못된 사실이다. 소지왕 말년 손녀뻘인 당대 최고 미녀로 칭송받던 벽화부인 김씨를 만난 뒤 아들이 태어났다. 아들이 태어나기 전 갑자기 소지왕이 사망해 왕권이 지증왕에게 넘어갔지만. 소지왕과 벽화부인 사이에 태어난 아들이 어찌 자랐고, 어떻게 됐는지에 대한 기록이 없다.

소지왕이 죽은 후 벽화부인 김씨는 태자였던 법흥왕을 섬겼다.

그러나 후궁이 돼서도 벽화부인은 비량이라는 인물을 사랑했고, 그와 사통했다. 법흥왕 입장에서는 크게 분노할 사안이나 비량을 아꼈던 법흥왕은 벽화부인을 넘겼다. 그리고 비량과 벽화부인 사이에 태어난 인물이 구리지다. 그는 진흥왕 때 대가야를 정복하는데 큰 공을 세운 화랑 사다함의 아버지다. 인생, 참 모를 일이다.

다시 돌아와 지증왕에 대해 살피면, 그 역시 아들 법흥왕 이상으로 수많은 업적을 남긴 인물이다. 재위 3년인 502년에 순장을 금지했다. 당시 순장은 신라의 전통적인 풍습이자 신분의 위상을 드러내는 중요한 장례 문화였지만, 지증왕은 과감히 폐지하도록 했다. 또 농사를 권장하도록 하며 소를 이용해 밭을 갈게 했다우경법. 농업생산량이 비약적으로 증가했다. 재위 4년에는 국호를 '신라'로 확정했다. 당시까지만 해도 신라는 계림, 서라벌, 사로, 신라 등 여러 이름으로 불렸다. 신라는 '덕업이 나날이 새로워져 사방으로 모두 덮는다'는 의미다. 동시에 지증왕은 임금의 칭호를 '왕'으로 변경했다. 재위 5년에는 상복법을 제정해 장례 문화를 체계화 했다. 재위 6년에는 석빙고를 관리하는 부서를 만들어 얼음을 저장케 했다. 또 이사부를 군주로 임명해 훗날 우산국울릉도을 복속시키게 만들었다.

재위 10년에는 동시전을 설치해 경주와 지방을 오가는 물류가 안정적으로 오갈 수 있도록 조치했다. 맹수가 민간을 습격하는 일이 잦아지자 집집마다 울타리를 치고 함정을 설치해 피해를 막았다. 재위 기간 내내 열정적으로 일했던 지증왕은 514년 7월 78세의 나이로 사망한다.

재밌는 지점은 지증왕이 법흥왕의 모친인 연제부인을 만나기까지의 과정이다. <삼국유사>에 자세히 기록됐는데, 책에는 "왕은 음경의 길이가 1자 5치약 45cm나 되어 배필을 구하기가 어려워 사람들을 세 방면으로 보내어 배필을 구했다"라고 적혀있다.

> "배필을 구하는 사람이 모량부의 동노수라는 나무 밑에 왔을 때, 개 두 마리가 북 만 한 큰 똥 덩어리 한 개의 양 끝을 서로 다투어 가면서 깨물고 있는 것을 보았다. 마을 사람들에게 물으니 한 소녀가 말하기를 '이것은 모량부 상공의 딸이 여기에서 빨래하다가 숲 속에 숨어서 눈 것입니다'라 하여 그녀의 집을 찾아가서 알아보니 키가 7자 5치현재 기준 2m 25cm였다. 이 사실을 자세히 왕에게 말씀드렸더니, 왕이 수레를 보내어 궁중으로 맞아들여 황후로 책봉하자 여러 신하들이 모두 예를 갖추어 축하했다."

박혁거세와 김알지 탄생설화처럼 행간을 살펴서 읽어내야 할 지점이다. 뒤늦게 왕위에 오른 지증왕은 여러 개혁을 실천했고 큰 성기대물는 그 자체로 권력과 힘을 의미했다. 연제부인의 키 역시 다산과 풍요의 상징으로 접근해야 한다. 결과적으로 연제부인은 23대 법흥왕 김원종과 24대 진흥왕의 부친인 김입종을 낳았다.

따라잡기 한능검

한능검 VIP 지증왕과 법흥왕

한능검에서 지증왕과 법흥왕은 출제 빈도만 따졌을 때 그야말로 VIP 대접을 받아야 할 인물들이다. 앞에서 강조한 지증왕과 법흥왕의 여러 업적을 제시한 뒤 왕의 재위 기간에 있었던 다른 사실이 무엇인지를 묻는다. 과정에서 출제자는 지증왕과 법흥왕, 진흥왕 등 여러 왕들의 업적을 혼재해 나열, 혼란을 준다. 앞서 우리가 살핀 내용을 음미하며 흐름을 잡고 차분히 본다면 틀리려야 틀릴 수 없는 부분이기도 하다. 왜 법흥왕의 무덤 앞에서 분노할 수밖에 없었는지, 그의 업적을 고려하면 쉽게 답이 나온다.

투어

경주에서만 가능한 '왕릉투어 31'

경주와 관련된 전체 일정은 박혁거세와 김알지 파트를 참조하길 바란다. 다만 관리가 부실할지라도 법흥왕의 무덤으로 추정되는 왕릉이 존재하는 상황에서, 그의 부친인 지증왕의 무덤은 특정조차 되지 않고 있다. 천마도가 5세기 말과 6세기 초에 만들어진 것을 고려해 대릉원 안에 있는 천마총이 지증왕의 무덤일 가능성이 높다는 학계의 주장이 이어지고 있지만 단언할 수 없다. 다만 법흥왕릉을 필두로 경주에서만 느껴볼 수 있는 특별한 여정 하나를 제안하고자 한다. 일명 경주에서만 가능한 '왕릉투어 31'이다.

법흥왕릉 - 무열왕릉 - (서악동 고분군의) 진흥왕릉, 진지왕릉, 헌안왕릉 - 김유신묘 - 대릉원 내 천마총, 황남대총, 미추왕릉 - 내물왕릉 - 오릉 - 남산일대 지마왕릉, 삼릉, 경애왕릉 - 민애왕릉, 희강왕릉, 경덕왕릉 - 남산일대 우편 헌강왕릉, 정강왕릉 - 선덕여왕릉, 효공왕릉, 신문왕릉, 진평왕릉, 설총묘 - 현덕왕릉 - 탈해왕릉 - 진덕여왕릉 - 성덕왕릉, 효소왕릉 - 원성왕릉 그리고 동해바다 위에 만들어진 문무대왕릉

신라왕의 무덤을 찾아 떠나는 여정으로 주제를 잡고 답사를 진행한다면 이 또한 특별한 기억과 기록으로 남을 것으로 확신한다. 경주에 가고 또 가야 하는 이유다. 물론 신라왕은 1대 혁거세 거서간부터 935년 천년 왕국 신라의 문을 스스로 닫은 56대 경순왕까지 이어진다. 위에서 적시한 31은 말 그대로 신라 경주땅에 자리한 신라왕과 왕급 인사들 무덤을 동선에 따라 정리한 거다.

03

'위험 추락주의'… 그럼에도 단양 적성에 올라야 하는 이유

: 단양 적성赤城

스토리

청년 진흥왕의 영토확장 자부심

한능검 시험을 한 번이라도 본 이들이라면 진흥왕 하면 자연스레 단양적성비와 북한산순수비, 창녕순수비, 황초령비, 마운령비 등을 떠올릴 거다. 그만큼 많이 출제되기도 하지만 '영토확장'이라는 역사에 길이 남을 업적을 남긴 진흥왕의 상징적 유물이기 때문이다.

그중에서 단양적성비가 가장 궁금했는데, 황초령비와 마운령비는 북한 함경도에 있는 탓에 현재 상황에서는 확인이 어렵고, 가야지역을 정복한 뒤에 만들어진 창녕비의 경우 경주와 지리적으로 멀지 않다는 이유로 개인적 관심이 덜 갔다. 조선 후기 추사 김정희가 고증한 북한산순수비는 이미 여러 번 국박에서 확인을 한 터였다.

그래서 남은 하나, 한강 유역 진출의 염원을 담아, 진흥왕이 고구려로부터 남한강 유역을 빼앗은 후 만들어진 단양적성비의 실물이 더 궁금했다.

돌아보니 안일했다. 보통의 다른 유물처럼, 특히 국보 198호니만큼, 안락하고 안정적인 장소에 있을 거라 생각했다. 아니더라. 춘천방향 중앙고속도로를 타고 가지 않는 이상, 내비게이션의 안내대로라면 단양 구시가지에서 죽령천과 남한강 따라 이어진 굽이진 길을 이용해야만 갈 수 있다. 그런데 이 길에 들어서는 순간, 운전하는 내내 내가 제대로 가고 있나 계속 반문하게 된다. 이는 바꿔 생각하면 그 옛날 삼국시대부터 지리적으로 천혜의 요충지였다는 의미기는 하지만. 접근성은 꽝이었다.

실제 지도를 봐도, 실제 적성산성 위에 서서 봐도 삼면이 굽이치는 물줄기로 돼 있음을 알 수 있다. 장화를 뒤집어 놓은 듯 한 모습의 땅 북단에 단양적성비와 적성산성이 자리해 있다. 입구에 세워진 안내판에는 "사적 265호인 단양 적성이 신라 진흥왕 때545~551 축조된 것으로, 둘레가 약 900m였으나 대부분 붕괴되고 겹으로 쌓은 북동쪽 안쪽 벽 등 일부만 남았다"라고 설명됐다.

그러면서 "조선시대 대표적 지리서인 신증동국여지승람에는 성내에 큰 우물이 있었는데 지금은 없어졌다 기록됐다"면서 "이를 통해 단양 적성이 고려시대까지 단양 지방을 다스리는 읍성 구실을 했다는 걸 알 수 있다. 적성에서는 삼국시대 토기와 기와, 고려시대 유물이 발견됐다"라고 전했다.

단양 적성산성 내부 모습. 정상 부근에 너른 땅이 자리해 있다.

흥미롭게도 단양 적성을 잘 살피면 자연스럽게 신라시대 산성의 특징을 어느 정도 파악할 수 있다. 경기도 화성에 위치한 당항성에서도 비슷하게 느껴졌던 부분인데, 비슷한 시기, 동일한 목적을 갖고 만들어졌기 때문이다. 적성 역시 한쪽면의 경사가 매우 급하다. 반면 입구 쪽은 비교적 완만해 사람들이 지나다님에 어려움이 없다. 이 말은 한쪽으로만 다니게끔 유도했다는 뜻이기도 하다. 철저히 방어적 의미로 지어졌음을 알 수 있다.

성벽의 기초 역시 돌과 진흙으로 다져 단단히 했다. 성의 외벽은 최대한 자연석을 이용해 쌓았다. 당연히 가파른 절벽 위에 만들어진 성벽에 올라 아래를 내려다보면 아득함이 느껴질 정도로 아찔하다. 성벽 곳곳에 '위험 추락주의'라는 팻말이 붙은 이유다.

놀라운 점은 당항성도 그랬지만 적성 역시 내부가 생각보다 넓고 평평하다는 것이다. 군사들이 말을 타고 다닐 수 있기 위함이었다. 적성비 너머, 적성 가장 위쪽 숲길을 지나 아래쪽으로 이어진 계단을 따라 내려오면 길게 뻗은 잔디가 나온다. 안내문에서 살핀 '말을 타고 다녔다는 곳이 여기구나' 하고 바로 알 수 있다.

이제 본론으로 들어가자. 스무 살도 안 된 진흥왕은 왜 적성에 만고에 길이 남을 단양적성비를 세웠을까? 앞서 살폈듯 서기 540년 7월에 왕위에 오른 진흥왕 김삼맥종은 법흥왕 김원종의 조카로, 당시 7살에 불과했다. 당연히 제대로 된 통치가 이뤄질 수 없었던 상황이었다. 법흥왕의 딸이자 진흥왕의 어머니인 모후 지소태후의 섭정이 시작된다. 섭정은 약 10년 정도 이어졌다고 하는데, 이 기간 동안 의외로 여러 제도가 정비됐다. 특히 진흥왕의 대표 업적이라 불리는 화랑제도 역시 이때 마련됐다.

같은 기간 지소태후는 지증왕 때 우산국을 점령한 이사부를 병부의 최고 책임자로 올림으로써 병부의 권한을 실질적으로 강화했다. 이는 귀족협의체인 화백회의를 거치지 않고, 병권에 대해 왕의 명령을 받는 병부를 앞세워 군대를 직접 지휘하게 됐다는 의미다. 이와 같은 움직임이 정복군주 진흥왕의 기초가 됐다. 545년, 진흥왕 나이 열둘이 되자 지소태후는 왕실의 존엄과 왕권의 신성함을 세우기 위해 거칠부로 하여금 역사서인 <국사>를 쓰게 했다. 이 역시 진흥왕의 대표적 업적으로 알려졌다.

이와 같은 역사적 배경을 두고 신라는 남한강 유역에 자리한 고구려 영토인 단양 적성을 점령했던 거다. 점차 친정을 준비했던 진흥왕으로서는 크게 기뻐하고 알릴 수밖에 없었다. 실제 적성비 앞에 세워진 안내문에도 "단양적성비는 신라가 고구려 영토인 적성을 점령한 후 세워졌다"면서 "삼국사기 내용에 비추어보면 진흥왕 6~11년545~550 사이에 세워졌을 것이라 추정된다"라고 기록했다. 진흥왕이 친정을 하기 위해 준비하던 시기다.

진흥왕은 스물두 살 나이인 555년에 한강 하류 지역까지 영토를 확장한 후 북한산 순수비를 세웠다. 그로부터 6년 뒤인 561년에는 대가야를 넘어 낙동강 유역까지 영역을 확대한 것을 기념으로 창녕척경비를 세웠다. 재위 28년을 맞은 568년에는 함경도 지역을 점령한 후 황초령비와 마운령비를 세웠다. 유례없었던 신라의 영토 확장을 기념하기 위한 것이다.

순수비와 적성비… "뜻을 세우다"

순수비와 적성비의 차이는 무엇일까? 순수비는 말 그대로 왕의 '순수巡狩'를 기념하여 세워진 비석을 뜻한다. '순수'란 중국 고대의 풍습 중 하나로 임금이 천하를 돌며 천지산천에 제사하고, 그 지방의 정치와 민심의 동향을 살피던 것을 뜻한다. 북한산비와 마운령비, 황초령비, 창녕척경비가 순수비에 속한다. 반면 단양 적성에 세워진 적성비는 순수비로 보기 어렵다. 실제 비문에도 진흥왕이 친히 왔다 갔다는 내용이 없다. 대신 비문 첫머리에는 교사敎事라는 단어가 있어 진흥왕의 명을 받들어 세워진 석비로 여겨지고 있다. 척경拓境비는 영토 편입을 기념해 세워지는 비석을 뜻한다. 언뜻 보면 왕이 직접 와서 세운 만큼 순수비가 적성비보다 더 의미 있는 것처럼 보일 수 있다. 그렇지 않다. 순수비와 적성비, 척경비 모두 왕의 의지를 담아 뜻을 전한 비석들이다. 실제 1400년이 넘는 시간을 버틴 진흥왕의 비석들은 역사가 돼 후세에 전해졌고, 최약체였던 신라가 어떤 과정을 거쳐 삼한을 통일하게 됐는지를 알리는 중요한 유산이 됐다. 진흥왕의 뜻이 순수비와 적성비, 척경비로 남았기 때문이다.

북한산 순수비, 비석 한쪽 면에 추사 김정희가 '고증했다'는 글자가 새겨져 있다.

한강 유역과 함경도까지 넓게 세워진 진흥왕의 비석들, 친정 후 영토확장을 이뤄내며 영광을 만들어간 진흥왕의 자신감과 패기가 그대로 드러난 위대한 유산임을 알 수 있다. 물론 진흥왕을 끝까지 믿고 동맹을 체결한 뒤 고구려에 대항해 함께 싸웠던 백제 입장에서는 신라 진흥왕이 만고에 길이 남을 천하의 잡놈 중 최악일 테지만. 진흥왕의 배신으로 그들의 위대한 군주 성왕이 목숨을 잃었다. 자세한 내용은 이어지는 가이드에서 살피자.

가이드

적성비에 새겨진 진흥왕의 진짜 의도

단양적성비는 높이 93cm, 폭 107cm, 두께 25cm의 크기로, 자연석을 그대로 사용해 만들어졌다. 위가 넓고 두꺼우며 아래로 내려갈수록 좁고 얇아지는 형태다. 다만 윗부분이 잘려나가 위쪽에 새겨진 100여 개 이상의 글자가 확인 불가능하다. 비문은 얕게 음각했으나 비석이 오랫동안 땅에 묻혀있던 탓에 비교적 깨끗하게 보존됐다. 전체 글자 수는 430자 정도로 추정되나 현재 남은 글자는 288자다. 이중 판독 가능한 글자는 284자라고 한다.

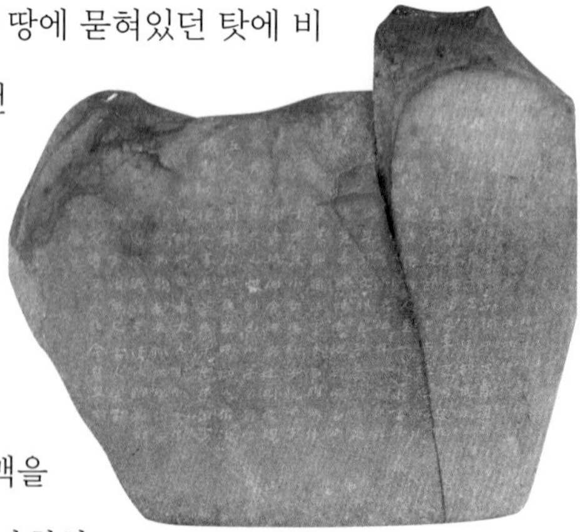
단양적성비

비문에는 신라가 소백산맥을 넘어 적성을 고구려로부터 탈취한 후 이사부를 비롯한 군사 지휘관들이 회의를 열어 신라의 적성 점령에 공을 세운 현지인들에게 포상을 결정하고, 현지인이었던 야이차 등을 크게 격려한다는 내용이 담겼다. 이 지점에서 놓쳐선 안 되는 사실이 있다. 왜 현지인의 이름까지 거명하며 포상하고 격려한 내용을 비문에 새겼을까 하는 점이다.

단양은 신라가 북방으로 진출하기 위한 전략적 요충지이자 방어선이었다. 당시 적성에 살고 있던 고구려 유민들의 지지와 도움이 필요했다. 신라 입장에서는 너희 고구려 유민들이 도움을 주면 우리가 대대적으로 포상하고 지원한다는 사실을 알려야 했고, 실제로 신라는 적성을 점령한 뒤 출입이 용이한 적성 남문 쪽에 비석을 세워 진짜로 알렸다.

단양적성비 역시 서산마애삼존과 충주고구려비처럼 우연과 필연이 겹쳐 우리에게 알려졌다. 1978년 초 단국대 박물관장이었던 정영호 교수는 단국대 사학과 학생들을 인솔해 속칭 '온달성'으로 불린 단성면당시 단양면 하방리 일대를 조사했다. 1월 6일 오후 4시께 정 관장은 정상부 쪽 지세를 살피던 중 직경이 한 뼘 정도 되는 둥근 석재를 발견했다. 전날 내린 눈으로 사방이 눈으로 덮여 있던 상황, 돌에는 산에 오른 사람들이 신발에 묻은 진흙을 문질러 닦은 흔적이 역력했다. 정 관장은 허투루 넘기지 않았다. 돌이 건물의 주춧돌처럼 단단해 보였다. 그래서 진흙을 손으로 하나하나 털어가며 자세히 살폈다고 한다. 그리곤 이내 돌에 새겨진 '大대', '阿아', '干간'을 확인했다. 그 순간 정 관장은 이 돌이 고대의 비석임을 확신했다. 이미 날은 저물었고 정 관장은 표식을 한 채 하산했다. 다음날 일찍 정 관장은 다시 산에 올랐고, 제자들과 함께 비석을 자세히 살피자 1500년 가까이 밝혀지지 않았던 진흥왕의 위대한 행보가 세상에 드러났다. 그것이 바로 단양적성비였다. 단양적성비를 발굴한 정영호 교수는 지난 2017년 4월 83세의 일기로 영면했다.

그런데 개인적으로 진흥왕의 업적 중 백미로 생각되는 부분은 한강 유역을 차지한 뒤 택한 '나제동맹 파기'다. 백제 입장에서야 신의를 저버린 쓰레기 짓이었지만 신라 입장에서는 삼한통일의 교두보를 마련한 위대한 선택이었다.

백제 성왕은 신라 진흥왕이 단양 적성일대에서 고구려군을 몰아내자 551년 나제동맹을 제안한다. 같은 해 고구려가 내분에 휩싸이자 나제동맹군은 고구려가 점유한 한성일대를 공격한다. 당시 성왕은 수만 명의 병력을 직접 이끌고 전선에 나섰다. 결국 475년 고구려 장수왕에게 빼앗겼던 한성백제 땅을 75년 만에 되찾게 된 것. 영악하고 원대했던 진흥왕은 이 순간 동맹국이었던 백제 대신 고구려를 선택한다. 당시 나제동맹군에 밀렸던 고구려는 돌궐이 북방에서 침입하자 남부의 군대를 이동시킬 수밖에 없었다. 이에 진흥왕에게 밀사를 보내 한강 지배권을 양보하겠다는 제안을 한다. 553년 진흥왕은 이를 받아들인 뒤 백제를 기습해 한강 유역을 온전히 신라 땅으로 만들었다.

신라의 갑작스러운 공세에 갈피를 잡지 못했던 백제는 다시 사비성으로 돌아올 수밖에 없었다. 그럼에도 신라의 칼끝은 여전히 날카로웠고, 결국 성왕은 자신의 딸을 진흥왕에게 보내는 치욕을 감당함으로써 신라의 맹공을 가라앉혔다.

진흥왕의 배신에 성왕은 복수를 다짐했고 이듬해인 554년 5월 대가야와 왜의 지원을 받아 신라 관산성충북 옥천을 공격한다. 문제는 성왕의 의욕이 너무 과했던 것. 성왕은 선봉대인 태자 창위덕왕을 위문하기 위해 야간에 50여 명 정도의 소수 병력만 이끌고 관산성으로 향하던 중 복병을 만나 살해당한다. 성왕이 사망하자 신라군은 백제와 대가야, 왜 연합군을 기습했다. 이 일로 신라는 약 3만에 달하는 병력을 죽이는 대승을 거둔다. 신라 진흥왕의 나이 스물이었고 백제 성왕의 치세 31년 2개월에 발생한 일이다.

이를 계기로 진흥왕은 555년에 창녕 지역 비화가야를 정복하고 560년께 함안 지역 아라가야도 복속한다. 진흥왕이 창녕에 척경비를 세운 것도 이 즈음이다. 진흥왕은 562년 대가야를 정복해 500년이 넘는 세월을 버틴 가야를 우리 역사에서 지운다. 이때 크게 공을 세운 인물이 앞서 법흥왕 편에서 살핀, 벽화부인의 손주 화랑 사다함이다.

따라잡기 한능검

진흥왕과 성왕 사이의 얽힌 역사

지증왕과 법흥왕만큼 한능검에서 자주 출제되는 문제가 진흥왕과 관련된 내용이다. 진흥왕의 업적을 당연히 알아야 하고, 지증왕과 법흥왕이 걸어왔던 길과 비교해 따로 체크해야 한다. 경쟁자였던 백제 성왕과의 관계도 면밀히 따져야 한다. 성왕의 업적을 단독으로 묻는 문항도 단골로 출제된다. 예를 들면 이런 식이다. 한능검 36회 고급 5번으로 출제된 문제다.

> (가)와 (나) 사이의 시기에 있었던 사실로 옳은 것은?
>
> 가 – 왕 16년 봄, 사비로 도읍을 옮기고 국호를 남부여라 했다.
>
> 나 – 왕 32년 가을, 신라를 습격하기 위해 왕이 직접 보병과 기병 50명을 거느리고 밤에 구천에 이르렀는데, 신라 복병을 만나 싸우다 살해됐다.

백제 성왕에 대한 이야기다. 그런데 이 문제의 정답은 성왕에 대해 나온 것이 아니라 진흥왕이 한강 하류 지역을 차지했다는 내용이었다. 이 말은 진흥왕과 성왕의 복잡다단한 관계, 양쪽의 업적을 알아야만 한다는 뜻이다.

그럴 수밖에 없는 것이 성왕의 경우 어리디 어린 진흥왕의 모략에 맞서다 결과적으로 허망하게 죽음을 맞이했지만 무령왕에 이어 왕위에 오른 뒤 30년이 넘는 재위 기간 내내 백제의 부흥을 위해 온 힘을 다했다. 첫 작업이 538년 도읍을 웅진공주에서 사비부여로 옮긴 것. 이때 국호 또한 백제에서 남부여로 바꾼다. 고구려에 의해 멸망한 부여의 직계가 자신들임을 천명한 것인데, 이를 바탕으로 한강을 넘어 부여의 옛 땅까지 수복하겠다는 의지를 드러낸 거다. 성왕은 수도를 옮김으로써 내부적으로 공주지역 토착세력을 견제하고 왕권을 강화하고자 했다. 이를 위해 중앙관청을 22부로 확대했고, 중앙과 지방 통치를 효과적으로 하기 위해 5부와 5방을 정비했다. 또 고구려를 견제하기 위해 양나라와 친선관계를 유지하고 일본에 여러 승려를 보내 불교와 유교 등을 전파시켜 일본 문화를 융성케 했다. 다시 생각해도 진흥왕 손에 허망하게 떠난 성왕의 허망한 죽음이 아쉽고 안타까운 이유다.

끝으로 진흥왕과 관련해 놓치지 말아야 할 사실 하나가 더 있다. 진흥왕의 업적 중엔 황룡사 준공이 있다. 이로 인해 황룡사지 9층목탑 건립도 진흥왕의 업적으로 착각하는 경우가 많다. 황룡사지 9층목탑은 선덕여왕 14년인 645년에야 완공된다. 당시 여자가 왕이 됐다는 이유로 국제사회에서 따돌림을 당했던 신라는 자신들을 중심으로 삼한이 통일되기를 바랐고 이를 표현한 것이 황룡사지 9층목탑이었다. 643년, 당나라에서 귀국한 자장 율사가 선덕여왕에 황룡사에 탑을 세울 것을 요청해 대사업이 이뤄졌다.

투어

적성산성 가는 길

여행은 진흥왕이 남긴 단양적성비에 집중하자. 적성비를 두 눈으로 직접 마주하기 위해서는 적성산성에 올라야 한다. 이를 위해 크게 보면 세 가지 길이 있다. 우선 단양시외버스터미널이 위치한 구 단양시가지별곡리 일대에서 출발해 하현천대교를 거쳐 남한강길 따라 이어진 숲길을 이용하는 방법이다. 두 번째는 중앙고속도로 단양팔경휴게소로 들어가 그곳에 차를 대고 적성산성으로 직접 오르는 방법이다. 세 번째는 단양팔경 휴게소 뒷길단양농협 단성지점 우측길을 이용해 단양팔경 철망 옆쪽에 위치한 단양적성 주차장에 차를 대고 올라가는 방법이다.

세 가지 방법을 모두 이용해봤다. 결론부터 이야기하면 단양시내에 머물며 단양적성을 목표로 오를 경우 세 번째 방법인 단양농협 단성지점 우측으로 난 길을 이용해 단양팔경 휴게소 우측에 마련된 공간에 주차를 한 뒤 적성에 오르는 것이 가장 안전하고 편하다. 처음 단양적성비를 찾았을 때 시내에서 내비의 안내대로 남한강길을 따라 이어진 숲길을 이용했다. '여기 맞나'를 수없이 외쳤다. 운전이 미숙한 경우 그 감정은 더욱 짙어진다. 돌아가더라도 단양농협 단성지점을 내비에 찍고 이동한 다음 단양팔경 휴게소로 뻗은 길을 타고 들어가자. 단언컨대 이 길이 가장 편하다.

두 번째 방법은 단양팔경 휴게소를 처음부터 이용하는 방법이다. 경북에서 일을 보고 서울에 올라갈 때 중앙고속도로를 탔다. 자연스레 단양팔경휴게소에 들르게 됐는데, 입구 쪽 전기충전소 우측에 작은 쪽문이 있었다. 그곳에 눈에 익숙한 공간이 있었다. 자세히 보니 일전에 그렇게도 어렵게 찾아 헤맸던 단양적성 주차장이었다. 쪽문을 이용해 적성에 올랐다. 허무할 정도로 매우 쉬운 코스였는데, 문제는 이 방법을 이용할 경우 다시 단양시내로 돌아오기까지, 이미 고속도로를 탄 상황이기에, 상당한 심력이 소모된다.

경북 등 타 지역에서 일을 본 후 서울로 향할 때 단양팔경휴게소를 잠시 들러 단양적성비를 두 눈으로 직접 살필 것을 추천한다. 효율적인 방법이다. 무엇보다 이 방법은 한국도로공사 중앙고속도로 단양팔경춘천방향주유소에서 적극적으로 시행하는 마케팅 전략이기도 하다. 이들은 홍보 티슈까지 만들어 운전자들에게 적성비를 방문하게끔 유도했다. 그만큼 귀한 곳이기에 그 마음을 담았을 터다. 실제로 오르면 책에서 배운 단양적성비가 추억이 돼 우리들 가슴에 남는다. 단양적성에 올라가서 적성비를 마주하자. 정말로 "와 적성비다"라는 말이 절로 나온다. 마주하면 안다.

법흥왕 무덤과 마찬가지로 진흥왕의 무덤 역시 그 이름값에 비해 너무나 초라하다. 경주 선도산 남동쪽 자락에 자리해 있다.

추가로 경주 선도산 남동쪽 자락에는 패기 넘친, 그러나 너무나 영악했던 진흥왕의 무덤이 있다. 보물 65호인 서악동 삼층석탑 너머에 자리해 있는데 법흥왕릉과 마찬가지로 업적에 비해 믿기지 않을 정도로 초라하다. 특히 무덤 앞쪽 흙이 유실돼 둘레석으로 추정되는 돌이 그대로 방치돼 굴러다닌다. 누차 강조하지만 경주시와 관리당국의 각성이 필요한 지점이다.

진흥왕릉 아래쪽에는 신라 46대 문성왕릉과 47대 헌안왕릉, 25대 진지왕릉이 자리해 있다. 진지왕은 진흥왕의 둘째 아들로 재위 2년 11개월 만에 폐위된다. 색을 너무 밝혀 정사를 멀리했다는 것이 이유였다. 사후 아버지 진흥왕의 곁에 묻혔다. 태종무열왕릉을 가는 길에 쉽게 갈 수 있다. 꼭 방문해보길 바란다.

04

삼한통일의 대업을 위해서라면…

: 김춘추와 김유신이 맺은 '근친혼' 동맹

스토리

춘추와 유신의 '억지 인연'이 만든 '위대한 결과'

경주 시내를 기준으로 좌측에 자리한 선도산, 이곳을 중심으로 법흥왕과 진흥왕, 진지왕의 무덤이 산줄기마다 자리해있다. 그만큼 왕릉으로서의 지세가 좋다는 뜻이다. 좋은 기운을 이어받은 탓일까. 선도산 자락 북동쪽과 남동쪽에도 우리 역사에서 가장 유명한 두 인물이 잠들어 있으니 바로 김유신과 김춘추다.

두 사람의 무덤은 앞서 살핀 법흥왕과 진흥왕의 무덤과 비할 수 없을 정도로 잘 관리되고 있다. 눈에 띄게 차이 나는 이유는 무엇일까? 현장의 가장 큰 차이라면 입장료의 유무뿐이었다. 김유신과 김춘추의 무덤을 살피기 위해선 각각 2000원의 입장료를 내야만 했고 법흥왕릉과 진흥왕릉은 입장료 없이 출입이 가능했다.

김유신 묘로 향하는 길에 자리한 흥무문. 김유신은 사후 '흥무대왕'으로 추봉追封됐다. 추봉은 죽은 사람에게 관직 등을 내리는 것을 의미한다.

태종무열왕 김춘추, 잘 알려졌듯 신라의 29대 왕으로 진덕여왕 사후인 654년 왕으로 추대된 인물이다. 52세의 나이에 왕위에 올라 661년 6월 59세의 나이로 사망한 탓에 재위 기간은 7년 3개월에 불과하지만 700년을 이어온 백제를 멸하고 삼한 통일의 기반을 완벽하게 다진 인물이다. 실제 그의 아들 문무왕 김법민은 김춘추 사후 7년 뒤인 668년 고구려를 멸한 뒤 삼한 통일의 주역이 됐다. 삼한 통일이라 외치는 이유는 결과적으로 고구려의 땅의 반의반도 차지하지 못한, 말 그대로 삼한지역의 통일에 그쳤기 때문이다. 완전한 형태의 삼국통일과 차이를 두기 위함이다.

'반쪽짜리 승리'일지라도 김춘추가 최종승자가 되기까지는 어마어마한 고충이 따랐다. 때론 비열하다 싶을 정도의 선택을 강요받기도 했다. 이와 관련된 한능검에는 642년 백제 의자왕의 기습으로 대야성을 잃고 사위와 딸을 잃은 뒤 복수를 위해 당과의 동맹을 결성했다는 식으로 기술되지만, 분명한 사실은 김춘추의 모든 행동에는 그가 그렇게 행동할 수밖에 없었던 상황들이 존재했다는 거다.

김춘추는 당나라를 찾기 전 고구려를 먼저 방문해 최고 권력자였던 대막리지 연개소문을 만나 동맹을 맺고 백제를 공격하자고 제안한다. 하지만 연개소문은 역으로 김춘추에게 진흥왕 때 뺏은 죽령 서북 땅을 내놓으면 연계를 고려한다는 제안을 한다. 신하 신분이었던 김춘추로서는 당연히 결정을 내릴 수 없었던 상황이다. 김춘추는 고구려 감옥에 갇히는 신세가 됐다. 위기 상황에 빠진 김춘추는 연개소문의 제안을 거짓으로 수락한 뒤에야 간신히 빠져나올 수 있었다. 완벽하게 코너에 내몰렸던 김춘추는 당나라에 목 멜 수밖에 없는 상황에 빠져버렸다. 결과적으로 나당연합군은 각각 660년과 668년에 백제와 고구려를 무너뜨리는 성과를 낸다. 진덕여왕 2년인 648년에 김춘추가 당태종 이세민과 만나 맺은 밀약은 철저하게 상하관계를 분명히 한 불평등 조약이었다.

1) 백제와 고구려를 멸망시키면 대동강 이남의 땅은 신라가 차지한다.
2) 신라는 당나라 연호와 복식을 사용한다.
3) 나당연합군의 무기와 식량 등 전쟁물자를 신라가 지원한다.

밀약에 따라 신라는 649년 중국의 복식을 받아들이고 650년 중국 연호를 사용했다. 법흥왕이 건원이라는 독자적 연호를 사용한 이래 나름의 자주적인 면모를 구가하던 신라 스스로 삼국의 정쟁에서 살아남기 위해 철저하게 친당적인 움직임을 보인 거다. 과정에서 김춘추는 자신의 권력을 더욱 공고히 하기 위해 가야계이자 화랑으로서 군사적인 실력을 갖춘 김유신과 혼인 동맹을 맺음으로써 전략적 제휴를 한다.

놓치지 말아야 할 사실은 김춘추 역시 신라 왕가의 직계 후손이라는 점이다. 그의 증조부가 진흥왕이다. 그의 조부는 신라 25대 진지왕이었다. 579년 여름 진지왕은 색을 너무 밝히고 국정을 멀리한다는 이유로 폐위됐다. 그리고 왕위에 오른 것이 27대 임금인 선덕여왕 김덕만의 부친이자 진지왕의 이복형제인 동륜태자의 아들 26대 진평왕 김백정이다. 당시 진평왕은 13세에 불과했다. 하지만 진평왕은 50년 넘게 치세를 이어갔음에도 끝내 아들을 보지 못했다. 결국 화백회의를 거쳐 우리 역사상 처음으로 여왕인 선덕여왕 김덕만이 선출됐다632년.

선덕여왕 덕만 역시 15년의 재위 기간 동안 후손을 보지 못했다. 647년 선덕여왕이 사망하고 그해 사촌인 김승만이 왕위에 오른다. 그가 바로 신라 성골의 마지막 왕으로 평가받는 28대 진덕여왕이다. 그 사이 진흥왕의 직계 후손인 김춘추는 신라 왕실에서 내물왕계인 이사부와 거칠부, 비담, 알천 등에 맞서 김유신과 혼인 동맹을 맺으며 권력을 공고히 했다. 결과론적이지만 김춘추의 선택이 삼한을 통일한 신라 입장에서 정답이 됐다.

선도산 자락에 각각 잠든 김유신과 김춘추가 유독 다르게 보인 이유다. 앞서 살핀 대로 입장료를 받는 공원으로 관리되는 것이 가장 큰 이유지만.

김유신묘

김춘추묘

사적 21호인 김유신의 무덤은 지름이 30m에 달하는 거대한 규모를 자랑한다. 둥근 봉분 아래 둘레돌이 배치돼 있다. 그런데 이 둘레돌에 조각이 없는 것과 12지상을 조각한 것이 교대로 배치됐다. 세월의 흔적으로 마모됐지만 자세히 살피면 하나하나의 조각이 살아 숨 쉬는 듯한 표정을 짓고 있음을 알 수 있다. 대단히 공을 들여 만들어졌음을 알 수 있다.

사적 20호인 김춘추의 묘 무열왕릉 역시 쭉쭉 뻗은 소나무 숲 사이 양지바른 곳에 자리해 있다. 5기의 큰 무덤 중 가장 아래쪽에 김춘추의 무덤이 있는데 아직 발굴조사가 이뤄지지 않은 탓에 구체적으로 어떤 유적이 매장됐고 어떤 형태의 무덤일지 관계당국은 추정만 할 뿐이다. 그럼에도 불구하고 5기의 무덤 중 가장 마지막 무덤을 김춘추의 무덤으로 단정하는 이유는 입구에 세워진 국보 25호 무열왕릉비 때문이다. 이 비는 김춘추의 무덤과 아들 김인문의 무덤 사이에 있는 비석으로 거북 모양의 받침돌과 용이 새겨진 머릿돌로 구성됐다. 하지만 언제 사라졌는지 비신비석 몸통은 없는 상태다.

김유신묘 12지상 조각

경주시 설명 자료를 보면 머릿돌 좌우에 여섯 마리 용이 세 마리씩 뒤엉켜 여의주를 받들고 있고, 앞면 중앙에 '태종무열대왕지비'라고 새겨져 있다 하는데. 솔직히 말하면 아무리 살펴도 육안으로는 잘 보이지 않는다. 답사 후 확대한 사진을 보고 나서야 희미한 글자를 발견했다. 김인문의 묘와 무열왕릉비, 무열왕릉을 확인한 후 후문을 이용해 서악동고분군으로 넘어가 김춘추의 증조부인 진흥왕과 조부인 진지왕의 무덤을 살폈다. 태종무열왕릉에 비하면 한 없이 초라하다.

태종무열대왕지비

가이드

혈통과 군사력의 결합

41회 한능검 고급 7번 시험에 김유신과 관련된 문제가 출제됐다. 김유신의 영정 그림과 함께 수로왕의 12대손으로 화랑이 돼 용화 향도를 이끌었으며 비담과 염종의 반란을 진압했고, 무열왕의 딸인 지소와 결혼했으며 삼국 통일에 기여했다는 내용이 제시됐다.

이 부분에서 우리가 놓쳐서는 안 되는 사실이 있으니 '무열왕의 딸 지소와 김유신이 결혼했다'는 내용이다. 김유신과 김춘추가 김유신의 동생 문희를 매개로 혼인동맹을 맺었다는 건 앞서도 강조한 바다. 그런데 이 지소공주의 친모가 김유신의 동생 문명부인이다. 이 말은 곧 지소공주 입장에서 외삼촌인 김유신이 어느 날 갑자기 남편이 되어 버린 거다.

김유신은 자신의 여동생 김문희를 김춘추에게 보내 관계를 맺게 했다. 그리고 이들 사이에 아들 김법민문무왕과 김인문 등 여러 아들과 딸 지소가 태어났다. 그런데 654년 김춘추가 진덕여왕에 이어 진골출신 최초의 왕이 되자 그는 이듬해인 655년에 환갑이 된 김유신에게 자신의 딸 지소를 시집보낸다. 김춘추 입장에서 김유신이 처남이자 사위가 된 거다.

현대의 기준으로는 도저히 상상조차 할 수 없는 일이지만, 김유신의 동생 문희를 통해 김춘추와 1차 혼인동맹을 이뤘다. 김춘추의 딸 지소를 김유신에게 보냄으로써 보다 단단한, 떼려야 뗄 수 없는 관계를 맺게 됐다. 결과만 따졌을 때 둘 사이의 복잡다단한 근친혼인동맹은 삼한통일의 밑거름이 된다. 아무리 권력과 결과가 좋다 할지라도, 이토록 비상식적인 근친혼이 역사상 최고의 업적을 세운 김춘추와 김유신 사이에서 이뤄지다니. 왜 그랬을까?

진흥왕계인 김춘추는 권력을 잡기 위해 실질적인 군사력이 필요했다. 가야계인 김유신 입장에서는 신라에 완벽하게 편입되기 위해서는 진골왕족의 최중심부에 있는 가문이 필요했다. 화랑의 대표인 김유신과 왕족인 김춘추가, 현재 기준으로는 도저히 이해가 안 가는 근친혼을 맺은 이유다. 한 마디로 가문의 자산을 보호하고 권력을 향유하기 위해 서로를 철저하게 이용한 것. 김춘추의 아버지이자 진지왕의 아들인 김용춘 역시 자신의 조카인 천명공주와 결혼해 김춘추를 낳았다.

가문과 권력을 위한 근친혼은 신라를 넘어 고려 왕실까지도 이어졌고, 뒤에서 살펴볼 고려 4대 임금 광종에 이르면 그는 이복남매인 대목왕후와 결혼하는 모습까지 보여준다. 후궁인 경화궁부인 역시 3촌 관계인 조카딸이었다.

권력이란 게 참 무섭다는 생각이 드는 이유다. 인간의 근간을 이루는 사랑의 감정까지도 권력을 위해서라면 얼마든지 찢기고 갈리고 또 합쳐질 수 있다니. 물론 누차 강조한 대로 이러한 근친혼인 동맹이 삼한통일의 문을 연 근간이 된 것은 부인할 수 없는 사실이다.

따라잡기 한능검

삼한통일의 흐름을 따라가자

태종무열왕 김춘추, 삼한통일의 주역 김유신은 우리가 익히 들어왔던 만큼 한능검에 단골로 출제되는 인물들이다. 앞서 살핀 대로 업적을 나열한 뒤 또 다른 업적을 찾게 하거나, 아니면 동시대에 발생한 사건을 찾아내라고 한다. 지증왕과 법흥왕, 진흥왕, 선덕여왕, 태종무열왕, 문무왕, 신문왕까지 통일의 주역이 된 인물들의 업적을 제시한 뒤 전후로 무슨 일이 발생했는지를 묻기도 한다. 관련 내용이 많은 만큼 상당히 까다롭게 느껴질 수 있는 파트다.

이는 바꿔 생각하면 흐름만 잡고, 왕들이 왜 이러한 선택을 했는지 이해만 하면 매우 쉽게 풀 수 있는 문제라는 뜻. 특히 이 책에서 강조하는 여러 답사지가 한능검에 실제 출제되고 인용되는 인물들의 유적지나 유물인 만큼, 책을 통해 익히고 현장에서 두 눈으로 직접 살피면 추억과 점수를 동시에 얻을 수 있다. 그러니 공부하고 떠나자.

투어

김유신 무덤 주변을 서성이는 그놈 주의

김유신묘와 무열왕릉 서악동고분군을 살피는 것은 전혀 어려운 일이 아니다. 시내에서 차를 타고 가도 금세고, 자전거를 이용해도 어렵지 않게 갈 수 있다. 다만 답사를 진행할 때 겪었던 불쾌한 경험 하나 전달하면, 당시 나는 김유신묘를 방문했을 때 여성 동반인들과 함께였다. 워낙 이런 저런 유적지를 많이 확인한 터라, 무엇보다 입장료까지 있는 상황이라, 동반인은 '무덤에 들어가지 않고 밖에서 기다린다'고 밝혔다. 워낙 공원형태로 잘 돼 있어서 '알겠다' 하고 들어갔다. 결과적으로 내 잘못이었다. 소위 '변태'라고 불리는 남성이 동반인이 여성인 것만 알고 다가와 불쾌한 시선을 보였다. 공원 부지가 넓은데도 불구하고 굳이 옆으로 다가와 운동하는 척 하며 뚫어져라 쳐다보고 외투를 벗으려 한 건데. 동반인이 자리를 피했음에도 다시 다가와 그러한 행동을 반복했다. 결국 우리가 현장을 떠난 뒤에야 위와 같은 상황이 종료됐다. 즐거운 추억을 만들기 위해 온 여행에서 자칫 유쾌하지 못한 기억만 안고 돌아갈 뻔한 상황이 발생한 거다. 이렇게 글을 적는 이유도 어디에서든 조심하자는 뜻이다. 이상한 기운이 느껴지면 주저 없이 주변에 도움을 청하고 안전한 장소로 몸을 피하자. 다만 여정을 마친 뒤 곰곰이 생각해보니 변태 남성은 김유신 무덤 주변을 너무나 잘 아는 듯 돌아다녔다. 이미 여러 번 여성들만 있는 곳을 겨냥해 움직여본 듯 아무런 거리낌 없이 이동하고 행동했다. 김유신 묘를 관리하는 경주시의 세심한 관리가 다시 한 번 요구되는 부분이다.

불국토 신라의 선덕여왕

경주 낭산狼山 능선에 신라 27대 임금 선덕여왕의 무덤이 있다. 개인적으로 선덕여왕 재위 시절 만들어진 국보 30호 분황사 모전석탑과 황룡사지9층석탑, 첨성대를 재차 살핀 뒤 무덤을 찾았다. 그럴 것이 시험에 너무나 잘 나오는, 신라를 대표하는 세 유적을 만든 인물이다.

분황사 모전석탑은 현재 남은 신라 석탑 가운데 가장 오래된 걸작으로, 돌을 벽돌 형태로 다듬어 쌓아 올렸다. 말 그대로 모전석탑인 이유다. 선덕여왕 3년인 634년에 분황사 창건과 함께 건립됐다. 탑 입구에 새겨진 금강역사 조각이 매우 인상적이다. 1915년 일본인에 의해 수리된 이후 지금까지 그 모습을 유지하고 있다. 당시 탑 안에서 사리함과 구슬 등 많은 유물이 발견됐다고 한다. 애석하게도 내가 현장을 찾았을 때는 모전석탑 보존처리 및 보수공사가 이뤄지고 있었다. 이로 인해 석탑을 중심으로 철제구조물만 가득 덮였던 상황이었다. 언젠가 더 많은 이들과 오라는 의미로 받아들였다.

공사중인 분황사 모전석탑

바로 옆에 황룡사지도 있다. 너른 대지가 펼쳐져 있는데. 이 거대한 공간에 1500년 전 당시로서는 말도 안 되는 9층목탑이 세워졌던 거다. 불국토를 이루겠다는 호국의 신념으로 대공사가 이뤄져 만들어진 건데 애석하게도 몽골 침입 때 모두 불타 사라졌다. 앞서 수차례 강조한대로 날 좋은 날 마주하는 낙조가 아름답고 쓸쓸하게 느껴지는 이유다.

동부사적지대입구에 자리한 첨성대 역시 선덕여왕 재위 시절 만들어졌다. 현존하는 세계에서 가장 오래된 천문대다. 바깥쪽에 사다리를 놓고 창을 통해 안으로 들어간 후 사다리를 이용해 꼭대기까지 올라가 별을 관찰했던 것으로 보인다. 별의 움직임을 파악해 농사를 짓는 시기를 결정했고, 국가의 길흉을 점치던 점성술도 이곳에서 이뤄졌다고 전해지고 있다. 첨성대는 현재 국보 제31호로 지정되어 있다.

그리고 이 모든 것을 만든 선덕여왕은 첨성대에서 불과 직선거리로 2.2km 떨어진 낭산 정상부에 잠들어 있다. 해발 100m도 안 되는 산이건만 산세가 만만치 않다. 걸음을 잇는 내내 깊은 산속에서 새들의 지저귐이 끊임없이 이어진다. 그나마 다행은 법흥왕릉과 진흥왕릉에 비해 상당히 관리가 잘 된 모습이라는 것. 봉분을 받치고 있는 둘레석도 모난 곳 없이 조화롭게 세월의 흐름 속에 제자리를 버티고 있다.

경주 낭산 정상부근에 잠든 선덕여왕 김덕만의 묘

<삼국사기>에는 여왕이 자신이 죽거든 부처의 나라인 도리천에 묻어 달라고 했다 한다. 그런데 신하들이 도리천을 이해하지 못했다. 결국 선덕여왕이 직접 도리천은 낭산 정상이라고 알려주었다. 문무왕이 삼국통일 후 선덕여왕의 뜻을 받들기 위해 낭산에 사천왕사를 지은 이유인데, 도리천은 불교의 우주관에서 곧 세계의 중심에 있는 수미산 꼭대기에 있는 이상세계를 뜻한다. 바꿔 이야기하면 선덕여왕은 당시 경주에서 멀지 않은 낭산을 세계의 중심인 수미산으로 여겼던 거다. 이를 바탕으로 신라가 온 우주의 중심이라는 신념을 갖고자 했다. 결국 분황사모전석탑과 황룡사지 9층목탑, 첨성대, 도리천으로 생각한 낭산까지 불국토 신라를 염원한 선덕여왕의 신념이 이어진 걸작들이다. 하나의 흐름으로 놓고 보면 보인다.

※ 시험에 나오는 철의 나라 가야

2019년 12월이다. 국립중앙박물관 홈페이지에는 <'가야전' 보도 해명자료>라는 제목의 게시글이 하나 올라왔다. 내용인즉 조선일보와 한겨레가 각각 12월 6일과 8일에 보도한 내용에 대해 일종의 '양해를 구한다'는 것이었다.

당시 조선일보는 <文코드 맞추려, 검증 안된 지역 유물도 '가야'>라는 제목의 기사에서 "창녕 교동·부산 복천동 출토 유물, 가야 것이라지만 신라 것일 가능성이 높고, 가락국기 내용에 무리하게 짜맞춘 '흙방울' 유물 자문 없이 버젓이 전시했으며, '파사석탑'은 허 왕비가 싣고 왔다며 설화 속 인물이 역사적 사실로 둔갑했다"라고 지적했다.

그러면서 조선일보는 "문재인 대통령이 국정과제로 내세운 '가야사 복원'에 코드를 맞추려다 대참사가 벌어졌다"라고 국박의 전시를 정권과 연결시켜 강한 논조로 비난했다.

이틀 뒤 한겨레 역시 <검증 안된 유물까지 '묻지마 전시'…관객 우롱한 가야전>이라는 제목의 기사를 공개하며

"역사왜곡 논란 빚은 '흙방울'부터 설화 배경만 있는 '파사석탑'까지, 가야시대와 잇닿는 물증 없는데 의미 과장하며 역사적 진실 포장했다"며 "'가야사 복원' 국정과제 홍보 치중, 발굴성과 등 전시 정체성 사라졌다"라고 국박의 가야전을 지적했다.

보수와 진보를 대표하는 조선과 한겨레에서 연이어 비난조의 보도가 이어지자 2019년 12월 9일 국립중앙박물관은 이례적으로 "국립중앙박물관은 가야의 역사와 문화에 대한 재인식을 위해 특별전을 준비했다"며 해명자료를 발표했던 거다.

국박 측은 해명 자료에서 "이번 특별전 '가야본성-칼과 현'은 1991년 '신비의 왕국, 가야' 전시 이후, 그간 발굴에서 출토된 많은 유물과 연구 성과가 있었으나, 종합적으로 전시된 적이 없는 '가야'에 대한 종합적인 전시"라고 설명했다.

논란이 된 신화가 전시에 포함된 것에 대해 "전시 예비조사 단계에 실시했던 국민의 가야에 대한 인식 조사에서 가장 널리 알려진 키워드는 '수로首露'였다"며 "이를 전시에 반영하기 위한 실물 자료는 '거북이', 왕비 허왕후의 이야기가 담긴 '파사석탑' 정도로 제한적이었다. 대중적인 '살아있는 박물관'을 만들기 위해 역사 기록이나 발굴 자료에 대한 적극적인 해석도 필요하다고 생각해서 진행한 것"이라고 강조했다.

이어 "이번 전시를 계기로 우리가 피상적으로 알고 있던 가야에 대해서 좀 더 명확히 알 수 있는 계기가 되기를 기대하며, 가야의 영토, 멸망시기, 존재방식 등에 대한 다양한 연구가 촉진되기를 바란다"라고 해명자료를 마무리했다.

논란이 일어난 이유는 무엇일까? 국박의 해명자료에는 "섬진강 서안의 여수, 순천, 낙동강 동안의 부산, 양산, 창녕 등에 언제 가야가 존재했는지에 대해서는 학자들 간에 논란이 있다. 이런 논란에도 불구하고 가야가 존재하였던 것이 명확한 지역에 대해서는 문화를 소개하여 한때 가야의 땅이었다는 것을 알리고자 했다"라고 강조됐다. 결국 논란인 줄 알면서도 가야에 대해 알리고자 전시를 진행했다는 말. 국박을 애정하는 1인으로서 심정적으로 이해가 가나 더 세심하지 못했다는 측면에서 아쉬운 부분이다.

나 역시 이 책을 쓰는 내내 가야를 고구려, 백제, 신라와 동등하게 다뤄야 한다고 생각했다. 막상 문장을 잇다 보니 그리하지 못했다. 일단 분량면에서 삼국 수준으로 다룰 자신이 없었다. 무엇보다 책의 큰 주제가 되는 한능검에 가야는 고구려, 백제, 신라 삼국에 비해 큰 분량을 차지하지 않았다. 이는 곧 가야에 대한 나의 답사 역시 고구려와 백제, 신라에 비해 현격하게 적었다는 의미다.

실제 한능검에도 가야는 가야 연맹의 주도권을 시대별로 누가 가졌는지, 그 과정에서 삼국이 어떤 영향을 끼쳤는지, 김해 대성동 고분군과 고령 지산동 고분군에서 출토된 유물이 무엇인지 수준으로만 언급된다. 가야의 건국 설화로 전해지는 구지가와 왜가 한반도 남부를 지배했다는 임나일본부설에 대해서도 다뤄지고 있다.

다들 잘 알 듯 가야연맹은 3세기 김해의 금관가야를 중심으로 연맹이 형성됐다. 그러나 광개토태왕 시절 고구려가 신라를 도와 왜를 격퇴하는 과정에서 가야를 공격함으로써 가야연맹은 해체됐다. 이후 고령 지역 대가야가 후기 가야 연맹의 주도적인 위치를 차지했지만 끝내 중앙 집권적 고대국가로 성장하지 못했다. 과정에서 532년 법흥왕이 금관가야를 정복했고, 562년 진흥왕이 대가야를 멸했다. 다만 가야는 지리적 특성상 질 좋은 철이 많이 나와 투구와 판갑옷 등이 발전했다. 이를 바탕으로 가야는 덩이쇠 등을 외국에 수출하기도 했다. 또 남해의 바다를 이용해 낙랑과 왜를 연결하는 중계무역을 진행하기도 했다.

가야 덩이쇠

다만 가야 파트를 마무리하기 전 당부하고 싶은 내용 하나는, 가야를 대표하는 유물만큼은 꼼꼼하게 확인했으면 하는 바람이다. 국박에는 1978년 계명대학교에 의해 대가야의 왕릉급 무덤인 고령 지산동 고분군 32호 무덤에서 발굴된 판갑옷과 투구가 보관 전시 중이다. 천년이 넘는 세월로 이미 녹이 슬고 또 슬어 본래의 색을 정확히 알 수 없지만 출토된 갑옷만으로도 당시 가야가 얼마나 철을 잘 다뤘는지 추측 가능하다.

마찬가지로 대가야 시대에 제작된 고령 지산동 32호분 출토 금동관 역시 가야를 대표하는 유물 중 하나다. 관의 문양을 연꽃봉오리 형태로 갈음했다. 무엇보다 금동관이 드러나는 몸체 부분에 연속점무늬와 물결무늬 등으로 X자를 그리고 이를 통과하는 수평선을 그어 디자인했다. 선을 교차했다는 뜻인데, 선으로 분할함으로써 좌우의 대칭미까지 이루는 멋을 부렸다.

물론 가야의 대표 유물은 누가 뭐래도 경주박물관에서 보관 중인 국보 275호 기마인물형 뿔잔이다. 직접 가서 오래도록 보자. 이런 잔으로 곡주를 즐겼다는 사실이 그저 부럽고 신기할 뿐이다.

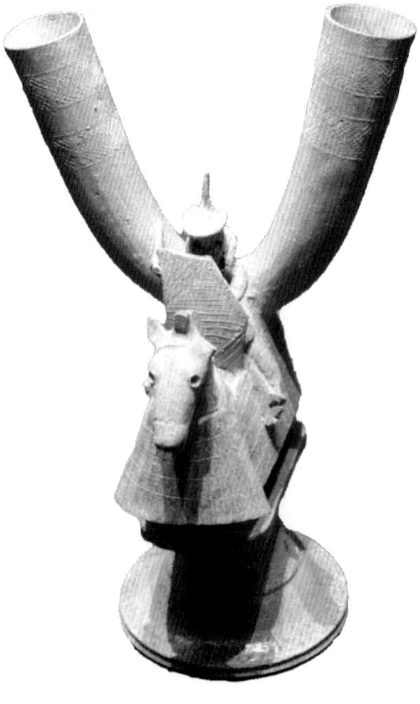

기마인물형 뿔잔

5부

남북국시대, 두 나라가 공존했다

01

"내 죽어서 동해의 용이 되겠다"

: 문무대왕릉

스토리

개와 늑대의 시간에 만난 검은 무리

경주시에서 만든 '경주길라잡이-문무대왕릉' 팸플릿을 보면 대표 이미지가 문무대왕릉을 끼고 동해바다 너머로 떠오르는 태양이다. 그만큼 유명하고 귀하다는 의미일 터, 그러니 경주까지 왔는데 어찌 문무대왕릉 앞 일출을 담지 않을 수 있나. 삼한통일의 최종승자인 문무대왕을 직접 만나러 갈 수밖에 없었다.

다만 동해의 7월 일출 시간이 보통 오전 5시 10분께였다. 시내에서 문무대왕릉까지 약 33km. 차로 아무리 빨리 달려도 35분은 걸린다. 일출을 보기 위해 준비하고 일어나 출발한 시각이 새벽 4시 10분이었다. 물론 뻥 뚫린 도로를 달리는 상쾌함은 달려본 사람만이 알 수 있지만규정속도를 지켜도 충분히 느낄 수 있다, 천근처럼 무거운 몸을 이끌고 가야 하는 고단함은 어쩔 수 없는 일이다.

그래서 태양이 떠오르기 직전, 소위 '개와 늑대의 시간'에 현장에 도착했을 때 기대가 컸다. 정말 경주시 안내 팸플릿대로 상상불허의 태양을 만날 것이라 생각했다.

하지만 주차장에 차를 대는 순간 곧장 밀려오는 오묘하고 기괴한 분위기. 멀리서 둥둥둥 두둥 두둥 두두둥 북소리가 들려온다. 뭐지 싶어 차문을 열고 내려 해안가쪽으로 걸어가니 까마귀 십수 마리가 갑자기 날아들어 시야를 가린다. 혹시 여러분은 까마귀를 실제로 본 적이 있나? 까치와는 비교가 안 될 정도로 크다. 그런 녀석들 수십 마리가 새벽 다섯 시도 안 된 그 시간에 무리지어 있었던 거다.

진짜 난리도 이런 난리가 없더라. 수명의 무속인들이 화려한 색감의 옷을 입은 채 해안가 곳곳에 자리해 떠오르는 태양을 기다리며 문무대왕을 향해 기도하고 있었다. 그들 옆에는 북채를 쥔 이들이 리듬에 맞춰 북을 울리고. 바로 옆에는 기도를 위해 준비한 각종 제수 음식이 마련돼 있었다. 그러니 수십 마리의 까마귀들이 무리 지어 음식을 갈취하기 위해 준비하고 있었던 거다.

2015년, 2016년, 2017년 보도에 따르면 문무대왕릉 주변에 무분별하게 차려진 20여 개의 굿당에 대해 경주시가 새마을지도자, 경주시 통장협의회, 한수원 직원 등 200여 명을 동원해 정리했다는 내용이 있다. 그런데도 2021년 여름 내가 현장을 찾았을 때, 평일임에도 불구하고 수명의 무당들이 나와 북을 치며 새벽기도를 올리고 있었다.

듣자하니 문무왕릉 주변이 전국에서 가장 신기가 좋은 곳으로 알려진 곳이라고 한다. 그래서 말리고 금지해도 무속인들이 자연스레 모인다고 한다. 특히 처음 내림굿을 받은 '강신무'는 대왕암 주변을 무당이 된 후 첫인사를 드리는 성역으로 여긴다고 한다. 이른 새벽부터 대왕암 주변에서 제사상이 차려지고 북이 울리며 까마귀 떼가 난립하는 이유다.

이런 난리에도 불구하고 문무대왕암의 넉넉한 해변은 방문객들에게 평화를 제공한다. 특히 태양이 수평선 너머 고개를 서서히 들이밀면 해안가에 모인 무속인이며 사진 동호회 사람들, 나처럼 답사를 온 모두가 하던 것을 멈추고 정면을 바라본다. 대왕암을 포근하게 감싸 안으며 올라오는 태양은 그곳에서만 느낄 수 있는 최고의 풍광이다. 현장을 직접 보니 무당들이 경주시와 심각한 갈등 상황을 초래함에도 불구하고 왜 무리를 해가면서까지 대왕암에 오고 또 오고 또 오는지 알겠더라. 평범한 일반 시민들이 느끼기에도 소위 영적인 기운이 남다른 곳이다.

문무대왕릉, 해안가에서 약 200m 떨어진 바다에 마련된 수중릉이다. 신라 30대 문무왕 김법민의 무덤이다. 김법민은 앞서 살핀 김춘추의 장남이자 김유신의 외조카다. 물론 김유신이 환갑 나이에 지소공주와 결혼했기에 김법민은 김유신의 처형이기도 하다. 삼한통일의 주역으로 평가 받는데, 실제 백제가 멸망한 이듬해인 661년 6월

삼한통일의 주인공 문무왕 김법민은 '신라를 지키는 동해의 용이 되겠다'며 죽은 뒤 바다에 뿌려졌다. 이런 이유 때문일까. 이른 새벽 대지를 적시는 태양이 떠오를 시각이면 전국에서 몰려온 무당들이 북을 두들기며 제를 지낸다. 오묘한 풍경이다.

왕위에 오른 뒤 668년 고구려를 무너뜨렸고 이후 한반도를 장악하려는 당나라에 맞서 싸웠다. 그리고 20여 차례가 넘는 전투 끝에 676년 말 신라는 당나라를 몰아내고 성공하고 대동강 이남 지역을 온전히 장악해 삼한통일의 위업을 달성한다. 문무왕의 최대 업적이다.

이후 문무왕은 새로이 정복한 영토를 정비하고 곳곳에 관리를 파견해 국가 기강을 다잡는다. 동시에 678년 원주에 북원소경을, 680년에는 가야 지역에 금관소경을 설치해 아들 신문왕대에 이르러 완성되는 5소경제도의 기반을 확립한다. 재위 기간 내내 삼한통일 전쟁에 임했던 문무왕 김법민은 681년 7월 생을 마감한다. 문무왕은 "죽은 뒤 동해의 용이 돼 나라를 지키겠다"며 "그러니 죽은 후 화장해 동해 바다에 장사지내라"라는 유언을 남긴다.

아들 신문왕은 아버지 문무왕의 유언을 받들어 현재의 자리에 문무대왕릉을 조성했다. 자연 바다를 이용했는데 다만 그 안에 동서남북으로 인공수로를 만들어 바닷물이 동쪽에서 들어와 서쪽으로 빠져나가게끔 조성했다. 수면 아래에는 길이 3.7m, 폭 2.6m의 넓적한 거북 모양 돌이 있어 그 아래 문무왕의 유골을 매장했을 것으로 추정되고 있다. 1400년을 이어온 왕의 무덤이다. 더불어 영적인 기운이 넘실대는 땅이다. 단잠을 깨고 충분히 방문해볼 가치가 넘치는 곳이다. 무엇보다 바로 인근에 감은사지와 이견대가 있다. 물안개 핀 감은사지에서 감은사지 동서 삼층석탑을 바라보는 맛이 일품이다.

가이드

최후의 승자, 신라

고구려 편에서 길게 적었지만, 대륙의 기상을 품은 천하의 중심, 고구려가 삼국을 통일했으면 우리 역사가 많이 달라졌을 것이라 생각하는 분들이 많다. 나 역시 그러한 마음을 가졌던, 아니 여전히 아쉬움을 느끼는 1인이다. 하지만 최후의 승자는 신라다. 그 중심에는 선택의 순간마다 항상 최선의 선택을 했던 태종무열왕 김춘추와 문무왕 김법민이 있다.

640년대 백제의 공격이 거센 상황에서 김춘추는 고구려에 손을 내밀었지만 연개소문은 신라 입장에서 말도 안 되는 제안을 하며 거절했다. 결국 코너에 몰리고 몰렸던 김춘추는 김유신과 손을 잡고 내부 권력을 쟁취한 뒤, 외세인 당나라를 끌어들였다. 가장 현실적인 판단이었고 최선의 선택이었다. 한반도 남쪽 끝자락에 자리한 신라가 가야와 백제, 고구려, 당나라를 넘어 삼한통일의 기적을 이룬 주인공이 됐다.

의상과 원효

그리고 결코 놓쳐서는 안 되는 두 사람이 있다. 한능검에 문무왕보다 더 잘 나오는 원효대사와 의상대사다. 신라 불교를 대표하는 두 사람의 주요 활동이 주로 문무왕 시기에 이뤄진다.

잘 알려졌듯 두 사람은 함께 당나라에 유학길에 오른다. 여정 도중 밤이 깊어지자 어느 동굴에 들어가 잘 수밖에 없는 상황이 벌어졌다. 잠결에 원효는 목이 말라 손에 잡히는 대로 물을 마셨고, 다음 날 아침에 일어나 보니 그것이 해골에 괴어있는 썩은 물이었다. 이 순간 원효는 '모든 것은 오직 마음이 지어낸다'라는 일체유심조一切唯心造의 원리를 깨닫는다. 이 길로 원효는 의상과 헤어져 다시 왔던 길을 돌아간다. 이후로 원효는 더 깊이, 모든 것에 얽매이지 않는 무애의 삶을 추구하게 된다. 매일 같이 이어지던 삼한통일 전쟁에 지쳤던 민중의 삶으로 완전히 천착한 것인데, 이때 원효는 대중에게 "'나무아미타불'만 외우면 누구나 극락으로 갈 수 있다"라는 아미타 신앙을 전파해 불교대중화에 혁혁한 공을 세운다. 그러면서 '무애가'

를 지어 아무 거리낌도 없는 자유의 삶을 추구했다. 동시에 모든 사상이 옳지 않은 것이 없다며 화쟁사상을 통해 종파 간의 사상적 대립을 지양했다원융회통圓融會通. 또 <대승기신론>, <금강반야경소>, <화엄경> 등을 지어 분열된 국민정신을 통합하기 위해 노력했다. 원효의 아내는 태종무열왕의 딸 요석공주고, 아들이 그 유명한 신라의 대학자 설총이다.

원효대사 초상 13세기, 저자 미상, 일본 고산사

원효대사와 관련해 믿기 힘든 사실이 하나 있다. 서울 용산구 효창공원, 삼의사묘역과 임정요인묘역 머리 위에 원효대사 동상이 서있다. 박정희 정권 당시인 1969년 8월 당시 조중훈 한진그룹 창업주의 지원으로 만들어졌다. 이게 왜 믿기 힘든 사실인가 하니 용산구에 원효로가 있다는 것 이외에는 딱히 특별한 연고도 이유도 없이 동상을 세웠다는 점이다. 뒤에서 다루겠지만 효창원은 조선 후

기 임금인 정조가 아들 문효세자와 의빈성씨가 사망한 후 만든 왕가의 무덤이다. 일제가 강제병합한 후 이곳에 골프장을 세우고 왕가의 묘를 강제 이장한 뒤 효창공원으로 이름을 바꿨다. 광복 후인 1946년 백범이 윤봉길, 이봉창, 백정기 의사 등 삼의사의 묘역을 비어있는 문효세자 무덤자리에 모셨다. 1948년에는 중국에서 사망한 임정요인의 유해를 모셔와 의빈성씨 묏자리에 모신 거다. 애석하게도 백범 역시 1949년 6월 안두희 흉탄에 사망하고 삼의사 묘역 인근에 잠들었다. 1961년 쿠데타로 정권을 잡은 박정희 군부세력은 효창원 머리 쪽에 반공투사위령탑과 원효대사 동상을 세웠다. 원효대사 동사 아래쪽에는 "번영과 평화, 통일의 이상을 높이 쳐들고 확실한 길을 보여주었다"라고 새겨졌다. 반세기가 넘었지만 사람들의 무관심 속에 효창원의 원효대사 동상은 꿔다놓은 보릿자루처럼 애물단지 취급받는다.

효창원 북단에 자리한 원효대사 동상.
박정희 군부 정권이 특별한 연유도 없이 세워 놨다.

원효가 '모든 것은 마음에 달렸다'는 일체유심조를 깨달았다며 유학길에 오를 것을 포기했지만 동행했던 의상은 굴하지 않고 당나라를 향해 걸음을 재촉한다. 문무왕 1년인 661년 배편으로 당나라에 도착한 의상은 중국 산시성에 위치한 종남산 지상사에서 화엄종 2대 조사인 고승 지엄의 문하로 들어간다. 이때부터 의상은 약 9년 동안 당나라에 머물며 불법을 닦았다. 그리고 마침내 670년 귀국길에 오른다.

당시는 고구려가 멸망한 뒤 신라와 당 사이에 한반도 주도권을 놓고 끊임없이 전쟁이 오가던 시기였다. 김유신의 동생 김흠순이 신라 사신으로 당나라에 방문했지만 억류당했고, 이에 김흠순은 의상을 통해 관련 내용을 문무왕에게 알려 대응책을 마련할 수 있도록 했다.

신라에 돌아온 의상은 관음굴낙산사에서 백일기도를 하고 전국 산천을 두루 돌며 교리를 전파했다. 당나라를 몰아내고 삼한통일을 완료한 676년, 문무왕의 허락을 받아 영주 봉황산 자락에 부석사를 창건하고 화엄교학華嚴教學을 강술해 해동 화엄종의 시조가 됐다. 화엄교학은 우리들이 현재 살고 있는 생사의 세계야말로 부처의 공간이며, 모든 현상은 인연이 상호 관계해 성립한다는 연기설緣起說의 입장에서 이뤄진다는 세계관이다. 이를 바탕으로 원효가 '나무 아미타불'을 통해 누구나 극락에 갈 수 있다는 불교의 대중화에 크게 기여했다면 의상 역시 '관세음보살'을 통해 현세의 고난을 구제 받을 수 있다는 관음 신앙을 널리 알렸다. 원효와 의상에 의해 만들어진 나무아미타불 관세음보살이 현재까지 이어지는 것. 말 그대로 해석하면 아미타부처님과 관세음보살에게 귀의한다는 말이다.

아미타불은 극락에 계신 부처고, 관세음보살은 중생들을 구제하는 분이다. 영주에 부석사를 창건한 이후 의상대사는 전국 명산에 사찰을 세워 화엄사상을 확산시켰다. 대표적인 것이 지리산 구례 화엄사, 가야산 해인사, 계룡산 갑사, 금정산 범어사, 비슬산 옥천사 등이다. 화엄사상은 우주에 있는 모든 것은 홀로 있거나 홀로 작용하는 것 없이 모든 것이 끊임없이 서로 연관돼 서로가 서로에게 관계를 일으킨다는 논리다. 의상의 대표 저술로 <화엄일승법계도>가 있다.

영주 부석사

따라잡기 한능검

문무왕의 삼한통일 과정

우선 한능검에는 문무왕과 관련된 내용이 삼한통일 과정에 집중돼 출제된다. 문무왕 김법민은 태자 시절인 660년 백제를, 661년 왕이 되고 7년 뒤인 668년 고구려를 정복한다. 이후엔 당과의 다툼의 연속, 663년 복신과 도침 등에 의해 주도적으로 이뤄진 백제 부흥운동을 진압하고, 당에 맞서기 위해 고구려 유민인 안승을 지원해 전북 익산에 보덕국 설립을 지원하기도 한다. 이후 고구려를 멸한 뒤인 675년과 676년 각각 매소성과 기벌포에서 당에 승리함으로써 대동강 이남에 대한 완벽한 통일 작업이 이뤄진다. 위에서 살폈듯 681년 사망 후 동해에 안장됐다.

또 한능검에는 아버지 태종무열왕과 아들 신문왕 시기의 업적을 함께 나열한 뒤 문무왕 시기 업적을 찾으라는 문항도 자주 출제된다. 항상 강조하지만 흐름을 잡으면 문제는 어렵지 않다. 문무왕의 삼한통일 과정, 흐름부터 잡자.

원효대사와 의상대사의 경우 그들이 걸어온 길을 보기 자료로 제시한 뒤 인물에 대한 설명으로 옳은 것을 찾으라고 한다. 의상은 화엄종과 부석사와 관련된 내용이 많고, 원효는 무애가와 화쟁론, 아들 설총과 관련된 보기 자료가 많다. 화랑도의 행동규범으로 세속 5계를 제시한 원광, 인도와 중앙아시아를 여행하고 왕오천축국전을 남긴 혜초, 선덕여왕에게 황룡사 9층목탑 건립을 제안한 지장 등도 원효와 의상과 함께 자주 출제되는 당대의 승려들이다.

투어

인간세상의 극락정토 영주 부석사

문무왕 김법민과 관련된 문화유산은 이어지는 신문왕편에서 함께 풀고자 한다. 이 자리에서는 의상대사가 창건한 영주 부석사만 살피자. 직접 가보니 인간세상의 극락정토에 온 기분이었다.

2021년 8월 31일 늦은 오후 홀로 영주 봉황산 자락에 위치한 부석사를 오를 때 든 생각은 딱 하나였다. '극락정토가 있다면 바로 이곳이다' 번잡한 주차장을 벗어나 표를 끊고 들어가는 순간부터 일주문 너머 곧게 뻗은 은행나무가 좌우로 선채 행락객을 맞는다. 그 길 끝자락에 무심히 선 당간지주가 옛 영광을 뒤로한 채 있다. 몇 걸음 더 옮기면 1400년 고찰의 출입문격인 천왕문에 다다른다. 이 순간이 백미다. 작은 돌 하나도 역사인 계단 따라 걸음을 옮기다보면 어느새 극락의 문 앞에 선다. 걸음을 잇는 순간 나도 모르게 나오는 탄성.

'아!'

좌우로 선 석탑 너머 '봉황산 부석사'라는 명패를 단 범종루가 산세와 하나 된 채 오래된 고동빛 흘리며 서있다. 범종루 아래로 이어진 계단 따라 걸음을 옮기면 누각 아래쪽 배흘림기둥을 보게 되는데, 결과적으로 식전 요리 같은 느낌으로 기억될 거다. 그럴 것이 그 너머에 '부석사', '안양루'라는 현판이 붙은 진짜가 있다. 조선후기 건축물에 불과한데도 무량수전 앞에 서서 중심을 잡고 있는 탓에 그 어디에서도 쉬이 느끼지 못한 묵직함이 전해져온다.

안양루 아래쪽 배흘림기둥을 다섯 손가락으로 지그시 누른 채 걸음을 잇다보면 극락의 중심 무량수전이 눈앞에 펼쳐진다. 무량수

부석사 무량수전

부석

전 문창살 하나에 스치는 바람까지도 모자람이 없다. 무량수전 앞 석등과 무량수전, 그 안에 모셔진 소조여래좌상까지 완벽한 균형을 이룬 채 조화로이 자리해 있다. 이 순간은 아무 말도 하지 말고 마음껏 즐겼으면 하는 바람이다. 두 눈을 어디에 두어도 부족함이 없다.

개인적으로 가장 마음에 찼던 것은 무량수전도, 그 안에 모셔진 소조여래좌상도, 그 유명한 '부석' 두 글자도 아니었다. 무량수전을 바라보고 우측 편에 자리한, 선묘각과 삼층석탑으로 오르는 길목에 서서 바라본 풍광이었다.

회색 구름 사이 햇살이 살포시 스며드는데 그 순간 칠십 평생 불자로 살아온 엄마가 떠오르더라. '이 귀한 극락정토의 모습을 나만 보다니'하는 생각과 함께.

무량수전 너머 봉황산 기슭에는 부석사를 창건한 의상대사의 상을 안치한 조사당도 있다. 멀지 않으니 걸음을 꼭 잇기를. 영주 부석사, 혼자 가도 좋고, 둘이 가도 좋고, 무리지어 가도 좋다. 그곳이야말로 극락정토다. 물론 선택하라면 초여름 평일 오후 해질녘, 특히 부슬비가 내리는 날 다시 가고 싶다. 잔잔하고 애잔한 그 풍광이 잊히질 않는다.

참고로 무량수전을 바라보면 우측 언덕에 선묘각이 있다. 선묘의 영정이 걸려 있는데, 의상대사가 부석사를 창건할 때 크게 도움을 줬다는 설화가 전해지기 때문이다.

인세의 극락정토 영주 부석사. 평일 부슬비 내리는 날에 찾으면 오래도록 남을 추억이 가슴에 새겨진다.

의상이 당나라에서 공부할 때 신도라는 사람의 집에서 머물렀다. 그런데 신도의 딸인 선묘가 의상을 사모하게 됐다. 의상은 선묘의 마음을 알면서도 받아들이지 않았다. 이에 선묘는 의상의 제자가 돼 의상의 불사에 도움이 되겠다는 다짐을 했다고 한다. 670년, 의상은 신라로 귀국하게 되고 뒤늦게 소식을 접한 선묘는 자신이 죽어 그를 지켜주겠다며 서해바다에 몸을 던져 죽었다. 훗날 의상이 영주 봉황산에 산사를 지을 때, 이미 터를 잡고 살던 주민들이 와서 집단으로 반발하자 갑자기 선묘룡이 나타나 사람 수백 명의 머리를 덮고도 남을 크기의 바위를 들었다 놓았다고 한다. 겁에 질린 주민들은 반발을 멈추고 모두 의상의 불사를 도왔다고 한다. '부석사'라 불리게 된 이유다.

02

통일국가 신라, 단단해지다

: 감은사지 동서삼층석탑과 이견대

스토리

신문왕, 왕권을 틀어잡다

681년 문무왕에 이어 왕위에 오른 아들 김정명신문왕은 열과 성을 다해 아버지의 은혜에 보답한다. 그것이 지금까지 남은 감은사지와 감은사지동서삼층석탑, 이견대다. 신문왕의 왕위 승계가 순조로웠던 것은 아니다. 한능검에도 매우 잘 나오는 '김흠돌의 난'이 일어난다. 왕위를 이어받은 지 한 달 만인, 681년 8월의 일이다.

김흠돌, 김유신의 조카이자 사위였다. 동시에 화랑도의 대표적인 인물이었다. 그러면서 신문왕의 장인이었다. 대동강 이하의 삼한을 통일하고 안정적으로 정권을 이어가야 하는 상황에서 권력의 끝판왕에 있던 왕의 장인이 반란을 획책한 거다.

왜 그랬을까? 여러 기록에는 김흠돌이 모반을 일으킨 구체적인 죄목이 드러나지 않는다. 다만 명민했던 신문왕 김정명은 이를 왕권 강화의 기회로 삼았다. 반란에 가담했던 김흠돌을 필두로 대대적인 숙청 작업이 진행된다. 군권의 수장이었던 병부령 김군관을 반란을 방관했다는 이유로 자살케 했다. 장인이었던 김흠돌이 반란을 일으켰으니 왕후였던 김씨 역시 왕실에서 쫓겨났다.

권력의 요직에 공백이 발생하자 신문왕은 이를 자신의 사람들로 채워나갔다. 동시에 유학 사상을 학습하는 '국학'을 세워 국가 주도로 인재를 양성했다. 신라의 3대 문장가로 불리는 원효 아들 설총도 이때 등장해 이두향찰를 집대성해 한문을 국어화하는데 크게 일조했다. 또 설총은 신문왕에게 <화왕계>를 지어 올려 왕이 가야 할 길을 제시했다. 이를 바탕으로 신문왕은 지방 해정구역을 9주 5소경으로 조직해 한쪽으로 치우친 수도의 한계를 극복하고 지방세력의 권한을 약화시키고자 했다. 동시에 군사조직을 9서당 10정으로 정비해 중앙군은 고구려와 백제, 말갈인을 포함하는 9서당이, 지방군은 국경지대인 한주를 제외한 각 9주에 1개씩 배정하는 10정이 맡았다.

신문왕은 귀족들의 녹읍을 폐지해 관료전을 지급했다. 녹읍은 관리에게 봉급녹으로 읍일정 구역을 지급하는 것이다. 읍에 포함된 토지의 조세와 공납, 노동력까지 수취 가능하다. 반면 관료전은 일정

토지 안에 있는 조세와 공납만 거둘 수 있도록 한 제도다. 이러한 일련의 흐름은 왕권 강화로 이어졌고, 이는 곧 신라의 전통처럼 여겨지던 화백회의의 축소로 나타났다. 회의의 장을 맡았던 상대등의 권한 역시 약화됐고, 대신 왕명을 수행하는 집사부와 집사부의 수장인 시중의 권한이 강화됐다.

신문왕은 아버지 문무왕의 업적을 기리기 위해 문무대왕릉 인근에 감은사를 세웠다. 이른 새벽, 물안개 피어오르는 감은사지는 그 자체로 감동이다.

신문왕은 여기서 그치지 않았다. 이제는 그의 상징처럼 돼버린 감은사를, 재위 2년째인 682년에 문무왕을 기린다는 이유로 창건했다. 동시에 감은사지 동서삼층석탑을 세워 왕의 권위를 강화했다. 실제 2단의 기단 위에 3층 탑신을 올려 각각 13m가 넘는 거대한 형태로 만들어진 감은사지동서삼층석탑을 바라보고 있으면 유구한 세월의 흐름에 압도당하는 느낌을 받는다. 1959년 서쪽탑을 해체 수리할 때 3층 몸돌에서 금동사리장엄구가 발견됐다. 1996년 동쪽탑을 해체 수리할 때도 3층 몸돌에서 서탑과 비슷한 금동사리장업구가 마찬가지로 발견됐다.

감은사터 동탑 사리구

추가로 감은사지에서 약 1km 떨어진 언덕에 '이견대'가 있다. 1970년대 후반 복원된 것으로 이곳에 서면 문무대왕릉을 좀 더 자세히 살필 수 있다.

동해의 용이 된 문무왕을 위해 아들 신문왕은 감은사를 완공했고, 법당 밑에 구멍을 뚫어 드나들 수 있도록 만들었다고 전해진다. 이견대는 용이 나타난 걸 보았던 장소였던 것. 물론 이로울이利에 볼견見을 사용했다. 경주시가 현장에 세워놓은 안내문에 따르면 "이견대라는 이름은 주역에 있는 글귀인 비룡재천飛龍在天 이견대인利見大人에서 따온 말"로 "신문왕이 바다에 나타난 용일 보고 나서 나라에 큰 이익이 있었다는 데서 비롯됐다"라고 적혔다.

신문왕은 감은사와 이견대까지 만든 상황에서 왕의 권위를 강화하기 위해 한걸음 더 나아간다. 안내판에 자세히 언급됐는데 아래와 같다.

"683년 5월 감은사 앞바다에 작은 산이 떠내려 왔다. 신문왕이 이 산에 들어가 용을 만나 옥대를 받았다. 또 산 위에 난 대나무를 베어내 피리를 만들었다. 이 피리가 나라의 모든 근심과 걱정을 해결해준다는 만파식적이다. 옥대와 만파식적은 그 후 신라의 보물이 됐다"

이견대에서 바라보는 문무대왕릉은 말 그대로 '이견'이 필요 없는 풍광이다

일연의 <삼국유사>를 기초로 한 내용이다. <삼국유사>에는 "용이 나타나 '동해의 용이 된 그대의 아버지 문무왕과 천신이 된 김유신이 그대에게 옥대와 나무를 전해주라 하였다'며 국왕은 대나무를 베어 피리를 만들었다"라고 적혔다. 해석하면 용이 지킬 만큼 나라가 융성해지고 위기의 상황도 언제나 안정을 이룰 수단피리을 마련했음을 온 나라 백성들에게 알린 거다. 문무대왕릉을 필두로 감은사와 감은사지동서3층석탑, 이견대까지 삼한통일의 과정과 중앙집권을 진행하는 신문왕의 큰 그림을 엿볼 수 있는 공간이다.

가이드

감은사지 동서삼층석탑, 마음을 녹였지만…
자세히 보면 보이는 아픔들

문무대왕릉에서의 일출이 워낙 귀했지만 솔직히 말하면 여러 무속인과 까마귀 떼로 인해 충격이 더 컸다. 이런 상황에서 감은사지로 이동했던 것. 그런데 감은사지에 내리자마자 노곤했던 모든 감정이 녹아내렸다. 이른 아침 은은한 운무를 감싸 안은 감은사지 쌍둥이 삼층석탑은 그 자체로 환상적인 풍광을 자아냈다.

그런데 가까이 다가가서 보니 깜짝 놀랐다. 1400년을 버틴 탑의 낡음이야 문제가 아니지만 동탑과 서탑 가리지 않고 탑신에 여러 낙서가 새겨져 있었기 때문. '김', '팔', '자', '오늘'이라는 단어들. 그나마 다행이라면 낙서의 대표 격인 '사랑해', 'xx', '누구 왔다 간다'라는 말이 보이지 않는 정도랄까. 고요하게 밀려오는 감흥을 크게 저해하는 요소였다. 문제는 이를 문제 삼는 내용이 이미 십 수 년 전에도 있었다는 사실이다. 문화재청 자유게시판에 2009년 9월에 올라온 내용이다.

"처음으로 경주에 있는 감은사지3층석탑을 보고 깜짝 놀랐습니다. 귀중한 우리나라 문화유산이 관리가 제대로 되지 않아 낙서가 되어있고 마음껏 만져 볼 수 있게 되어있으며 관리하는 사람이나 아니면 CCTV라도 설치가 되어 있어야 할 것 같은데 아무리 찾아봐도 없더라고요. 좀 신경을 써 주셨으면 합니다."

애석하게도 이 글에 문화재청의 답글이 달리지 않았다. 내가 2021년 6월 현장을 방문했을 때도 크게 변하지 않았다. 이해가 안 가는 건 아니다. 1400년을 버텨온 문화유산에 함부로 손을 댈 수 없는 것 또한 사실일터. 하지만 2009년에 있었던 지적대로 좀 더 세심한 관리가 필요함은 부인할 수 없는 상황이다. 한글로 된 낙서라니. 개탄스러운 일이다.

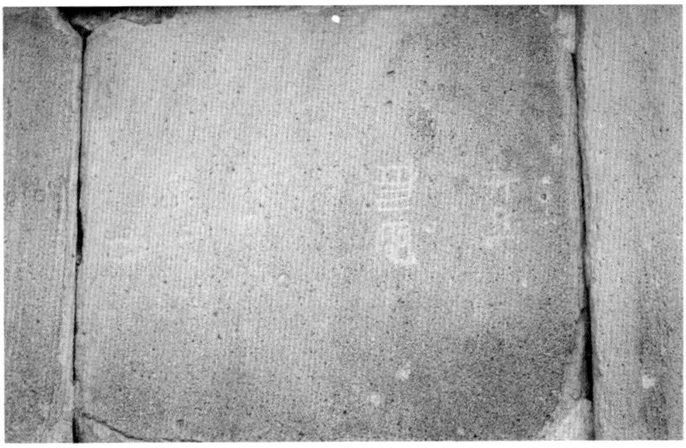

감은사지 석탑에 새겨진 낙서들

따라잡기 한능검

신문왕의 개혁정책과 사후 혼란

시험에는 김흠돌의 반란 후 신문왕이 추진한 여러 개혁정책과 문무대왕릉, 감은사지 3층석탑, 만파식적에 얽힌 이야기가 복합적으로 연계돼 출제된다.

보기에서 감은사지에 대한 설명을 나열한 뒤 여러 탑 중 고르라는 문제부터 신문왕에 대한 설명 이후 그가 추진한 정책 등을 고르라는 문제다. 다시 강조하지만 김흠돌의 난 이후 왕권을 강화하기 위해 국학을 세워 유교 교육을 장려했고 노동력까지 수취했던 녹읍을 폐지하고 관료전을 지급했다. 동시에 집사부 기능을 강화해 귀족들 집합기구인 화백회의를 견제했다. 일련의 개혁을 대대적으로 추진했던 신문왕은 재위 11년 만인 692년 이른 나이로 사망한다. 이후의 과정은 우리의 예상대로다. 구심점을 잃은 권력은 흔들리기 마련.

신문왕 시기 일어난 김흠돌의 난 때문에 한능검에는 신라시대 일어난 여러 난을 나열한 뒤 해당 왕의 재위기간 발생한 일을 고르라는 문제도 출제된다. 대표적인 것이 신라 헌덕왕 때822년 공주에서 일어난 김헌창의 난과 진성여왕 때889년 상주에서 일어난 원종과 애노의 난이다. 특히 농민들의 반란인 원종과 애노의 난은 천년을 버틴 신라가 무너져내리는 직접적인 계기가 돼 매우 중요하다.

당시 전국에서 크고 작은 농민반란이 이어지자 지방 호족들도 함께 일어나 정국의 혼란은 극에 달했다. 889년 원주에서 양길의 난이 났고, 안성에서 기훤의 난이 일어났다. 또 충주에서는 원회의 난이, 청주에서는 청길이 난이 발생했다. 이들 반란군 중에는 특이하게 붉은바지를 입은 무리가 있었는데, 이들을 당시 '적고적'이라 불렀다. 896년진성여왕 10년 적고적은 동쪽으로 진격해 경주 서남방면까지 진출해 약탈을 일삼았다. 이러한 혼란은 결국 10세기 초 후삼국시대를 여는 또 다른 매개가 됐다.

한능검 시험에는 7세기 김흠돌의 난, 9세기 초 김헌창의 난, 9세기 말 원종과 애노의 난, 마찬가지로 9세기 끝자락인 896년에 일어난 적고적의 난 등을 나열한 뒤 순서대로 찾으라는 내용이 난이도 상 문제로 나온다. 흐름만 알면 어렵지 않은 문제다.

투어

용이 된 아버지, 기리는 아들

이른 새벽, 문무대왕릉으로 향하자. 그곳에서 문무대왕릉을 걸치고 일어서는 태양을 바라보자. 왜 문무왕은 죽어서 용이 되려 했는지, 그의 아들 신문왕은 왜 아버지를 기리는 감은사지를 만들었는지, 이견대에서 바라보는 문무대왕릉은 왜 다른지 하나하나 가슴에 새겨보자. 상당히 농밀한 추억을 전해주는 코스다.

다만 이 코스는 차가 없으면 이동이 크게 제한된다. 자차가 없을 경우 택시를 이용해 이동하거나 아니면 문무대왕릉 인근에 숙소를 잡고 이른 새벽 일어나 위에서 열거한 코스대로 이동하는 것도 방법이다. 불편함이 있지만 경주에 가면 반드시 살펴야 할 귀한 코스다. 놓치지 말자.

신문왕과 관련된 유적 중 우리가 놓쳐서는 안 되는 답사지가 하나 더 있다. 바로 통일왕국 신라의 중앙집권화를 다진 신문왕의 무덤이다. 경주시내에 멀지 않은 낭산 아래쪽에 자리해 있다. 개인적으로 신문왕릉을 확인한 뒤 인근 선덕여왕릉을 찾았다. 신문왕릉이 도로가에 위치해 방문은 더 용이하다.

특이하게도 신문왕릉에는 무덤 가장자리 둘레돌이 벽돌 모양으로 다듬어져 있다. 이러한 벽돌 형태의 돌이 5단으로 쌓였고 그 위에 덮개돌이 올려졌다. 그리고 신문왕 무덤의 가장 큰 특징인 삼각형 모양의 석재 44개가 덮개돌을 받치는 형태로 바깥쪽으로 간격을 맞춘 채 줄지어 세워져 있다. 상당히 특이한 구조인데, 경주시 안내자료에는 "정남쪽에 배치된 받침석 윗부분에 문門자가 새겨져 있다"고 적혔다. 이곳이 무덤방으로 들어가는 널길 입구를 표시했다는 뜻, 개인적으로 이 문구 때문에 현장을 찾았을 때 신문왕릉을 한 열 번은 돈 것 같다. 순수하게 '문門'자를 찾기 위해서. 어찌됐을까. 간절히 바라면 항상 이루어진다. 여러분도 꼭 찾아보길. 힌트는 사진의 소나무.

신문왕릉에서 남쪽으로 약 4.5km 떨어진 지점에 신문왕의 장남인 신라 32대 임금인 효소왕과 차남인 33대 임금 성덕왕의 무덤도 있다. 성덕왕릉의 경우 아버지 신문왕의 무덤과 비슷한 듯 다른데, 무덤 입구에 무인상과 석인상이 세워졌고 둘레석에 십이지신상도 석상 형태로 세워져 있다. 곰곰이 생각해보면 둘레석이 없는 태종무열왕과 둘레석만 있는 신문왕, 둘레석에 십이지신상이 세워진 성덕왕릉. 삼한통일부터 중앙집권화를 거쳐 안정을 이뤄가는 신라왕조의 무덤 형태 변화상을 목도할 수 있는 지점이기도 하다.

신문왕릉 전경(위), 신문왕릉 받침석에 새겨진 '문門'자(아래)

03

좀 더 만끽하게 하소서

: 불국사와 석굴암

스토리

좋은 만큼 여유롭게

철저하게 개인 취향이지만 솔직히 현장에서 느낀 감동만 따지면 경주 불국사는 영주 부석사와 완주 화암사에 비해 한참 못 미쳤다. 다보탑과 석가탑도 왕궁리오층석탑과 감은사지쌍둥이탑이 준 뭉클함에 비하면 비교조차 불가했다. 석굴암 역시 충주 봉황리 마애불상군과 서산 마애삼존불에 비하면 '내가 여기에 왜 이 고생을 하고 있을까'라는 생각마저 일었다.

여정을 함께한 동반인들도 "2021년 7월 기준 6000원이라는 입장료를 내고 들어왔는데 도대체 제대로 볼 틈도 없었다"라고 말했다. 그랬던 거다. 밀려드는 인파에, 인증샷 찍는 인원에 밀려 무언가 가만히 서서 제대로 음미할 여유가 없었다. 불국사에서 피어올랐던 불편한 감정은 공간적 입장에서 더 좁고 제한적인 석굴암에 가니 더욱 싶게 피어올랐다. 유리막 너머 자리한 본존불을 가만히 보고 싶었는데 좌에서 우로 끊임없이 사람들이 밀고 들어오니 사실 무언가 느낄 새가 없었다.

불국사 백운교와 청운교

불국사 석가탑

물론 이른 새벽에, 문을 열자마자, 혹은 늦은 오후 문을 닫기 직전 방문했다면 분명 달랐을 거다. 정확히 이십 년 전인 스무 살에 혼자 경주에 방문했을 때 딱 그렇게 했으니까. 밤새 기차를 타고 내려와 시내에 위치한 경주역 앞에서 버스를 탄 뒤 아무도 없는 불국사에 혼자 들어가 천천히 걸으며 다보탑과 석가탑을 가슴 속 깊이 오래도록 새겼다.

석굴암 내부 문화재청

부슬비를 맞으며 토함산을 올라 석굴암에 들어섰을 때도 다르지 않았다. 때마침 물안개까지 피어올라 그날 느꼈던 감동이 십 수 년이 지나도록 잊히질 않았다. 다시 찾은 불국사와 석굴암은, 특히 생활인의 특성상 어쩔 수 없이 주말 오후에 방문할 수밖에 없었던 상황에서는, '왜 이 시간에 와서 이 고생을 할까'라는 후회만 일었다. 좋은 걸 분명히 아는데 제대로 즐기질 못하니 아쉬운 감정이 더 크게 일었다.

경주시에서 만든 안내자료만 봐도 알 수 있다. 불국사 관련 안내

자료에는 "불국사 경내에 있는 다보탑과 석가탑, 청운교와 백운교, 연화교, 칠보교 등의 문화재를 보면 당시 신라 사람들의 돌 다루는 솜씨를 엿볼 수 있다"며 "화강암석을 마치 나무로 만든 가구로 짜듯이 구성했다. 건축적 조형미는 물론 그 기법 역시 매우 독특해 신라 석조건축의 높은 수준을 보여준다"라고 나온다.

석굴암에 대해서도 경주시는 "석굴의 위대한 건축"이라 강조하며 "사각형의 앞방을 지나면 원형의 뒷방이 이어진다. 통로에는 동서남북을 지키는 사천왕이 자리 잡고 있다. 원형의 뒷방으로 들어가면 방 벽면에 여러 불상들이 좌우대칭으로 새겨져 있다. 둥근 천장은 360여 개의 널찍한 돌로 교묘하게 축조했다"라고 강조했다. 그러면서 석굴암 본존불에 대해 "문화유산 가운데 종교성과 예술성에서 가장 훌륭한 작품 가운데 하나이며, 전 세계 종교예술품 중에서도 뛰어난 명작으로 손꼽힌다. 단단한 화강암으로 조각됐지만 모난 곳 없이 부드럽게 빗어냈다"라고 설명했다.

하지만 어쩌랴. 현실은 밀려드는 인파에 자리를 옮기고 옮길 수밖에 없는 것을. 물론 인파 속에서도 천천히, 자세히 보면 된다 말할 수 있지만 동행인과 함께하는 여정에서 혼자만 여유 있는 척 행동하기란 쉬운 일이 아니다. 그래서 제안 하나 하자. 불국사와 석굴암을 방문할 때는 최대한 고즈넉한 시간을 살펴 찾아갔으면 하는 바람이다. 때론 혼자 여정을 이어가는 것 또한 좋은 일이다. 대한민국의 위대한 유산인 불국사와 석굴암을, 경주시의 소개대로 온전히 즐길 수 있는 방법이다. 직접 해보니 더 여실히 느낀다.

가이드

두 김대성의 사연

경주시가 제작한 불국사와 석굴암 안내문에도 창건자는 모두 35대 경덕왕 때 재상인 김대성으로 명시됐다.

> "김대성은 가난한 집안의 아들이었다. 매일같이 끼니를 걱정하며 살아야 할 정도였지만 전 재산이나 다름없던 작은 밭을 시주하자고 어머니를 설득했다. 몇 달이 지나지 않아 김대성은 세상을 떠났다. 그 후 재상인 김문량의 집에서 아들이 태어났고, 아이 손에는 '대성'이라는 두 글자가 새겨진 금간자가 쥐어져 있었다. 다시 태어난 김대성은 전생의 어머니를 모셔와 함께 살았다. 그리고 이생의 부모님을 위해 불국사를, 전생의 부모를 위해 석굴암을 짓기 시작했다."

<삼국유사> 때문이다. 일연의 <삼국유사>에는 "경덕왕 때였다. 대상 김대성이 천보天寶 10년 신묘년[751]에 비로소 불국사를 지었다. 혜공왕 때를 거쳐 대력大歷 9년 갑인년[774] 12월 2일에 대성이 죽자, 나라와 집안에서 일을 마쳤다"라고 적혔다. 그런데 내용이 다소 이상하다.

김대성이 둘이다. 전생의 김대성과 현생의 김대성. 전생인 김대성은 찢어지게 가난했지만 작은 밭을 시주할 정도로 불심이 깊었다.

하지만 이내 죽었다. 이후 재상 김문량의 집에서 아들이 태어났는데 대성이라는 두 글자가 새겨진 금간자문서를 지니고 세상에 나왔다. 그렇게 김대성이 자라 불국사와 석굴암을 지었다는 것. 이 지점이 이해가 가지 않는다. 아무리 재상이라지만 일개 개인의 힘으로 어찌 역사에 길이 남을 불국사와 석굴암을 지을 수 있단 말인가?

한능검에서 경덕왕은 항상 조부인 신문왕이 689년에 완성시켜 놓은 녹읍 혁파를 정확히 68년이 지난 757년에 부활시키는 왕으로 묘사된다. 녹읍은 일정 구역 안에 해당하는 조세와 공납, 노동력까지 수취하게 만드는 제도다. 한마디로 귀족의 권위가 다시 상승했다는 의미다.

게다가 경덕왕의 치세 동안 유독 가뭄과 홍수, 전염병, 흉년, 메뚜기떼의 창궐, 지진 등 천재지변이 많았다고 한다. 이로 인한 신하들의 공격 역시 이어졌다고 한다. 때문에 경덕왕은 선왕들의 권위를 빌려서라도 왕권을 강화하고자 했다. 신하들이 반발하면 녹읍을 폐지하는 유화책을 내밀었다. 위태로운 왕권을 위해서도, 불국토를 완성한다는 측면에서도, 불국사와 석굴암을 짓겠다는 재상에 대한 지원 역시 아끼지 않았을 것이라 추측된다.

경덕왕의 치세 이후 임금의 자리에 오른 36대 혜공왕은 스물셋이라는 젊은 나이에 내물왕 10대손인 김양상의 반란에 의해 살해됐다. 신라 하대의 죽고 죽이는 왕위 쟁탈전의 서막이 올랐다. 망국으로 향하는 지름길이기도 했다.

참고로 경덕왕이 아버지 성덕왕이 이루고자한 불국토의 꿈을 완성코자 노력했던 대표적인 유적이 경주박물관에 설치된 성덕대왕 신종이다. 우리가 에밀레종으로 알고 있는 그 종이다. 경덕왕을 거쳐 36대인 혜공왕 때 완성됐다.

신종은 몸통에 비천상 조각도 있다. 실제 보면 그 정교함에 그저 혀를 내두를 수밖에 없는데, 종소리가 울리면 그 여파로 춤추는 듯한 모습을 취한다고 알려졌다. 경주박물관 현장에 가면 스피커로 시간에 맞춰 울리는 종소리를 매일 들을 수 있다. 춤추는 비천상을 접할 순 없지만.

경주박물관 야외에 전시된 성덕대왕 신종. 흔히 에밀레종으로 알려진 종이다. 현장에 가서 보면 정해진 시각마다 스피커에서 미리 녹음해 둔 종소리가 울려 퍼진다.

일제가 석굴암과 다보탑에 저지른 만행

경주시 안내 자료에는 석굴암과 불국사 다보탑에서 일제강점기 당시 발생한 안타까운 내용이 기재됐다. 결론부터 이야기하면 당시 당한 훼손이 현재의 기술로도 복원이 안 된다는 말이다. 바꿔 이야기하면 1300년 전 신라인의 과학기술이 얼마나 대단했는지를 반증하는 장면이다.

> "석굴사원은 751년 세워진 이래 1200년 넘도록 보존되고 있다. 놀랍게도 신라 장인들은 석불사원을 평지가 아닌 샘이 흐르는 터에 건축했다. 샘물을 사원 밑으로 흐르게 해 내부의 습기가 아래로 모이게 하고, 통풍이 잘 되도록 한 것. 하지만 일제시대 일본인에 의해 보수공사가 이루어졌고, 그 과정에서 사원은 파손됐다. 현재 석굴사원 앞에 목조 전실과 유리벽을 설치해 보호하고 있다."

> "다보탑은 8세기 통일신라 미술의 정수를 보여준다. 안타깝게도 일제에 나라를 빼앗겼던 설움이 고스란히 전해져 온다. 일본인들이 탑을 완전히 해체 보수했는데 이에 관한 기록이 전혀 남아 있지 않다."

불국사 석가탑 역시 고난이 있었다. 석가탑은 1966년 사리장엄 유물을 노린 도굴꾼들에게 훼손됐다. 이에 우리 정부는 해체수리에 들어갔다. 그런데 해체 과정에서 사리와 함께 금동제 외합, 은제 내합, 세계 최고의 목판 인쇄물인 무구정광대다라니경, 고려 초기 석탑을 수리한 내력을 기록한 중수문서 등이 발견됐다. 이중 가장 중요한 것이 무구정광대다라니경이다. 742년에 간행된 것으로 추정되며 세계에서 가장 오래된 목판 권자본두루마리이다.

두루마리 형식의 다라니경은 너비 약 8cm, 길이 약 620cm 되는 닥종이에 1행 8~9자의 다라니경문을 인쇄한 것으로, 경전에는 '지옥의 고통에서 구제받기 위해서는 오래된 탑에 상륜당을 만들어 중수한 후 그 안에 다라니를 써서 넣고, 다라니를 일곱 번 외우면 마침내 도솔천궁에 왕생하리라'는 석가여래의 가르침이 새겨진 것으로 알려졌다. 정말로 6m가 넘는 어마어마한 길이다. 신라인들이 어떤 마음으로 종이를 채워갔을 지 짐작조차 할 수 없다.

따라잡기 한능검

시험에 나오는 건 '경덕왕'

재밌는 건 이토록 어마어마하게 중요한 불국사와 석굴암이지만 한능검에는 잘 나오지 않는다는 사실이다. 나와도 매우 쉬운 1점짜리 문제다. 보통 보기 자료에 맞는 다보탑이나 석가탑, 석굴암 등 사진을 찾으라는 문제로 출제된다. 대신 경덕왕에 대해서는 앞서 강조한 녹읍을 폐지했다는 내용이 31대 신문왕의 관료전 지급, 33대 성덕왕의 정전 지급 등과 교차돼 출제된다. 정전은 성덕왕 때 백성들에게 지급된 토지다. 농민들이 귀족에게 귀속되는 것을 막고자 국가에서 백성들에게 토지를 주고 세금을 걷었다. 당연히 강력한 왕권으로 이어졌다.

투어

불국사와 석굴암, 성덕대왕신종

불국사와 석굴암을 향하는 길은 어렵지 않다. 경주시의 노력으로 대중교통도 수월한 편이다. 다만 앞서 강조했듯 여유를 느끼고자 한다면 이른 아침이나 늦은 오후께 방문했으면 한다. 귀한 유물과 유적을 떠밀리듯 살펴야 한다는 사실이 애석할 따름이다. 스무 살에 혼자 다녔던 기억이 서른아홉에 차를 끌고 갔던 추억보다 더 짙게 남은 이유다. 여유 있게 살피자. 시간과 체력만 된다면 불국사에서 석굴암으로 가는 길을 차 대신 두발을 이용해보자. 불국사와 석굴암

불국사 기와에 놓인 염주와 작은 돌맹이. 불국사를 찾은 시민들이 바람을 담아 올려놨다.

의 정취가 더욱 깊이 스며들 거다.

불국사와 석굴암을 살폈다면 경주박물관으로 이동해 성덕대왕 신종을 살피자. 왕권을 강화해 안정적인 나라를 꿈꾼 경덕왕, 그는 아버지 성덕왕을 이용해서라도 권위를 세우고자 했다. 그 결과물이 에밀레종으로 알려진 성덕대왕신종인 것. 경덕왕릉은 경주 남산을 중심으로 아버지 성덕왕이 잠든 무덤의 산 너머 건너편에 있다.

04

신라, 스러지다

: 완도 청해진과 의성 고운사

스토리

마지막 희망, 해상왕 장보고와 6두품 최치원

앞에서 언급한 대로 삼한을 통일한 신라는 강력한 왕권을 바탕으로 중앙집권국가의 기틀을 갖추며 안정적으로 국정을 이끌어가고자 했다. 이러한 흐름은 태종무열왕과 문무왕 이후 신문왕, 효소왕, 성덕왕, 경덕왕 등 이른바 무열왕 계통까지 이어진다. 귀족을 억제하고 때론 달래면서 왕권을 강화해 나갔다. 36대 임금 혜공왕이 어린 나이에 왕위에 오르자 귀족들의 반발이 심해졌다. 결국 왕의 목숨을 직접 취하는 반란으로까지 나타난다.

다음은 모두의 예상대로다. 왕위를 둘러싼 갈등과 반목으로 민심은 무너져 내렸고 나라 안팎에서 위기가 끊임없이 이어졌다. 그러나 이러한 상황에서도 두각을 나타내는 인물들이 있었으니 청해진을 세워 해상왕국을 건설한 바다의 왕 장보고와 고운 이름 석자 남긴 6두품 출신 고운孤雲 최치원이다.

장보고, 골품제가 단단한 신라에서 평민으로 태어났다. 남해의 섬에서 자랐다고 알려졌는데 이로 인해 누구보다 바다에 익숙한 청년으로 자랐다. 그러나 신라에서는 무예가 뛰어나고 큰 꿈이 있어도 골품으로 꽉 막혀버려 아무것도 이룰 수 없었다. 장보고는 당으로 건너가 군에 의탁했다. 그곳에서 당나라 군대 장교생활을 했다. 하지만 해적이 창궐하고 혼란이 증폭되자 장보고는 신라 42대 임금 흥덕왕재위 826~836 시절 돌아와 청해진을 설치한다.

장보고 국가표준 영정

흥덕왕에게 군대를 모집하고 양성할 수 있는 '대사'라는 관직과 함께 특권을 위임받는데, 당시 흥덕왕의 왕권은 선대인 헌덕왕 후반기인 822년에 발생한 '김헌창의 난'으로 혼란의 여파가 이어지던 시점이다. 김헌창의 난은 진압됐으나 그에 동조했던 세력들의 저항은 계속 이어졌다. 이런 상황에서 장보고가 등장했고 흥덕왕은 그를 이용하고자 한 것.

결과적으로 장보고의 능력은 신라 귀족사회를 무너뜨릴 만한 대단한 가능성을 보였다. 해안 주변의 장정들을 중심으로 1만 병력을 모은 장보고는 이를 바탕으로 해적을 소탕해 나가며 재해권을 장악했다. 힘을 가진 중국 산동성에 거점을 마련해 법화원도 설치했다. 이 법화원의 위용이 얼마나 대단했으면 당시 큰 도움을 받은 일본 승려 엔닌이 '입당구법순례기행기'라는 글을 남겼다. 이는 1200년 뒤 한능검의 필수문제가 됐다. 아래 지문을 보기 자료에 제시한 뒤 당시 시대 상황이나 장보고의 업적을 선택지에서 찾도록 하는 문제가 나온다.

> "대사께서 세우신 이곳 법화원에 머무를 수 있었던 것을 말로 다할 수 없이 감사하게 생각합니다. 저는 이렇게 은혜를 입고도 멀리 떨어져 찾아뵙지 못하였습니다."

평민 출신 장보고의 위세는 신라뿐 아니라 중국과 일본, 발해, 베트남, 말레이반도, 인도, 아랍까지 이어졌다. 바다가 안정을 찾자

신라인들은 당으로 건너가 집단 거주 지역인 신라방을 만들고, 자치 기관인 신라소를 열었으며, 법화원과 같은 절인 신라원을 창건했다. 신라인들이 정착하자 발해인들도 발해관을 열어 솔빈부의 말, 막힐부의 돼지 등 특산물을 거래했다.

달이 차면 기울 듯, 공고했던 권력은 하루아침에 무너져 내렸다. 나라의 정규군만큼 강한 군대를 양성하고 보유한 장보고는 어느새 권력의 최중심부에 서게 됐다. 그때는 이미 자신에게 청해진을 설치하도록 허락한 흥덕왕이 세상을 떠난 상황이었다. 흥덕왕에 이어 희강왕이 43대 임금이 됐지만 1년 1개월 만에 발생한 반란으로 스스로의 목을 매 자살한다. 838년의 일이다. 희강왕에 이어 반란의 주인공 김명이 왕위를 얻어 44대 민애왕이 된다. 그 역시도 왕위에 오른 지 1년 만에 반란에 밀려 목숨을 잃는다. 이때 민애왕의 군대에 맞서 혁혁한 공을 세운 것이 바로 장보고의 청해진군대였다.

839년 청해진 군대의 힘으로 45대 임금이 된 신무왕은 반정에 가장 큰 공을 세운 장보고를 '감의군사感義軍使'로 삼는다. 신라 사회를 지탱하는 골품제가 이미 단단히 박힌 상황에서 신무왕은 장보고에게만 지금까지 없었던 '감의군사'라는 관직을 만들어 내리고 식읍 2000호를 주어 고마움을 표한 거다. 신무왕 역시 재위 반년 만에 병이나 사망하고 그의 아들 김경응이 임금의 자리에 오르니 46대 문성왕이다. 840년의 일이다.

어려운 상황에서 왕위에 오른 문성왕은 장보고의 딸을 둘째 왕비로 맞이하려 한다. 하지만 누차 강조했듯 신라는 골품제의 나라다. 평민 출신 장보고가 왕가의 일원이 되는 걸 납득할 귀족은 없었다. 결국 장보고의 딸은 궁으로 들어가지 못하고 장보고 역시 낙동강 오리알 좇는 신세가 된다. 하지만 장보고에겐 여전히 청해진군대가 있었으니 왕으로서는 이러한 상황이 두려웠다.

장보고가 군대를 이끌고 궁으로 오지 않을까 걱정이 앞섰다. 결국 염장이라는 장수에게 밀명을 내려 장보고의 목을 가져오라 명한다. 장보고의 눈을 속이고 그의 부하가 된 염장은 술자리에서 장보고의 목을 벤다. 문성왕 재위 8년인 846년의 일이다. 바다의 왕 장보고가 만든 청해진은 이후 염장이 이어받아 운영했으나 장보고를 따를 수는 없던 일, 염장 역시 배신을 당해 숙청된다. 권불십년, 화무십일홍權不十年 花無十日紅이다.

평민 출신 장보고가 골품제로 똘똘 뭉친 문성왕과 귀족들의 손에 의해 처단 당한 뒤 신라는 어찌 됐을까. 현재의 기준으로 따지자면 딱 보수꼴통, 극우파의 전형적인 모습을 보였다. 자신들이 가진 기득권을 놓지 않기 위해 천년제국 신라의 위기가 닥쳐와도 굴하지 않았다. 망국을 향했던 것은 당연했던 일이다.

기회가 없었던 건 아니다. 장보고가 죽은 지 11년 뒤인 857년 태어난 최치원이 있었다. 6두품 출신인 최치원은 12세의 나이에 당나라로 유학을 떠나 6년 만에 당의 빈공과에 장원으로 급제한다. 당시 세계 최강 대국인 당나라에는 일종으로 외국인 전형 시험이었던 빈공과가 존재했다. 애석하게도 이는 신라 내부에서 골품제로 관직의 승급이 제한적인 6두품 출신들에게는 희망의 사다리 같은 느낌으로 작용했다. 최치원이 관직에 오르자 당나라에선 그 유명한 황소의 난이 발발했고, 이때 최치원은 <토황소격문討黃巢檄文>을 지어 당 전역에 문장으로 이름을 떨쳤다. 쉽게 말해 곱게 말할 때 항복하라는 내용의 공개편지였다.

> "천하의 모든 사람이 너를 죽이려 의논할 뿐 아니라, 땅속의 귀신들까지 너를 죽이려고 의논하였다불유천하지인不惟天下之人 개사현륙皆思顯戮, 앙역지중지귀仰亦地中之鬼 이의음주已議陰誅."

대국 당에서 인정받은 스펙이니 최치원에 대한 관심이 주목됐던 것은 당연한 일. 신라 49대 헌강왕 11년인 885년 최치원은 돌아온다. 12세에 고국을 떠난 지 16년 만의 일이다. 최치원은 헌강왕에게 자신이 직접 지은 <계원필경>을 바친다. 그러나 헌강왕은 이듬해886 7월 사망한다. 바로 이어 헌강왕의 동생 정강왕이 50대 임금이 되지만 그 역시도 병이 들어 1년 만인 887년에 죽는다. 887년 7월 48대 경문왕의 딸이자 헌강왕과 정강왕의 동생인 김만이 왕위에 오를 수 있었던 이유다. 선덕여왕과 진덕여왕에 이어 세 번째 여왕이 탄생했다. 51대 진성여왕이다.

모든 것이 엉망진창이었다. 아버지 경문왕의 동생이자 남편이었던 위홍은 진성여왕이 왕위에 오른 뒤 수개월 만에 죽어버렸다. 문제는 위홍이 실질적인 대소사를 처리했던 인물이라는 사실. 그가 죽자 왕권은 말 그대로 추락했다. 진성여왕은 색에 빠져 정사를 돌보지 않았다고 한다. 곳곳에 왕을 향한 비방이 붙고 기회를 틈타 지방 호족들은 자기 잇속만 챙겼다. 결국 889년 그 유명한 '원종과 애노의 난'이 지금의 경북 상주 지역인 사벌주에서 발발한다. 관군은 농민군을 제압하지 못했다. 이때를 틈타 전국에서 군벌로 성장한 호족들이 동시에 난을 일으키니 말 그대로 신라의 상황은 막장으로 치달았다. 중앙 조정의 관리와 견제가 이뤄지지 않자 종국에는 군벌 호족 간의 다툼으로 변질됐다.

진골 귀족 세력에 밀려 지방을 전전하던 최치원은 진성여왕 8년 894년에 시험에 엄청 잘 나오는 '시무 10여 조'를 올린다. 당시 최치원은 어떤 마음이었을까? 궁하면 통한다고 온 나라에 민란이 들끓자 진성여왕도 이를 바로잡아야 한다는 생각으로 최치원의 시무10여조를 받아들이고 그를 6두품이 오를 수 있는 최고직인 아찬 자리까지 올린다. 하지만 집 크기와 생필품, 지붕 장식, 처마의 사용까지도 신분에 맞게 써야 하는 폐쇄적인 골품제 국가 신라에서 6두품 출신 최치원의 노력은 수용될 수 없는 정책과 다르지 않았다. 진성여왕이 그를 높이 써도 이미 신라 조정에는 자색옷을 입은 진골들이 가득 들어찬 상황이었다.

골품제의 한계에 부딪혀 시무10여조의 꿈을 접은 최치원은 난세를 비관하며 관직을 놓고 세상을 유랑한다. 그렇게 다닌 곳이 경주 남산, 의성 빙산, 합천 청량사, 지리산 하동 쌍계사, 가야산 해인사라고 한다. 그리고 그의 호와 같은 이름을 가진 경북 의성 고운사가 있다.

가이드

망국을 목전에 두고

진성여왕 이후 신라의 망국은 상수가 되어버리지만 그래도 신라라는 이름이 역사에서 사라지기까지는 진성여왕이 왕위에서 물러난 뒤 약 40년 정도 더 지난 935년 11월에 일어난다.

참으로 허망한 일인데, 태종무열왕과 문무왕의 삼한통일 이후 임금의 자리에 오른 여러 왕들은 자신의 치세 동안 왕권을 강화하고 태평성대를 구가하기 위해 나름의 노력을 진행했다. 대표적인 인물이 경주 괘릉의 주인공인 신라 38대 임금 원성왕이다.

반정과 최고의 운 등이 작용해 힘들게 왕위에 오른 원성왕은 재위 4년께 일종의 과거제인 '독서삼품과'를 실시해 학문과 능력에 따라 자신의 친위세력을 만들고자 했다. 하지만 권력을 가진 이들의 반발을 이겨내지 못했다.

계속되는 가뭄과 흉년, 메뚜기떼와 도적떼의 난립은 백성들의 원성을 자아냈다. 기우제까지 지냈지만 해결책이 되지 않았다. 태자로 세운 아들들은 병이 들어 죽어버렸다. 재위 14년을 맞은 798년 그는 사망한다. 다만 그가 죽은 뒤 묻힌 일명 괘릉은 신라왕들의 묘 중 가장 완비된 형식을 가진 것으로 평가되고 있다.

능을 둘러싼 12지신도 거의 완전한 모습이며 무엇보다 왕릉 앞에 세워진 문무인상 4점, 사자상 4점, 석주 2점 등 총 10점의 석상은 거의 온전한 형태로 남아있다. 특히 서역인풍으로 남은 무인상은 당시 신라에 어떤 교류가 이루어졌는지를 예측가능케 한다. 참고로 원성왕릉이 괘릉으로 불리게 된 가장 큰 이유는 무덤의 구덩이를 팔 때 물이 괴어 관을 걸어두었다는 조선시대 민간신앙에 따른 거다.

원성왕릉 12지상 조각

김유신묘와 매우 유사한 형태의 12지상 조각이 원성왕릉에도 새겨져 있다. 다른 점이 있다면 보다 선명하다는 정도. 특이한 점은 괘릉이라는 이명처럼 왕릉을 중심에 두고 좌우로 작은 물길이 흐르고 있다는 것. 여러모로 볼거리가 많은 무덤이다.

동해에 마련된 문무왕릉을 제외하면 원성왕릉은 시내에서 가장 멀리 떨어진 무덤 중 하나다. 그럼에도 꼭 가볼 것을 추천하는데 주먹을 불끈 쥔 무인의 모습은 역시 그 어디에서도 쉬이 볼 수 없는 이색적인 모습을 선사한다. 참고로 백성들의 원성을 많이 들어 원성왕으로 알고 있는 이들이 있다. 당연히 아니다. 원성왕의 원성은 원망을 뜻하는 원성怨聲이 아닌 근원원元과 별성聖을 사용해 이루어진 이름이다.

따라잡기 한능검

끝내 꺼져버린 두 불꽃

시험에는 장보고와 최치원의 영정 그림이나 그들이 활동한 지역을 보여준 뒤 무슨 일을 했는지 찾으라는 문제가 출제된다. 장보고는 청해진을 세워 해적을 소탕한 뒤 자신만의 해상왕국을 건설했다. 최치원은 당에서 급제한 뒤 고국에 돌아와 무너져가는 신라를 부여잡고자 진성여왕에게 시무10여조를 올렸다. 신라의 불꽃이 되고 싶었으나 끝내 꺼져버린 두 사람의 행적을 중심으로 살피자.

투어

완도 청해진 유적과 의성 고운사

2022년 7월, 한낮 기온이 35도를 넘나드는 날씨에 완도 청해진 기지를 찾았다. 서울에서 정말로 멀리 떨어진 곳인데, 책이 출간되기 직전 이곳만큼은 제대로 보고 알려야 한다는 생각으로 KTX를 타고 목포로 이동한 뒤 그곳에서 차를 렌트해 다시 완도까지 향했다. 휴가를 이틀 내고 크게 결심해 이동한 여정이었는데, 결론부터 이야기하면 청해진 유적지 입구에 자리한 '장보고 기념관'은 큰 기대를 하지 않았으면 하는 바람이다. 워낙 완도 청해진 유적에서 발굴된 유물이 많지 않은 탓에 기념관을 이루는 구성물 자체가 대부분 그림 중심으로 표현됐다. 메인 전시관에 들어가자마자 만나게 되는 작은 유물들은 형형색색의 LED 조명 사이에 자리해 있다. 장보고의 일대기를 설명하기 위한 자료 역시 영상 그림으로 대체됐다. 기념관을 걷는 내내 2000원 입장료가 계속 아쉽다는 생각이 지워지질 않는다.

전라남도 완도 장보고기념관 내부 모습(위)
기념관과 청해진 본부를 잇는 장도 목교(아래)

그럼에도 불구하고 기념관에서 걸어서 10분 거리에 위치한 장도는 서울에서 최남단 완도까지 오게한 것에 대한 모든 아쉬움을 희석시킨다. 한국사 마니아라면 반드시 가봤으면 하는 장소다. 거짓말

하나 안 보태고 장도 목교를 건너는 순간 1200여 년 전 동아시아 해상왕국을 이끈 장보고의 기상이 온전히 느껴진다. 비천한 신분으로 태어난 장보고가 이곳을 중심으로 해상왕이 되기까지의 아릿한 흔적들이 섬 곳곳에 배어있다. 풀 한 포기까지도 역사가 되는 공간이 바로 청해진 본부가 있었던 장도다. 특히 외성문과 내성문을 지나

장도 청해진 유적지

청해진 고대에서 바라본 남해

가장 고지대에 위치한 '고대'에서 남해 바다를 바라보면 '장보고가 이곳에서 어떤 꿈을 꿨을까'라는 상념이 절로 든다. 물론 고대에 올라 고개를 좌측으로 돌리면 바다를 호령하는 장보고의 동상을 확인할 수 있다. 완도로 향하는 길에 해남과 강진이 있어 정약용의 다산초당을 비롯해 세계문화유산 대흥사와 고산 윤선도 유적 등을 직접 살필 수도 있다.

반면 말년에 스스로 관직을 놓고 세월을 낚은 최치원의 경우, 대한민국 여러 곳에 자신의 흔적을 남겼다. 워낙 대문장가였던 탓에 그가 방문한 곳마다 글을 요청받았다. 681년 의상에 의해 창건된 고운사 역시 마찬가지다. 경상북도 의성군에 자리한 이 절은 의상에 의해 창건된 후 최치원이 방문해 승려 여지, 여사와 함께 구름 위 누각으로 불리는 가운루와 우화루를 건립했다. 이를 기념해 최치원의 자를 따서 고운사로 이름을 바꾸었다.

아담한 절이지만 이름처럼 상당히 곱다. 특히 약사전 안에 모셔진 보물 246호 의성 고운사 석조여래좌상이 눈에 띄는데 꼬불꼬불한 작은 소라모양의 부처님 머리카락이 매우 인상적이다. 부처님 뒤쪽에 세워진 광배 역시 날카롭고 섬세한 모습 그대로 온전히 보존돼 있다.

개인적으로 의성 고운사 투어를 진행하며 딱 하나 아쉬웠던 건 고운사에서 약 2km 지점에 떨어진 최치원문학관이었다. 고운 자태의 건물을 여러 채 올려 전시관도 만들고, 앞쪽에 문화공원도 조성하고, 기획전시실과 세미나실, 게스트룸, 대강당까지 마련해놨다.

하지만 거기까지였다.

최치원문학관 전시관 관람료는 2021년 10월 방문 기준 2000원이었다. 정확하게 10분 만에 나왔다. 나오면서 의성군에 미안한 말이지만 '왜 만들었을까'라는 생각을 했다. 최치원에 집중해 만들고자 했다면 거대하게 지어놓은 외관에 치중할 것이 아니라 전시물 하나하나에 더 집중했으면 좋았을 텐데 하는 생각을 지울 수 없었다. 고운사가 워낙 좋다는 말에 여러 지인들의 추천을 받아 무리를 해서 일정에 넣었던 거다. 그런데 최치원문학관을 나오며 고운사에서 곱게 쌓아 올린 감동이 무너져 내렸다. 혹여 기회가 닿아 다음에 또 방문한다면 이런 감정 말고 온전히 최치원의 향기에 취할 수 있도록 여러 제반사항들이 좀 더 신경 써서 준비했으면 하는 바람이다.

고운사 가운루

05

유득공이 남긴 위대한 세 글자 ‘남북국’

: 남북국시대의 의미를 다시 살피다

스토리

발해를 꿈꾸며

솔직히 고백하면 발해에 대한 고민을 꽤 오래 했다. 코로나19 상황임에도 진지하게 지금의 러시아 연해주 일대 투어를 진행해야 하나 휴가 일정을 살폈을 정도로. 우리나라, 특히 남한 땅에 발해에 관한 유적이 거의 없다시피 하기 때문인데. 국립중앙박물관 발해실을 제외하고 대한민국 땅에서 발해와 관련된 유적이나 유물을 만나기 쉽지 않은 것이 사실이다.

지금 1020세대는 쉬이 들어본 적 없는, 서태지와 아이들의 <발해를 꿈꾸며>를 들어온 80년대 출생인으로서 더더욱 아쉬운 부분인데, “진정 나에겐 단 한 가지 내가 소망하는 게 있어. 갈려진 땅의 친구들을 언제쯤 볼 수가 있을까. 망설일 시간에 우리를 잃어요"로 시작되는 가사가 이 글을 쓰는 순간에도 머릿속을 맴돌고 있다.

발해, 다들 잘 알 듯 고구려 유민 출신 대조영에 의해 698년에 지금의 중국 지린성 동모산에서 건국된 나라다. 698년은 신문왕의 아들 효소왕이 신라 32대 임금으로 재임했던 시기다. 고구려가 나당연합군에 의해 668년에 멸망한지 불과 30년 밖에 지나지 않은 시점이다. 이때 탄생한 발해는 고왕인 대조영을 시작으로 15대 인선왕까지 926년까지 존속한다. 신라 문무왕 김법민이 당나라를 몰아내고 삼한을 통일한 것이 676년의 일이다. 신라의 마지막 임금인 경순왕이 고려 태조 왕건에게 항복한 것이 935년이다. 이는 바꿔 말하면 고구려를 계승한 발해와 삼한을 통일한, 소위 '통일신라'라 불리는 신라의 존속시기와 불과 30여 년 정도 차이가 난다는 뜻이다.

발해 : 698~926 = 228년

삼한통일 후 신라 : 676~935 = 259년

그래서 더 아쉽다. 나의 어린 시절인 90년대는 왜 이 시기를 '통일신라'로 단정해서 알려준 것인지. 실제 나는 한능검에서 '남북국시대'라는 단어를 보기까지 약 20여 년을 '통일신라로 배우겠구나' 생각하며 살았다. 반도땅에 갇힌 시각을 나도 모르게 쌓아가면서 말이다. 그나마 다행이라면 내가 어린 시절 배웠던 '통일신라시대'와 달리 지금은 교실에서 '통일신라와 발해시대', '남북국시대'를 혼용해 사용하고 있다고 한다. 명백한 사실을 단정 짓기 위한 교두보라 생각한다. 그럼에도 통일신라로 부르는 것이 "온당하다", "아이들에게 그렇게 가르치는 것이 옳다"라고 생각하는 학자들이 존재하는 것으로 안다. 실제 2016년 박근혜 정부 때 추진된 국정교과서에도 '남북국시대' 사용을 놓고 당시 사회부총리 겸 교육부 장관은 "1948년 이래를 제2의 남북국시대로 봐야하는데 그러면 북한을 인정하는 것이기 때문에 '남북국시대' 용어 사용을 반대한다"라고 말했다. 있는 역사를 부정하는 작태도 놀랍지만 신라와 발해가 병존했던 상황을 21세기 남과 북이 갈라진 상황으로 치환해 생각한다는 사실이 더 놀라울 뿐이다.

정조 시대인 1785년 <발해고>를 저술한 유득공은 자신의 책 서문에 격정적인 어조로 고려를 질타하는 목소리를 이어간다.

> "고려가 발해사를 짓지 않았으니, 고려의 국력이 떨치지 못하였음을 알 수 있다. 옛날에 고씨가 북쪽에 거주하여 고구려라 하였고, 부여씨가 서남쪽에 거주하면서 백제라 하였으며, 박·석·김 씨가 동남쪽에 거주하여 신라라 하였다. 이것이 삼국으로 마땅히 삼국사가 있어야 했는데 고려가 이를 편찬하였으니, 옳은 일이다. 부여씨가 망하고 고씨가 망하자 김씨가 그 남쪽을 영유하였고, 대씨가 그 북쪽을 영유하여 발해라 하였다. 이것이 남북국이다. 그러니 마땅히 남북국사가 있

어야 했음에도 고려가 이를 편찬하지 않은 것은 잘못 된 일이다."

2022년 기준 정확히 260년 전 조선 후기 사람인 유득공도 우리 역사인 발해를 온전히 다루지 않은 고려를 격정적인 어조로 책망하며 자신이 <발해고>를 서술하게 된 이유를 풀어냈다. 실제 군고와 신고, 지리고, 직관고, 의장고, 물산고, 국어고, 국서고, 속국고 등 9개 부문으로 구성된 <발해고>에는 역대 왕의 치세와 신하들의 업적, 지리, 의식, 복장, 특산물, 언어, 서찰 등에 대해 기술됐다. 그런데 <발해고>를 역사 '서書'가 아닌 '고考'라고 제목붙인 것에 대해 유득공 스스로 역사서라 하기엔 체계가 부족하고 자료 수집 및 정리에 그쳤을 뿐이라 겸양을 보였다. <발해고>는 현존하는 발해 역사서 중 최초의 역사서다.

가이드

<발해고>와 유득공

그래서 여기서 드는 의문 하나, 도대체 조선시대 사람 유득공은 어떤 인물이길래 우리역사상 처음으로 '남북국'이라는 단어를 사용하고 최초의 발해 역사서인 <발해고>를 저술했을까?

<북학의>의 저자 박제가는 자신의 책 <정유집>에 <발해고> 서문을 남긴다.

> "내 친구 혜풍惠風유득공 호은 박식하고 시를 잘 지으며 장고掌故과거의 일도 상세히 알고 있다. 이미 <이십일도회고시주>를 지어 국내의 일을 자세히 밝혀 놓았다. 더 나아가 <발해고>를 썼는데 발해의 인물, 군현, 왕의 계보, 연혁을 다 상세히 읽어서 여러 가지를 모아 놓았으니 반갑다. 고려가 고구려의 옛 영토를 수복할 수 없어서 신라와 낙랑의 터가 모호하게 돼 세상으로부터 스스로 단절되었다고 그는 한탄했다. 그의 재주는 세상의 형세를 살필 수 있고 왕도와 패도의 방략을 엿볼 수 있다."

친구 박제가의 평대로라면 유득공은 어마어마한 역덕이다. 그러면서도 글과 시를 상당히 잘 썼다. 이들은 모두 정조의 개혁정책에 혜택을 입은 인물들이다. 1777년 정조는 세종 이후 이어져온 서얼차별법을 폐지한다. 그리고 2년 뒤인 1779년, 유득공 나이 32세가 되던 해 그는 이덕무, 박제가, 서이수와 함께 규장각 초대 검서관에 등용된다. 모두 서얼 출신으로 정조가 콕 집어서 힘을 실어준 거다. 이런 정조의 배려에 역덕 유득공은 자신의 역량을 미친 듯 발휘했다. 그 결과물이 <발해고>였던 것.

박제가가 언급한 유득공의 <이십일도회고시二十一都懷古詩> 역시 단군조선에서부터 고려에 이르기까지 우리 민족이 세운 여러 나라들의 도읍지 21곳에 대해 모두 43구의 칠언절구로 정리한 한시 묶

음집이다. 그가 정리한 시에는 각 나라의 전개과정에서부터 민족의 주체의식을 되새겨야 한다는 역사의식이 짙게 배어있는 것으로 전해지고 있다. 그러나 이런 유득공 열성적인 활동 역시 1800년 정조 사망 후 막을 내린다. 정치적 위기를 느낀 유득공은 스스로 관직에서 물러나 낙향했다. 친구인 박제가는 1801년 유배를 떠나 1805년 유배지에서 사망했다. 그나마 말년을 집에서 숨죽여 지내며 <사군지> 등을 저술했다. <사군지> 역시 역사서로 북방 역사의 연원을 밝혀보고자 한 책이다. 일생을 역덕으로서 살았던 유득공은 1807년 10월 59세를 일기로 눈을 감는다.

따라잡기 한능검

반갑다, 발해

한능검에서 발해에 대한 문제가 나오면 반갑다. 시험에서도 신라와 발해가 공존한 남북국시대로에 대해 집중하고 있음을 보여주고 있다는 생각이 들어서인데, 한편 수험생 입장에서는 발해와 관련된 문항들이 다른 시대에 비해 상대적으로 쉬운 측면도 있어서다.

우리 역사상 최대의 영토를 차지했던 국가이지만 기록이 많지 않다. 한능검에서 다루는 발해에 관한 내용 역시 유득공의 <발해고>를 참조했다. 그러다보니 기본적으로 다뤄야 하는 내용이 적은 것. 문항도 어렵지 않다. 언제나 그렇듯 큰 흐름을 우선 잡고 세부적인 내용을 채워 넣으면 된다.

크게 보면 건국과 발전, 멸망의 세 흐름이다. 대조영이 고구려 유민과 말갈인을 이끌고 698년에 발해를 건국했다. 뒤를 이은 무왕은 728년 일본에 보낸 국서에서 "발해가 고려의 옛 땅을 회복하고 부여의 습속을 가지고 있다"라고 밝혔다. 일왕이 보낸 문서에도 "고려 국왕에게 문안한다"라고 명시됐다. 왕 스스로 고구려를 계승했음을 분명히 한 것인데, 생활면에서 발해인들은 고구려처럼 온돌을 이용했고 문화면에서 고구려와 유사한 기와 문양을 사용하거나 이불병좌상, 돌사자상, 석등 등을 남겼다.

발해 기와 서울대박물관

발해 228년 역사에서 열다섯 명의 임금 중 열명이 중국의 황제처럼 연호를 사용했다. 대표적인 것이 고왕 대조영의 천통, 2대 임금 무왕의 인안, 3대 임금 문왕의 대흥, 10대 임금 선왕의 건흥 등이다. 시험에는 이러한 연호를 제시한 뒤 당시 해당 임금 시기 발생한 일들을 주로 묻는다.

'인안'이라는 연호를 사용한 무왕 대무예재위 719~736는 18년의 재위 기간동안 이름처럼 영토 개척 등에 공격적인 행보를 보인 임금이다. 아우 대문예에게 흑수말갈을 공격할 것을 지시했고, 장문휴로 하여금 중국 산동성에 있는 등주를 바다를 건너 공격하게 했다. 그러면서 앞서 봤듯 신라와 당의 견제에 맞서 일본과 돌궐 등과 교류하며 고구려의 후예임을 널리 알렸다.

'대흥'이라는 연호를 사용한 무왕의 차남 문왕 대흠무737~793는 무왕과 달리 당과 친선 관계를 형성했다. 그러면서 당의 선진적인 제도와 문물을 수용했다. 그것이 발해의 중앙정치조직인 3성 6부로 나타났다. 3성 6부의 핵심인 정당성에서 국정을 총괄했다. 정당성의 장은 대내상으로 불렸다. 정당성 아래 좌사정과 우사정을 두어 각각 충·인·의부, 지·예·신부 등 유교적 이념을 명칭에 두고 3부씩 관리하게 했다. 그러면서 감찰기구인 중정대를 두었다. 주자감도 두어 유교 교육을 담당케 하고 당에 유학생을 파견했다. 또 당나라의 장안성을 모방해 상경성을 조성했고 신라와의 상설 교통로인 신라도를 필두로 일본도, 거란도, 압록도, 영주도 등 다섯 가지 교통로를 개척했다. 이 모든 것이 3대 임금인 문왕의 치세에 일어난 일이다. 어마어마하게 많은 일을 했는데, 그의 재위 기간은 56년에 이른다. 참고로 시험에 잘나오는 발해 정효공주와 정혜공주가 모두 발해 무왕의 딸들이다. 두 사람의 묘가 각각 1949년과 1980년에 중국 정부에 의해 발굴됐다.

문왕의 치세가 너무나 길었던 탓일까. 4대 원의왕794부터 9대 간왕818까지 이십여 년의 기간 동안 왕이 여섯 번이나 바뀔 정도로 대혼란을 맞는다.

819년 선왕 대인수재위 818~830가 왕위에 오르자 발해는 다시 한 번 전성기를 구가한다. 우리가 잘 아는 '해동성국'도 이 시기에 나온 말이다. 건흥이라는 연호를 사용한 선왕은 발해의 영토를 크게 확장시켜 남으로 신라와 접하고, 서로는 요동을 차지했으며, 고구려와 부여의 옛 영토를 대부분 회복해 동북아 최강국의 위용을 자랑했다.

이를 바탕으로 지방에 대해서는 다섯 개의 수도를 둔 5경 15부 62주를 확립해 효율성을 극대화했다.

발해는 선왕이 사망하고 약 100년 뒤인 926년에 거란과의 20년 전쟁을 끝으로 멸망한다. 유득공은 발해고 서문에 "홀한성상경성이 함락되어 세자 이하 고려로 도망쳐 온 사람이 10여 만 명이었다. 그 10여 만 명에게 물었다면 발해에 대해 다 알 수 있었을 것인데 고려는 그러지 않았다."라고 기록했다. 발해가 거란에 패망한 후 같은 민족인 고려로 향했고, 고려가 이를 이어받지 못한 것을 다시 지적한 거다.

투어

발해 유적지의 아쉬움을 국립박물관에서 달래다

국박을 제외하고 발해에 대한 유물을 살피기란 거의 불가능한 일이다. 물론 그 위용이 만주땅을 호령했던, 우리 역사상 가장 큰 땅을 차지했던 것에 비하면 초라하기 그지없다. 그래도 가장 유명한 이불병좌상을 비롯해 거대한 입, 왕방울 눈, 벌렁거리는 콧구멍, 무시무시한 이빨 등 용맹한 기상을 보여주는 석제 용머리 기단부 장식 등 눈에 띄는 유물이 적지 않다. 무엇보다 통일신라와 발해 전시실에 마련된 모든 유물의 표기를 '남북국시대'로 규정해놓았다. 매우 유의미한 일이라 생각한다.

석제 용머리 기단부 장식

언제나 그렇듯 국박에 가야할 이유가 하나 더 생긴 거다.

개인적으로는 이번 장을 쓸 때 서태지와 아이들의 '발해를 꿈꾸며'를 틀어 놓고 정리했다. 많은 이들이 알겠지만 '발해를 꿈꾸며'는 철원 노동당사에서 뮤직비디오를 찍었다. 철원은 궁예가 나라를 일으켜 세운 곳이기도 하다.

이불병좌상

에필로그

구석기와 신석기, 청동기, 철기, 고조선, 고대국가, 삼국, 남북국을 다룬 <한국사로드> 1권을 마쳤다. 남은 것은 <한국사로드> 2권이 될 고려와 조선, 3권인 근대와 일제강점기, 현대사뿐이다.

그런데 머릿속에서는 프로젝트를 시작할 때 들었던 '가능하겠냐'는 물음이 여전히 떠나질 않는다. 그 질문에 답하기 위해 수없는 날을 공부하고 취재한 뒤 걷고 또 걸었던 것인데, <한국사로드> 1권이라는 결과물을 마주했음에도 '그렇다'라는 말이 쉬이 나오질 않는다.

마음속 한편에 '부담'이라는 두 글자가 사라지지 않기 때문인 듯싶다. 덕분에 25만 자에 달하는 <한국사로드>를 쓰는 내내 '왜 이 책을 써야 하는지'를 끊임없이 자문했다.

때마다 내린 결론은 간절함이다. 한능검을 공부하고 시험을 치른 뒤 현장을 답사하며 느꼈던 뭉클함을 어떻게든 <한국사로드>로 남겨서 세상과 함께 나누고 싶다는 간절함이었다.

연천 전곡리에서 알게 된 그렉 보웬과 상미의 러브스토리를
단양금굴에서 느낀 무지막지한 스릴을
강화도 마니산에서 마주했던 개천절의 굉음을
아차산에 올라 마주했던 삼국의 거대한 격정을
공주와 부여, 익산, 서산에서 수없이 만났던 백제인의 아름다움을
경주에서 가득 담은 천년고도의 아찔함을
완도에서 마주한 장보고의 안타까움을
의성에서 만난 최치원의 아릿한 꿈을
발해를 꿈꾸며 키웠던 역덕으로서의 희망을

결과적으로 <한국사로드> 1권을 마주했으니 '가능하겠냐'는 물음에 1/3은 도달한 셈이 됐다. 나머지 2/3에 대한 답은 연이어 출간되는 <한국사로드> 2권과 3권이 채워줄 것이다. 이제 시작했으니 마지막까지 많은 응원 부탁드린다. 후기로나마 고마운 마음 전한다.

<한국사로드> 1권을 펴내며,

김종훈